디도의 일기

디도의 눈으로 본 바울의 2차 전도여행 이야기

진 에드워즈

생명의말씀사

THE TITUS DIARY
by Gene Edwards

Copyright ⓒ 1999 by Gene Edwards
Originally published in English under the title *The Titus Diary*
published by SeedSowers Publishing House, PO Box 3317,
Jacksonville, Florida, 32206 USA
All rights reserved.

Korean Edition published by Word of Life Press, Seoul 2015
Translated and published by permission.
Printed in Korea.

디도의 일기

ⓒ 생명의말씀사 2015

2015년 6월 18일 1판 1쇄 발행
2024년 2월 27일   5쇄 발행

펴낸이 | 김창영
펴낸곳 | 생명의말씀사

등록 | 1962. 1. 10. No.300-1962-1
주소 | 서울시 종로구 경희궁1길 6 (03176)
전화 | 02)738-6555(본사) · 02)3159-7979(영업)
팩스 | 02)739-3824(본사) · 080-022-8585(영업)

기획편집 | 구자섭
디자인 | 조현진, 윤보람
인쇄 | 영진문원
제본 | 다온바인텍

ISBN 978-89-04-16514-8 (03230)

저작권자의 허락없이 이 책의 일부 또는 전체를
무단 복제, 전재, 발췌하면 저작권법에 의해 처벌을 받습니다.

디도의 일기
The Titus Diary

목차

프롤로그   이야기의 시작 · 6

1   예루살렘 비밀 모의 · 10
2   소아시아 루스드라에서 : 본격적인 두 번째 선교여행의 출발 · 17
3   드로아에서 (1) · 23
4   드로아에서 (2) · 38
5   빌립보로 들어가는 길 · 43
6   빌립보에서 (1) : 루디아를 만나다 · 47
7   빌립보에서 (2) : 빌립보 에클레시아의 시작 · 56
8   빌립보에서 (3) · 62
9   빌립보에서 (4) · 66
10 빌립보에서 (5) : 귀신들린 소녀를 만나다 · 69
11 빌립보에서 (6) : 빌립보 감옥에 갇히다 (1) · 79
12 빌립보에서 (7) : 빌립보 감옥에 갇히다 (2) · 82
13 빌립보를 떠나면서 · 92
14 에그나티아 대로를 걸으면서 · 115
15 데살로니가로 가는 길 · 122
16 데살로니가에서 (1) · 150
17 데살로니가에서 (2) : 회당에서 설교하다 · 158
18 데살로니가에서 추방당하다 · 172

19 베뢰아에서 아테네로 가는 길 · 183

20 아테네에서 · 193

21 고린도에서 (1) : 아굴라와 브리스길라 부부를 만나다 · 207

22 고린도에서 (2) : 고린도 에클레시아의 시작 · 221

23 고린도에서 (3) · 228

24 고린도에서 (4) : 도시의 이모저모 · 232

25 고린도에서 (5) : 실라와 디모데와의 재상봉 · 239

26 고린도에서 (6) : 데살로니가교회에 첫 번째 편지를 쓰다 · 256

27 고린도에서 (7) : 바울의 보고 · 274

28 고린도에서 (8) : 고린도 에클레시아 (1) · 279

29 고린도에서 (9) : 고린도 에클레시아 (2) · 286

30 고린도에서 (10) : 고린도 에클레시아 (3) · 289

31 고린도에서 (11) : 데살로니가에서 보내온 한 통의 편지 · 303

32 고린도에서 (12) : 데살로니가교회에 두 번째 편지를 쓰다 · 307

33 고린도에서 (13) : 고린도 재판정 · 315

34 고린도를 떠나다 · 320

35 에베소를 거쳐 가이사랴로 가는 길 · 331

36 예루살렘으로 올라가는 길 · 347

에필로그 · 357

프롤로그 | 이야기의 시작

실라가 죽었다는 전갈을 받았다. 그는 로도 섬에서 체포돼 감옥에 갇혔다가 곧바로 사형선고를 받았다. 감옥에서 실라는 나에게 편지를 보내왔다. 자신이 쓰던 이야기가 있는데, 계속 이어 가주면 좋겠다는 내용이었다.

아, 소개가 늦었다. 내 이름은 디도다. 안디옥에 살며, 다소의 바울과는 친구이자 동역자다. 실라는 내게 서신과 함께 원고 뭉치도 함께 보내왔다. 바울이 처음으로 이방 세계를 누비며 돌아다녔던 과정을 기록한 여행기였다. 바울은 바나바와 함께 갈라디아라는 지역으로 갔던 모양이다. 그 뒤로 두 사람은 나란히 예수님의 품 안에 잠들었다. 둘 다 로마의 칼날 아래 최후를 맞았던 것이다. 실라가 갈라디아에서 벌인 두 사도의 이야기를 듣고 상세히 기록해 두어 얼마나 감사한지 모르겠다.

첫 번째 여정에 동행했던 건 아니지만, 세월이 흐르면서 실라는 바울의 가까운 동지가 되었고, 그 덕에 마치 직접 가 본 것처럼 갈라디아 이야기를 두루 꿰게 되었다. 그는 그리스 땅을 섭렵하는 두 번째 여행부터는 바울의 든든한 길벗이 되었다.

실은 나보다는 디모데가 그 일을 맡는 편이 한결 낫겠다는 생각이

들었다. 실라가 첫 번째 여정에 바울과 함께하지 못했던 것과 마찬가지로 나 역시 바울의 두 번째 전도 여행에 따라가지 못했다. 그때 동행했던 건 실라와 디모데였다. 바울이 그리스에 머무는 3년 동안 디모데는 잠시도 그의 곁을 떠나지 않았다. 그래서 디모데에게 바울의 두 번째 여정을 기록하는 일을 맡아 달라는 편지를 보냈다.

디모데는 지혜로운 답장을 보내왔다.

"바울과 바나바 가운데 어느 한쪽이 첫 번째 선교 여행기(갈라디아 편)를 썼더라면, 실라 만큼 빈틈없이 기록하지는 못했을 겁니다. 이야기를 풀어내기에는 둘 다 너무 이야기의 중심부에 서 있었으니까요. 마찬가지로 바울의 그리스 여행을 기록하는 일에도 그대 디도 형제가 실라나 나보다 훨씬 적임자입니다. 우리는 이야기 속으로 너무 깊이 들어가 있거든요. 사심이 끼어들 여지를 없애자면, 둘 다 한 발 물러서는 게 좋겠어요.

그리스 전도 여행기를 기록해서 보관하는 일에는 그대만한 인물이 없습니다. 디도 형제, 개인적으로는 나와 관련된 이야기를 한다는 게 너무 쑥스러워서라도 손을 대고 싶지 않습니다. 하지만 형제라면 내가 당황스러워할 만한 이야기를 적어도 상관없습니다."

십분 공감할 수 있는 설명이었으므로, 나는 바울이 그리스에서 보낸 4년을 쓰기로 마음먹었다.

디모데의 말에 동의하는 순간, 그 역시 본의 아니게 부담을 짊어져야 했다. 디모데가 에베소를 두루 돌아다닌 바울의 세 번째 여행을 기록하는 걸 조건으로, 그리스 행적을 연대순으로 정리하는 일을 해 보겠노라고 했기 때문이다.

7년 전, 베드로가 안디옥교회를 찾았을 무렵, 나도 거기에 있었다. 안디옥교회는 예루살렘에서 건너온 블라스티니우스 드라크라크마라는 바리새인이 이방인도 할례를 받아야 한다고 주장하는 바람에 엄청난 혼란을 겪고 있는 상태였다. 당시에 바울이 천여 명이나 되는 군중 앞에서 베드로를 신랄하게 꾸짖는 걸 똑똑히 지켜보았다. 그리고 얼마 뒤, 620조에 달하는 모세율법을 남김없이 준수하기를 요구하는 블라스티니우스 사건을 마무리 지을 뿐만 아니라, 안디옥교회와 예루살렘교회 사이의 갈등을 누그러뜨리기 위해 나는 예루살렘으로 올라갔다. 물론 바울과 바나바도 함께였다. 거기서 열두 제자를 만났는데, 그 얘기는 이미 실라가 전한 바 있다.

열두 사도가 이방인을 향한 바울의 복음을 추인하는 서신을 작성할 때, 나 역시 증인으로 참여했다.

바울이 실라와 함께 갈라디아를 거쳐 그리스로 가는 두 번째 전도여행을 떠날 때도 나는 그 자리에 있었다. 바울의 세 번째 전도 여행에는 직접 그 중심에 서기도 했다. 바울이 소아시아를 두루 다니고 에베소에 3년 동안 머무르는 일련의 과정에서 내가 감당했던 역할은 결코 작지 않았다.

그러므로 바울과 디모데가 예루살렘을 방문하는 지점에서 내 이야기를 마치려고 한다. 왜 하필 거기냐고? 개인적으로 바울의 두 번째 전도 여행이 그곳에서 마무리되었다고 보는 까닭이다. 바울과 디모데는 예루살렘에서 내 고향 안디옥으로 내려왔다. 도착하자마자 바울은 디모데와 내게 에베소로 가자고 했다. 며칠 뒤, 우리 셋은 에베소를 향해 길을 떠났다. 그렇게 해서 바울의 세 번째 전도 여행이 시작되었다.

디모데 역시 그때부터 이야기를 이어받는 데 동의했다. 약속을 지켜서 언젠가 바울의 세 번째 전도 여행기를 들려주길 바랄 따름이다.

바울의 그리스 여행기는 아무래도 바울을 제거하려 했던 블라스티니우스가 바울의 삶에 다시 끼어든 시점에서 시작하는 게 좋겠다. 바울이 가는 곳마다 끈질기게 따라붙었던 그는 바울이 두 번째 여정에 나서자마자 그 사역을 철저히 짓밟기 위한 공작에 나섰다.

블라스티니우스는 스스로 예수님의 제자라고 떠들고 다니지만 실은 말뿐이며, 율법을 훨씬 더 강력하게 옹호하는 율법주의자다. 그가 믿지 않는 이들을 사주해 바울을 해치려 했다는 사실에 주목할 필요가 있다. 예루살렘에서 비밀회의를 소집했던 것도 그 뜻을 이루기 위해서였다. 어쩌자는 걸까? 이른바 '칼잡이'라는 패거리들을 동원해 바울을 암살하려는 속셈이었다.

이야기는 거기서 출발한다.

1
예루살렘 비밀 모의

"기필코 바울을 끝장내겠소이다! 이렇게 여러분들을 이 자리에 모신 건 바울의 책동을 막아야 하는 까닭을 설명하고자 함이올시다."

목소리의 주인공은 예루살렘에서 둘째가라면 서러울 만큼 열성적인 바리새인, 블라스티니우스였다.

"지난 안식일에 성전 제단 앞에 서서 더없이 거룩한 마음으로 맹세했소. 다소의 바울이 더 이상 활개 치지 못하게 하겠다고 말이요. 하나님이 허락하신 수단을 총동원해서 그자가 히브리인의 피를 나눠 갖지 않은 이방인들에게 메시아를 전하지 못하도록 차단할 작정이요."

듣는 이들은 지당하다는 듯 연신 고개를 끄덕였다.

"바울이 모세를 통해 하나님으로부터 받은 거룩한 가르침을 더럽히는 꼴을 더는 지켜볼 수가 없소이다. 최근에 듣자 하니, 바울이 안디옥을 떠나 두 번째 원정에 나섰다고 합디다. 또다시 신성한 율법을 깨트려 가며 이방 세계를 휘젓고 다니겠다는 수작이죠. 지금 어디 있는지는 알 수 없으나 기필코 따라잡을 거요. 내일이라도 예루살렘을 출발해서 불결한 인간들과 어울리며 모세에 맞서는 이 원수 같은 자를 찾아볼 생각입니다."

"그럼, 베드로는 어찌할 거요?"

그늘이 점점 짙어 가는 방 한구석에서 누군가가 물었다.

"베드로와 무탈하게 지내는 이들에게서 들었는데, 여전히 큰 사랑과 존경을 받고 있으며 막강한 영향력을 가지고 있다고 하더군요. 하지만 이 양반도 이방인들에게 메시아를 전했답니다. 할례를 받을 필요가 없다는 소리도 하고요. 이거야, 참! 제아무리 베드로라 해도 그따위 불경스런 말을 떠들고 다니는 걸 용납해선 안 돼요! 바울에게 홀려서 제정신을 잃은 게 아닌가 싶소! 결국 제 허물을 고스란히 드러낸 셈이에요. 율법의 적이라는 실체를 내보였단 말씀이오. 이렇게 오시라고 한 건 다들 알고 계신 얘기를 하려는 겁니다. 베드로와 바울, 그리고 그놈의 로마가 우리 전통을 무너뜨리고 있어요!"

긴 토론이 이어졌다. 그리고 마침내 그 자리에 참석한 히브리인들 사이에 공감대가 형성됐다.

"할례 받지 않은 자들은 메시아를 따르지 못하게 해야 합니다!"

일단 합의가 이뤄지고 나자 블라스티니우스는 놀라운 얘기를 꺼냈다.

"중요한 말씀을 해 주실 분이 이 자리에 오셨소. 하지만 그 전에 방을 밝히는 횃불들을 모두 꺼야 합니다."

"소문이 사실이었단 말이요? 정말 여기 온 거요?"

불이 꺼지는 순간, 누군가가 물었다.

"그렇소이다. 열혈당원 한 분이 여기 와 있소."

"뭐라고? 암살을 일삼는 셀롯(Zealot)파 조직원이 이 자리에 있다고?" 또 다른 참석자가 다급하게 외쳤다.

"겁낼 것 없소이다. 특별히 모신 분이니까!"

블라스티니우스는 사람들을 안심시켰다.

말이 끝나기도 전에 한 사내가 방 안으로 들어섰다.

"아까부터 댁들이 하는 말을 죽 들었소."

유대 시골에서 자란 이의 말투가 여실했다.

"그렇잖아도 분명히 해 두려던 게 있었는데, 마침 그대들도 똑같은 걸 알고 싶어 하더군."

목소리는 한없이 차가워서 잔인한 느낌이 들 정도였다.

"우리 칼잡이들이 베드로를 살해 목록에 올려놓았다는 소문이 있던데, 그건 말짱 헛소리요. 그자에게도 그렇게 알려 주시오. 오해받는 건 싫으니까. 다시 말하지만 베드로는 우리 당의 목표가 아니요."

긴 침묵이 흘렀다.

"매월 우린 비밀 회합을 열지. 그때마다 제각기 이스라엘의 전통을 해친다고 생각하는 인물의 이름을 찾소. 그러고는 그 가운데 몇을 고르오. 적절한 대가를 치러야 할 대상이라고나 할까? 선발이 끝나면 죽은 목숨이나 다름없는 그자들을 위해 기도하지."

다시 침묵이 내려앉았다.

"베드로의 이름은 단 한 번도 명단에 오르내린 적이 없소. 하지만 머 잖아 그리 되겠지! 바울이라는 자에 관해서는 우리도 별로 아는 게 없소. 유대 지방에 사는 것도 아니고."

열혈당원은 잠시 숨을 고르고는 곧바로 말을 이었다.

"만약 유대 땅에 살았다면 당연히 명단에 올랐을 거요. 여태까지는 하나님의 원수들을 처단하러 이스라엘 밖으로 조직원을 보냈던 적은 단 한 번도 없었소. 하지만 이젠 한 번 생각해 볼 때가 되기는 했지."

또 다른 목소리가 불쑥 끼어들었다.

"그렇다면 베드로의 이름을 올려 주면 어떻겠소? 거, 뭐라고 했지? 그렇지. 댁들이 마지막 기도를 해 줄 대상으로 말이요. 바울도 함께 고려해 주고!"

신경질적인 웃음소리가 뒤따랐다.

"우리는…." 냉랭한 목소리는 배후를 강조하려는 듯 '우리'라는 말에서 잠시 뜸을 들였다.

"우린 바울이 어디로 가든 끝까지 따라가서 무슨 수를 쓰든 더 이상 헛짓을 못하게 만들어야 한다는 블라스티니우스의 이야기를 흘려듣지 말라고 충고하는 바요. 그리고 한 마디만 더 하겠소이다. 우리 열심당원들은 목숨을 걸고 로마를 무너뜨리고 말겠소. 로마에 알랑거려서 재물을 쌓은 놈들은 얼마 못 가 모조리 제거될 거요. 우리 민족의 전통은 반드시 승리하게 되어 있소. 이스라엘은 더 이상 수치를 당하지 않을 것이오."

문이 열리는가 싶더니, 곧 '쾅' 소리를 내며 닫혔다. 횃불이 다시 켜

졌지만 손님들은 서둘러 자리를 비웠다.

  며칠 뒤, 한 차례 더 회합이 열리고 결정이 내려졌다. 블라스티니우스와 그가 직접 뽑은 몇몇 사람들을 파견하기로 한 것이다. 목표는 오직 하나, 새로운 여정을 이어 가고 있는 바울을 따라잡는 것뿐이었다.

  하지만 어디 가서 바울을 찾는단 말인가? 바울의 첫 번째 여정은 갈라디아라는 이방인의 땅을 돌아다니는 것이었다. 풍문에 따르자면, 그 지역으로 돌아가 두 번째 여행을 시작한다고 했다. 갈라디아를 출발점으로 삼는다? 정말일까?

  질문에 답을 찾는 건 블라스티니우스의 몫이었다.

  그 무렵, 바울과 실라는 갈라디아에서 북쪽으로 계속 올라갈 채비를 거의 마무리 짓던 참이었다. 이번에는 갈라디아 지방 루스드라에서 온 디모데라는 젊은이가 합류하기로 되어 있었다.

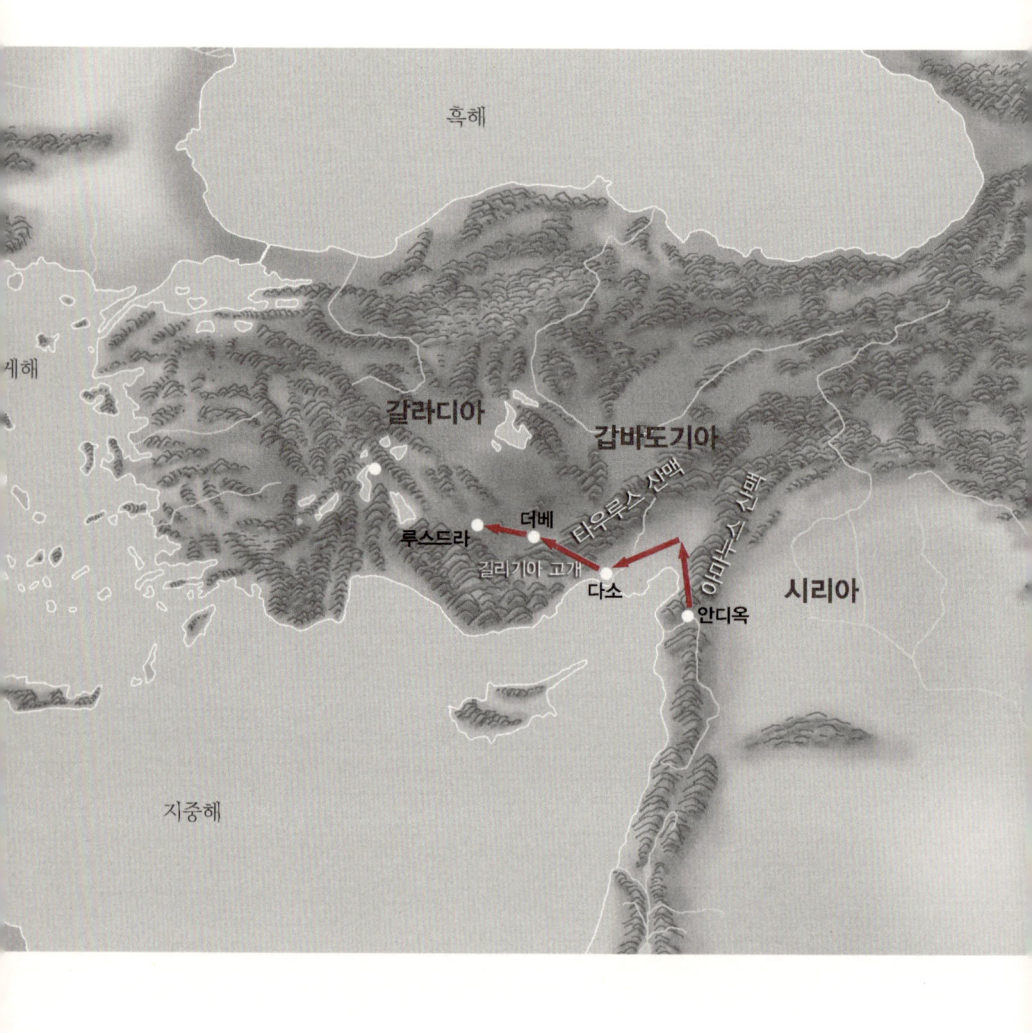

2
소아시아 루스드라에서
: 본격적인 두 번째 선교여행의 출발

"이러니 요한 마가가 짐을 내동댕이치고 집으로 달아나 버리죠."

발치에 놓인 짐꾸러미를 들어 보며 디모데가 말했다.

그러고는 어머니 유니게가 지켜보는 가운데 보따리에서 먹을거리들을 꺼내 놓기 시작했다.

"어디 보자, 이건 하루 이틀만 지나도 상할 테고. 요놈은 손을 대보기도 전에 썩을 테고. 이크, 이런 걸 누가 먹겠다고 넣었지? 우리 유대인은 이 따위 음식은 거들떠보지도 않는데 말씀이야!"

실라의 눈썹이 치켜 올라갔다.

"우리 유대인이라고? 자기가 언제부터 유대인이었다고!"

디모데는 아랑곳하지 않고 짊어지기 좋을 만큼 보따리 크기가 줄어들 때까지 짐을 다시 쌌다.

실라는 끄집어낸 먹을거리들을 쳐다보며 투덜댔다.

"에구, 쫄쫄 굶게 생겼군!"

"그럼 이렇게 타협하는 건 어때요?" 디모데가 재빨리 맞받았다.

"선생님이 저 양식 보따리를 지면, 나머지 짐은 다 제가 맡는 걸로요."

실라는 양식 보따리와 다른 보퉁이들을 들어 무게를 가늠해 보며 말했다.

"멋진 조건이군. 자네에게만!"

"덜어낸 양식들을 어떻게 할까요?" 유니게가 끼어들며 큰소리로 물었다.

"젊은 형제들 가운데 누구에게든 말해 보세요. 이 보따리 중에 하나라도 동구 밖 2킬로미터까지 져다 주면, 여기 이 먹거리들을 다 주겠다고!"

사태가 돌아가는 걸 유심히 지켜보던 바울은 심드렁하게 대꾸하며 그들의 됨됨이를 헤아렸다.

"저 디모데라는 친구는 요한 마가와는 다른 부류가 틀림없어. 짐을 두고 벌이는 흥정을 깔끔하게 해결하겠는데?"

디모데가 맞받았다.

"혹시 말입니다, 등이 부러진 채로 저를 루스드라로 돌려보내느니, 허기진 배를 움켜쥐고 여행하는 편이 더 나을 수도 있겠다고 생각해 보신 적은 없나요?"

말씨름으로는 이기기 어렵겠다는 듯 바울은 두 손을 들어 올려 보였다.

"저 형제라면 웬만한 일에는 겁을 먹지 않겠어!" 실라가 말했다.

"블라스티니우스가 루스드라와 더베에서 이방인들에게 할례를 강요할 때, 저 친구가 야무지게 맞서 싸웠다더니 헛말이 아니군!"

"자, 자! 이제 떠날 시간이야!" 바울이 말했다.

"조금 있으면 동이 틀 걸세. 벌써들 잊은 건 아니겠지? 난 아직 갈라디아에서 수배중인 몸이라고. 또다시 끌려가서 돌에 맞고 싶지는 않아. 아무리 흥미진진한 일이라도 거푸 두 번을 당하면 지루한 법이거든!"

유니게는 슬그머니 디모데 곁으로 다가갔다. 그러고는 아들을 힘껏 껴안고 작별인사를 나누었다. 루스드라 거리로 나선 지 얼마 안 돼, 셋은 북방과 서방으로 통하는 에게 대로에 들어섰다.

성문을 지나자마자 제우스신전이 나타났다. 바울은 걸음을 멈추고 감개무량한 눈빛으로 주위를 살폈다. 돌에 맞고 버려져 죽다 살아난 데가 바로 그곳이었다.

"돌에 맞은 보람이 있었어." 사도는 나지막한 목소리로 읊조리듯 말했다.

"이 땅에 피를 흘린 덕에 이 도시에도 예수님을 좇는 무리가 생겨났으니까."

동틀 무렵쯤, 세 남자는 루스드라 권역을 완전히 벗어났다.

"여기만 지나면 더 이상 수배자 신세가 아닌 셈이로군!" 탄식하듯 바울이 말했다.

같은 시간, 바울이 시리아 지방 안디옥을 찾을 때면 늘 머무르는 시몬 니게르의 집으로 예루살렘에서 보낸 서신 한 통이 당도했다. 임자가 집에 없는 터라, 시몬은 편지를 누가에게 전해 주었다. 보낸 이는 유스도 바사바였다. 겉봉에 "유스도 바사바가 바울 선생에게"라는 글씨가 또렷했다. 편지는 간단하지만, 보고도 믿을 수 없는 소식을 담고 있었다.

내용을 확인한 누가는 즉시 안디옥 에클레시아에 속한 형제들을 모두 한자리에 불러 모았다. 누가의 이야기를 들은 교인들은 서둘러 바울의 위치를 파악해야 한다는 데 뜻을 같이했다. 한시라도 빨리 바울에게 이 서신을 보여 주어야 했다. 결정이 내려진 이상, 남은 문제는 안디옥을 떠나 바울을 찾으러 갈 인물을 고르는 것뿐이었다.

의사인 누가가 가는 게 좋겠다는 쪽으로 의견이 모아졌다. 교회는 최대한 빨리 바울을 따라잡기 위해 말을 태워 보내기로 했다. 그러자면 교회에 속한 식구들이 모두 부담을 나누어야 했다. 알다시피 개인이 말을 소유한다는 건 지극히 드문 일이었다. 그럼에도 불구하고 누가가 사방팔방 돌아다니며 수소문해 바울을 찾아내자면 말을 타는 게 상책이었다.

교회가 누가를 적임자로 보는 데는 두 가지 이유가 있었다. 우선, 말을 능숙하게 다룰 줄 알았다. 둘째로, 율리우스 황제가 제국의 의사들에게 로마 시민권을 부여하라는 칙령을 내린 뒤부터 사람들은 의술을 가졌다고 하면 다들 머리를 숙이는 분위기였다. 거기다 바울과 실라의 건강도 보살펴 줄 수 있으니 더 바랄 게 없었다.

누가가 출발하자마자 안디옥교회 형제들은 유스도 바사바에게 답장을 썼다. 유스도와 예루살렘의 장로들에게 고마운 마음을 전하고, 누가가 편지를 지닌 채 바울을 찾으러 나섰음을 알렸다.

나는 막 길을 나서려는 의사 누가와 잠깐 이야기를 나눴다. 그는 간절하게 나에게 당부했다.

"디도 형제! 갈림길이 나올 때마다 지혜를 주셔서 올바른 방향을 선택하도록 기도해 주시오! 바울을 만난다는 건 하늘의 별따기나 다름없지만, 그래도 꼭, 기필코 찾아야 해요."

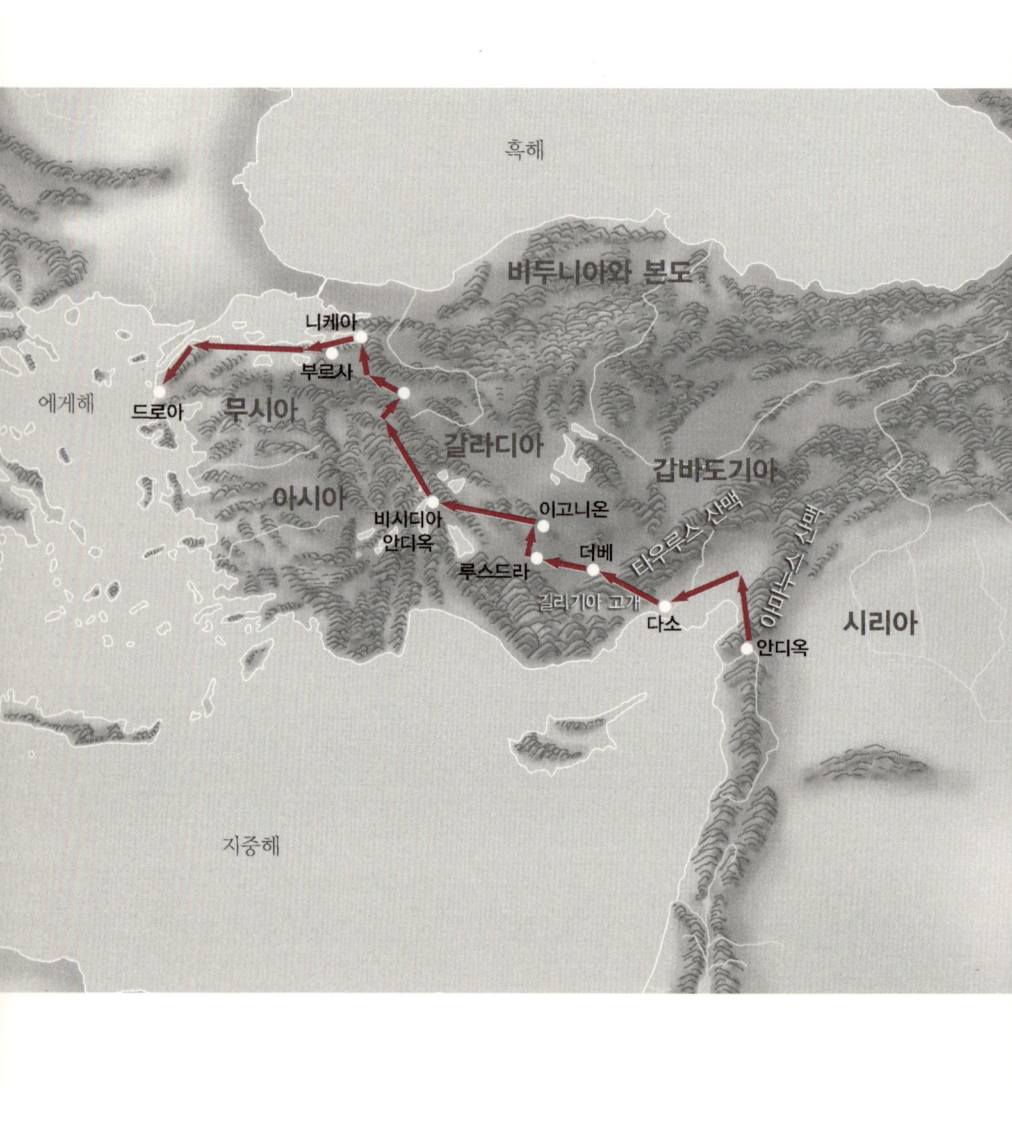

3
드로아에서 (1)

"바울 형제, 어디로 가겠다는 계획도 없이 길을 떠났단 말이요? 정말?" 실라는 한숨을 내쉬었다. 갈라디아를 벗어난 지 벌써 나흘째였다.

"그렇고말고." 바울은 아무렇지도 않게 대꾸했다.

"쉽고 빠른 길이든 힘들고 험한 길이든, 그저 하나님의 뜻을 좇을 뿐!" 사도는 사방을 주의 깊게 살폈다.

"북쪽으로 비두니아까지 올라갔다가 왼편으로 방향을 틀어 비잔티움으로 가세나. 그 다음엔 계속 동쪽으로 가는 게 하나님의 뜻인 것 같아요."

반면에 실라는 소아시아 중심부로 들어가는 게 좋겠다는 의견을 내놓았다. 어느 편이 옳은지 잘 모르겠다. 하지만 어디로 가야 할지 주님이 콕 짚어 주시기 전까지는 일단 계속 전진해야한다는 점만큼은 분명했다.

바울은 그동안 입에 올리지 않았던 속내를 드러냈다.

"클라우디우스 황제*(Emperor Claudius)가 미쳐 날뛴다는 소식이 들려올 때마다, 얼른 제국의 울타리를 벗어나, 동방에 복음을 전하고 싶은 마음이 굴뚝같아진다네. 그런데 한편으로는 곧장 로마로 가서 제국의 심장에서 복음을 선포하고자 하는 열망이 치솟기도 하지."

그러고는 디모데를 돌아보며 말했다.

"이보게, 젊은 친구. 자네가 유대인이라는 건 참 좋은 일일세. 하지만 동시에 그리스 사람이기도 하니 금상첨화야. 서쪽으로 갈수록 그리스 문화의 색깔이 더 또렷해질 테니까."

"저는 누구를 만나도 금방 친해지는 재주를 가졌잖아요." 디모데는 일전에 루스드라에서 바울이 했던 얘기를 끄집어내며 유쾌하게 대꾸했다.

지금 세 사람이 가는 길은 지난날 바울과 바나바가 갈라디아 남부 지방을 여행할 때 따랐던 여정과는 딴판이었다. 일단 넓고 안전했다. 뭐니 뭐니 해도 가장 좋은 건 숙소가 널렸다는 점이다. 로마 척수로 시오리마다 하나씩 여관이나 주막이 들어서 있었다.

어떤 숙소에 들든, 세 사람은 밤마다 주님을 찬양하고 인도하심을

---

* **클라우디우스(Claudius)**
칼리굴라 황제가 41년에 암살되자, 뒤를 이어 로마 제국의 4대 황제가 되었다. 근위군단의 군사력에 의해 즉위한 것인지라, 군인황제 시대의 최초의 예가 되었다. 45년에 이탈리아에서 유대인들을 강제 추방하는 반유대주의정책을 실시하여 약 2만 5천명의 유대인들이 그리스의 고린도로 이주하였다. 54년 독버섯에 중독되어 사망했다고 하지만, 다음 황제인 네로의 어머니 아그리피나에게 암살되었다는 설이 유력시 되고 있다.

구했다. 하늘에서 무슨 음성 같은 게 들리지는 않았다. 그저 계속 가던 길을 가야 할 것 같은 느낌이 드는 게 고작이었다.

어느 날 오후, 바울은 정색을 하고 말했다.

"한 번에 한 성읍씩 가기로 하세나. 지금부터 도시에 들어갈 때마다, 거기서 며칠 동안 머물면서 하나님의 뜻을 기다리자는 걸세. 주님이 문을 열어 주시거나 특별한 말씀을 주시면 계속 체류하고, 그렇지 않으면 다음 사역지로 떠나는 거지. 확실한 건 이곳의 북쪽 어딘가에서 이방인들의 세계에 예수 그리스도가 선포될 거라는 사실뿐일세. 일단 적절한 터를 찾고 그 성읍에서 주님을 전하면, 복음이 들어간 자리마다 예수 그리스도의 교회가 세워질 테고. 그때까지 부디 두 분 모두, 하나님이 마음 가장 깊은 곳에 들려주시는 음성에 예민하게 귀를 기울여 주시게나."

누가 봐도 처음으로 당도할 지역은 전설적인 옛 성읍 드로아였다. 도시가 점점 가까워 오자 세 친구는 성 바로 바깥에 있는 숙소에 여장을 풀었다. 여관에 들어가 자리를 잡자마자 바울은 심중에 받은 감동을 털어놓기 시작했다.

"비두니아는 아닌 것 같군. 내 안 깊은 데서 그런 느낌이 들어요." 바울은 손으로 가슴을 짚으며 말했다.

"나도 같은 생각일세." 실라도 맞장구를 쳤다.

디모데는 이렇다 저렇다 말이 없었지만, '내 안 깊은 데서' 음성을 듣는 법을 배우고 있었다.

"아무래도 에베소가 될 것 같기는 한데…." 바울은 말꼬리를 늘였다.

"그쪽으로 방향을 잡을 때마다 가야 할 길이 아니라는 감동을 주셨다네. 물론, 이번은 그렇지 않지만. 주님의 뜻을 정확히 헤아리지 못한다면 남은 방법은 하나뿐이지. 잠자코 앉아서 주님을 기다리세나. 드로아로 들어가서 자리를 잡고 앉아 기다려 보세."

바울은 비좁은 방, 한 쪽 벽에 몸을 기대며 말했다.

"얼마나요?" 디모데가 물었다.

"됐다 싶을 때까지!" 바울은 나지막한 목소리로 단호하게 대답했다.

다음 날, 셋은 항구도시 드로아로 들어갔다. 멀지 않은 곳에 눈 먼 작가 호머의 작품에 등장하는 고대도시 트로이의 옛 터가 있었다. 트로이를 둘러싼 지역을 트로아드(Troad)라고 불렀는데, 드로아라는 이 도시의 이름도 거기서 나왔다.

"자네는 트로이에 관해 들어 본 적이 있나?" 드로아 성으로 들어가며, 바울은 디모데에게 물었다.

디모데는 뭐라 대답해야 좋을지 몰라 망설였다. 아는 게 없는 건 아니었지만, 이 지역의 옛 전설을 두루 꿰고 있는 바울 앞에서 선뜻 그렇다고 말하기도 어려웠다. '깡 무식'으로 비쳐지는 건 자존심 상하는 일이었다.

"호머의 시를 조금 읽어 본 적이 있어요." 디모데는 마지못해 한마디 했다.

"그럼 자네도 트로이전쟁과 용감한 전사들의 영웅담을 알고 있겠군!"

"글쎄요, 뭐…, 얼추…. 커다란 목마를 무작정 받아들이는 게 아니었다는 정도는….” 디모데는 자신 없는 웃음을 지으며 대답했다.

"오늘 밤은 드로아에서 자세나. 내일은 자네를 옛 트로이 성터로 데려감세. 갔다 와서 다시 기다리는 걸로 하지. 백지 상태에서 하나님이 무언가를 보여 주실 때까지 말이야.”

그날 저녁 무렵, 셋은 드로아 성으로 들어가 시내 가까운 곳에 방을 잡았다. 이튿날 아침, 바울은 약속대로 디모데를 침상에서 끌어냈다.

"트로이에 갈 시간이야!"

조금만 걸으면 성터여서, 셋은 금방 트로이 성터에 올랐다. 지금은 허허벌판에 돌덩이만 수북할 뿐이었다.

바울은 나뒹굴고 있는 돌덩이 위에 걸터앉아, 실라와 디모데에게 호머의 시구 가운데 몇 토막을 낭송해 주었다. 그러고는 실라와 디모데에게는 유감천만한 일이지만, 그리스의 옛 노래를 불러 젖혔다. 한바탕 타령이 끝나고 나자, 실라가 손을 들고 짐짓 점잖게 이의를 제기했다. "바울 형제의 은사는 음악 쪽은 영 아닌 것 같소이다만….”

그렇다고 기가 꺾일 바울이 아니었다. 디모데와 실라는 고대 그리스, 호머, 트로이 전설 따위에 얽힌 길고 긴 이야기를 들어야 했다. 평상시에는 일상적인 그리스어로 설명하다가 시나 연설을 인용하는 대목에서는 불쑥 고전 그리스어를 써 가며 열을 올렸다.

"아, 모름지기 인간이 머물러야 할 곳이 있다면, 이곳 드로아가 아닐까?"

바울은 어색하리만치 큰 목소리로 옛 시의 한 구절을 읊더니 이내 속내를 내비쳤다.

"하지만 그건 사람들이 하는 소리고, 하나님의 뜻은 어디에 있는 거지? 지금처럼 애매하게말고, 뭔가 더 뚜렷하게 알려주시는 게 있어야 머물든 말든 결정을 할 텐데."

일행이 다시 드로아의 쪽방으로 돌아온 건, 거의 오밤중이 가까워서였다.

"주님의 가르침을 기다린다는 건 쉬운 노릇이 아니군!"

바닥에 주저앉으며, 바울은 깊은 숨을 내쉬었다. 거룩한 뜻을 헤아리는 데 익숙하지 않은 디모데는 하릴없이 고개만 끄덕였다. 바울은 말을 이었다.

"여비가 넉넉지 않으니 한시바삐 어디든 자리를 잡아야겠는데…. 뭐라도 시작해서 생활비를 벌기도 해야겠고."

바울은 실라에게 눈길을 주었다가, 디모데 쪽으로 옮기며 엄숙하게 말했다.

"내일은 다들 금식하기로 하세!"

디모데는 움찔했다. 젊은이의 반응을 눈치 챈 바울은 얼른 덧붙였다.

"그럼 이렇게 하지! 나는 내일 금식을 하겠네. 그러니 지금 남은 루스드라 음식을 다 먹는 게 어떨까?"

"그리고 자는 거지!" 실라가 말을 보탰다.

디모데는 멀뚱멀뚱 쳐다보기만 했다. 여태 살면서 끼니를 거른 적은 단 한 번도 없었다.

잠시 후, 등불이 꺼졌다. 세 남자는 깊은 잠에 빠져들었다.

여기서 분명히 말해 두는 게 좋겠다. 바울은 표적이나 환상을 보여 주는 리더는 아니었다. 오히려 성령님이 내면에 알려 주시는 깨달음이나 상황을 바라보는 인식에 더 크게 의존하는 편이었다. 바울은 마음 깊은 곳에서 주님을 만나곤 했다. 그러므로 지금부터 하려는 이야기는 바울의 삶에서 대단히 드문 사례라는 점을 알아주기 바란다.

그날 밤, 곤히 자던 바울은 환상을 보았다. 간절하게 호소하던 이의 얼굴과 목소리까지 사도는 똑똑히 보고 들었다.

"마케도니아로 와서 우릴 도와주시오!"

마케도니아는 그리스 북쪽에 있는 지역이다. 엄밀하게 보자면 북부는 마케도니아, 남부 지방은 아가야라고 부르는 두 나라지만, 둘이 단단히 엮여 있어서 사실상 한 나라로 여기는 게 일반적이다.

아직 동도 트지 않았건만, 바울은 살금살금 실라 곁으로 가서 흔들어 깨웠다. "실라 형제!"

실라는 끙끙거리며 몸을 뒤챘다. 그 바람에 디모데도 눈을 떴다.

바울은 속삭였다. "그리스야! 그리스로 가야 한다고!"

"확실한가?"

사방이 여전히 캄캄한 터라 일어날까말까 망설이는 눈치였다.

"장담할 수 있네!"

"마케도니아와 아가야, 어느 쪽이죠?" 디모데가 물었다.

"그리스 북부, 그러니까 마케도니아인 셈이지. 우린 더없이 좋은 지점에 있다네. 드로아는 에게 해를 건너기에 맞춤인 항구지. 날씨만 좋으면 동풍이 불거든. 짧으면 이틀, 길면 사흘까지 여정을 앞당길 수 있다네."

"마케도니아라고? 바울 형제, 여긴 소아시아일세. 그런데 마케도니아라면 그리스 아닌가? 우리 중엔 거길 가본 이가 아무도 없단 말씀이지!"

 바울이 되풀이해 전하는 환상 얘기를 다 듣고 난 실라가 착 가라앉은 목소리로 웅얼거렸다.

 "그렇다네! 그리스라고!" 바울은 단호한 목소리로 대답했다.

 하늘이 부옇게 밝아 올 무렵, 바울은 부둣가를 돌아다니며 마케도니아로 떠나는 배가 있는지, 언제 출발하는지 수소문하고 다녔다.

 "마케도니아라굽쇼?"

 뱃일을 보는 일꾼들이 말했다.

 "빌립보 쪽이라면 일주일에 적어도 두 번은 배가 뜨죠. 지금도 저 쪽에 한 척 정박하고 있습니다."

 바울은 나는 듯 달려가 선장과 빌립보까지 가는 운임을 흥정했다. 여관으로 돌아오던 바울은 문간에서 관리인과 마주쳤다.

 걸걸한 목소리로 그가 물었다. "손님의 함자가 바울이요?"

 멈칫했다. 언제부터인가 낯선 이가 이름을 물을 때면 언제나 그랬다.

 "그렇소만."

 "오늘 아침에 손님을 찾아온 양반이 있었다오. 이름만 듣고는 긴가민가했는데, 숙박부를 찾아보니 딱 적혔습디다. 세 분이 안디옥에서 함께 왔다던데, 맞수?"

 "그렇소이다." 바울이 재빠르게 대꾸했다.

 "날 찾는 양반도 거기서 왔다고 합디까?"

"친구 분 이름이 실라라고 하던가요? 그리고 어린 친구는 디…, 디모데?"

때마침 문간으로 나서다 그 소릴 들은 디모데는 쏘아붙였다.

"이름은 맞아요. 어린애는 아니고요!"

"내가 보기엔 영락없이 꼬마처럼 보이는 걸?" 여관 직원은 재미있다는 듯 이죽거렸다.

"우릴 찾는다는 양반은 어디 있죠?" 바울이 물었다.

"가만 있자 어디다 쪽지를 남겼는데…. 아, 여기 있구려! 이름이 루시우스(Lucius)라나 뭐라나, 아무튼 그 비슷한 이름이었소."

"누가다!" 세 사람은 한 목소리로 외쳤다.

"지금 어디에 있죠?"

"마구간 쪽으로 가 보슈."

"마구간이라고요?" 디모데가 되물었다.

"음, 십중팔구 나쁜 소식일 걸세." 실라가 말했다.

"안디옥의 형제자매들이 말까지 태워서 누가를 보냈다면, 그렇게밖에는 볼 수가 없지."

"예감이 틀리지 않는다면, 그 불길한 소식은 블라스티니우스와 얽혀 있을 게야."

바울도 같은 생각인 듯, 가볍게 고개를 끄덕였다.

디모데는 진이 빠지는 눈치였다.

"이참에 그자와 아예 끝장을 보든지 해야지, 원!"

"그럴 수 있으면 오죽이나 좋겠나!" 바울이 말했다.

바울은 여관집 마름이 건네준 쪽지를 펼쳐 읽고서 동행들에게 내용을 알려 주었다.

"누가가 장터에 있다는 얘길세. 날마다 회당 계단에 앉아서 우릴 기다린다는군."

"회당?" 실라는 저도 모르게 버럭 소리를 질렀다.

누가는 이방인이잖아요? 그럼, 아폴로 신전 앞이 더 어울리지 않아요?" 디모데는 웃었다.

셋은 지나가는 이들의 얼굴을 하나하나 살펴 가며, 부지런히 시내로 내달렸다. 얼마나 헤맸을까, 어디선가 익숙한 누가의 목소리가 허공을 가르며 날아왔다.

"실라 선생님! 바울 선생님!"

디모데가 먼저 보고 뛰어가더니 와락 끌어안았다. 처음 보는 사이지만, 마치 일가붙이라도 만난 듯 반가워했다.

"아, 형제가 디모데군! 며칠 전에 루스드라에 있는 자네 집에 들렀네. 어머니가 잘 지내는지 궁금해 하시며 사랑한다고 전해 달라 하셨네. 가끔 편지로 소식을 알려 달라는 부탁도 하셨지."

디모데의 얼굴이 빨갛게 물들었다.

바울은 누가와 가벼운 인사를 나누고, 곧바로 본론으로 들어갔다.

"무슨 일로 이렇게 급히 달려오셨는가? 어쩐지 좋은 소식은 아닐 거란 느낌이 드네만."

누가의 얼굴이 사뭇 진지해졌다.

"잘 보셨습니다. 좋은 전갈은 아닙니다. 실은 몹시 나쁜 소식이죠."

"무슨 얘긴데 그러나?"

"안디옥으로 선생님에게 편지 한 통이 도착했습니다. 예루살렘에서 유스도가 보냈더군요."

"유스도 바사바 말인가?" 실라가 캐물었다.

"그렇습니다. 바로 그 유스도예요. 허락도 없이 그 편지를 제가 뜯어 읽었습니다. 그리고 베드로 선생님과 상의한 결과, 사태가 급박하다는 결론을 내렸지요. 사정을 알게 된 안디옥의 형제자매들이 선생님에게 이 사실을 알리도록 저를 보냈습니다. 편지에는 그만큼 중대한 내용이 실려 있었습니다."

"그런데 어떻게 이렇게 우릴 빨리 찾아낸 거죠?" 디모데가 물었다.

"말을 타고 왔거든."

"그래도 이렇게 금방 따라잡다니, 믿을 수 없어요."

젊은이는 여전히 의문이 풀리지 않는 모양이었다.

"편지에 뭐라고 적혀 있던가?" 바울이 재촉했다.

"여기서 말씀드리긴 곤란합니다." 누가는 머뭇거렸다.

"묵고 계신 곳이 먼가요?"

"그렇지는 않네만, 방이 너무 비좁아서 다 들어갈 수 있을지 모르겠군. 가서 더 큰 방을 내달라고 부탁해 보세."

잠시 후, 네 사람은 전에 비해 훨씬 크고 깨끗한 방에 둘러앉았다.

누가가 입을 뗐다.

"여러분들을 찾기까지 꼭 미로를 헤매는 기분이 들었어요. 얼마나 꽁꽁 숨어 다니시던지. 다만 한 분이라도 눈에 쉽게 띄는 장치를 달고 다니시면 안 될까요? 인상착의를 설명하기 쉽게 말입니다."

"디모데 형제가 수염을 기르면 되겠네!" 실라가 우스갯소리를 했다.

"숱이 많은 머리 한 남자만 찾으시지 그랬어요. 금방 실라 선생님을 만날 수 있었을 텐데." 디모데가 지지 않고 되받았다.

"그만, 그만!" 유쾌하지만, 한편으론 초조해진 바울이 손사래를 쳤다.

"편지는 블라스티니우스와 관련이 있습니다." 누가가 말했다.

"그럴 줄 알았지." 바울은 심각한 반응을 보였다.

"바울 선생님, 분명히 말씀드리지만, 블라스티니우스 파동은 아직 가라앉은 게 아닙니다. 우선 직접 편지부터 읽어보고 나서 상의를 계속할까요?"

"아닐세. 먼저 형제의 입을 통해 듣기로 하지."

바울이 자세를 고쳐 앉았다.

감히 말하거니와, 다음 몇 분 동안, 바울은 지구상에서 자신의 존재를 통째로 뒤바꿔 놓을 만한 소식을 들었다. 죽는 날까지 따라다닐 이야기였다.

"블라스티니우스가 선생님을 두고 서약을 했답니다. '죽음의 맹세' 말입니다."

방 안에 침묵이 깔렸다. 디모데는 죽음의 맹세가 뭔지 궁금해 죽을 지경이었지만, 감히 물어볼 엄두조차 낼 수 없었다.

"저희가 백방으로 알아보니 어김없는 사실이었습니다."

누가의 말이 이어졌다.

"베드로 선생님과 함께 안디옥에 계실 때, 블라스티니우스가 그곳을 떠나 버렸던 걸 기억하세요? 다들 예루살렘으로 돌아갔으리라고 생각했지만, 실은 갈라디아로 갔었잖아요. 얼마 안 가서 아직 어린 그곳 교회 네 군데서 큰 소동이 벌어졌죠. 그러다 여기 디모데가 나서면서 혼란이 가라앉기 시작했고, 곧 갈라디아의 모든 교회에서 내몰리기에 이르렀고요.

그러자 고향 예루살렘으로 돌아간 모양이에요. 그런데 거기서 바울 선생님이 할례 받지 않은 이방인들을 대상으로 벌이는 사역을 열두 사도들이 축복하기로 했다는 소식을 듣고 완전히 속이 뒤집혔던 겁니다. 블라스티니우스는 이방인들에게 복음을 전하기로 한 베드로와 야고보의 결정을 노골적으로 거부했어요. 베드로와 맞서고 장로들을 비난했죠. 바울 선생님이 이방인들에게 복음을 전하는 게 그만큼 싫었던 거예요."

누가는 더 이상은 얘길 하고 싶어 하지 않는 눈치였다. 한숨을 몰아쉬며 뜸을 들이더니 마지못해 덧붙였다.

"선생님이 두 번째 전도 여행에 나섰다는 걸, 블라스티니우스도 알고 있습니다. 어디선가 다시 이방인들에게 복음을 전할 테고, 자연히 이방인들의 모임들이 생겨나리라는 것도요. 거기다가 몇 가지 다른 이유들까지 겹쳐서 선생님을 두고 맹세까지 하게 된 거죠."

"죽음의 맹세 말이지." 바울이 낮은 목소리로 말했다.

디모데와 실라는 바울의 안색을 살폈다. 무슨 생각을 하고 어떤 느낌인지 가늠할 만한 실마리는 한 가닥도 눈에 띄지 않았다. 두 눈이 유난히 이글거리는 게 평소와 조금 다를 뿐이었다.

"그래, 구체적으로 무얼 다짐했다던가?"

"블라스티니우스는 하나님의 보좌 앞에서 선생님이 살아 계시는 한 끝까지 따라가겠다고 맹세했습니다. 세상 어딜 가든 절대로 놓치지 않겠다고요. 선생님이 어디서 복음을 전하는지 눈에 불을 켜고 지켜보다가 똑같은 이들에게 저만의 복음을 별도로 선포하겠다는 거죠. 상대가 거부하면 무슨 수를 써서라도 모임을 깨트리려 할 거예요. 순순히 따라오면 할례를 주고 모세의 율법을 좇게 만들 테고요. 다시 말해서, 선생님이 세운 에클레시아를 남김없이 무너뜨리려 할 겁니다.

그뿐이 아닙니다. 발길이 닿는 곳마다 유대인들을 만나서 선생님과 맞서 싸우도록 부추기기로 작정했답니다. 지방정부 관리들에게도 더 없이 험한 말로 선생님을 헐뜯고요. 심지어 이방인들에게까지도 선생님과 접촉하지 말라고 경고하기로 했다더군요. 한마디로 온 힘을 다해 선생님의 수고를 물거품으로 만들겠다는 겁니다."

디모데는 평생 그보다 끔찍한 얘기는 들어 본 적이 없었다고 했다.

바울은 말없이 듣기만 했다. 감정은 눈곱만큼도 내비치지 않았다. 마치 하나님이 바로 이 순간을 위해 바울의 삶 전체를 준비시키신 것 같은 분위기였다.

누가가 말을 이었다.

"선생님이 복음을 전한 이방인들의 마음을 돌려놓지 못하면, 블라스티니우스는 애써 일군 모임들을 망가뜨리는 선에서 그치지 않고 로마 정부는 물론, 유대인까지 동원해 뜻을 이루려 들 거예요. 이제 선생님에게는 자신만큼이나 노련하고, 능력과 재주가 있으며 단호하기까지

한 무시무시한 적과 싸워 이겨야 하는 숙제가 생긴 셈입니다. 언변은 저쪽이 월등합니다. 게다가 영리하고 교활하죠. 선생님처럼 그 역시 타고난 리더입니다. 이방인에게 복음이 전파되는 걸 차단하겠다는 단 하나의 목표를 이루기 위해서라면 여행의 수고 따위는 조금도 개의치 않을 정도니까요. 이런 자가 선생님의 삶에 끼어들었으니, 쫓고 쫓기는 싸움은 어느 한 쪽이 죽어야 비로소 끝날 겁니다."

바울의 반응은 더뎠다. 곰곰이 생각할 게 많은 모양이었다.

"하나님께 맹세하고 덤벼드는 적, 재주가 비상한 인간, 성경에 해박한 전문가, 열성분자 중의 열성분자…."

혼잣말처럼 뜸을 들이고 나서 바울이 덧붙였다.

"그뿐인가? 더 해 줄 얘긴 없나?"

"더 있습니다."

누가가 다급히 말했다.

"선생님이 다시 이방인 세계에 복음을 전하러 나섰다는 얘길 듣고, 블라스티니우스는 단단히 화가 났답니다. 사소한 동태까지 놓치지 않고 추적하겠노라고 장담했다더군요. 반드시 그걸 염두에 두셔야 합니다."

"누가 형제, 갈라디아 지방을 지나오면서 그곳 교회에 이런 사실을 남김없이 알렸나?"

"더베와 루스드라 교회에는 소식을 전했으니까, 나머지 두 곳에도 전갈이 갔을 겁니다. 아마 지금쯤은 네 교회가 모두 블라스티니우스의 맹세에 관해 알고 있겠죠."

4
드로아에서 (2)

"누가 형제, 자네 말을 파는 건 어떨 것 같은가?"

"그렇게 하세요! 어차피 선생님을 찾으라고 교회에서 내준 건데요, 뭘. 그런데 왜 그러시려고요? 강도당한 적이 있으세요?"

"그런 적은 없지만 ···." 바울은 속 시원하게 털어놓았다.

"재정이 완전히 바닥 상태야."

"안디옥교회에서 모르는···, 정말 모르는 거예요?"

"그렇다네, 알 리가 없지."

바울은 문제를 일축하려는 듯 손을 내저었다. 이 일에 대해 왈가왈부하고 싶지 않다는 뜻이 분명해 보였다.

하지만 누가는 가만있지 않았다.

"아니 어떻게 이런 실수를! 돈이 문제가 될 거라고는 꿈에도 생각해 본 적이 없어요. 이런 치명적인 실수라니! 갈라디아교회는요? 그쪽은 동료 이방인들에게 복음이 전해지도록 뭐라도 지원해 주지 않았나요?"

"누가 형제, 갈라디아 지역을 거쳐 올 때 우여곡절이 많았다네. 누구도 재정 문제를 생각할 여지가 없을 정도였어."

"아니, 어떻게 우리 모두가 그렇게 깡그리 잊어버릴 수 있는 거죠?"

"진심으로 답을 듣고 싶은 건가?"

"당연하죠." 누가는 화가 머리 꼭대기까지 나서 대답했다.

"솔직히, 내 짐작이네만…." 바울의 대답이 이어졌다.

"내가 생계를 책임지면서 자유롭게 복음을 전하는 방식에 형제자매들이 익숙해진 것 같아. 내가 그날 먹을거리는 어떻게 해 보지만, 여행 경비까지 조달하는 건 좀 버겁다는 사실을 미처 생각하지 못한 게 아닌가 싶어."

바울이 싱겁게 웃었다.

"여행에 필요한 돈은 천사가 대준다고 믿고 있는 거지."

"천사니 뭐니 그건 모르겠고, 말이나 당장 팔아치워야겠어요." 볼멘 소리로 누가가 대꾸했다.

"말을 팔더라도 한 가지 조건만은 지켜 주게나. 말을 얼마에 팔든지, 안디옥까지 여행 경비는 꼭 따로 챙겨 두어야 하네. 누가 형제, 꼭 그렇게 하시오. 그렇지 않으면 안디옥으로 되돌아갈 때 걸어서 가게 될 테니 말이오."

"안디옥까지 걸어가는 일 따위는 상관없습니다. 저 말도 제가 걷든 말든 신경 쓸 리 없고요."

"내 말을 듣게나. 자네가 집으로 돌아가는 데 필요한 만큼은 꼭 따로 챙겨 두게. 나머지 돈은 우리가 그리스로 가는 데 좀 보태고."

"선생님 수중에 돈이 하나도 없는 걸 알면서도요?" 누가가 정색을 하고 말했다.

"그런 건 하나도 중요하지 않다네. 나는 그리스 북쪽으로 가라는 주님의 말씀을 받았네. 중요한 것은 바로 그 점이야. 나는 그리스로 갈 거야. 그곳 시장에서 물건을 만들어 팔면 돈이 좀 될 거야. 그러니 누가 형제는 말을 파는 일에나 신경을 쓰게나. 드로아에 있는 장사치들은 밀당의 고수로 악명이 높다는군."

"바울 선생님, 걱정 마세요. 안디옥에서 말을 얼마 주고 샀는지 다 알고 있으니, 드로아에서는 그 이상은 받아내야죠."

두 사람의 대화에 디모데가 끼어들었다.

"말을 사는 건 헬라 사람들이라는 걸 명심해야 할 겁니다."

실라가 기특하다는 듯 말을 받았다.

"디모데가 유대인도 헬라인도 구사할 수 없는 농을 하다니."

오후 무렵, 말이 팔렸다. 다음날 아침, 네 사람은 드로아 부두로 출발했다. 드로아에 와 본 사람이라면, 누구나 그 항구의 규모가 어마어마하며 부두는 곡물을 가득 실은 배로 가득 차 있다는 것을 보게 될 것이다. 하지만 그중에서 가장 크고 단연 시선을 사로잡는 배는 2단식 노의 갤리선과 노가 3단으로 된 군용선인 로마의 전함이다. 이 함선들의 양쪽에는 배의 저층부 깊은 곳에서 사슬에 묶인 남자 노예들이 젓고 있는 노가 장착되어 있었다. 그들은 북과 채찍에 맞춰 노를 젓는다.

네 남자가 배에 올랐고, 바울은 잠시 멈춰 서서 몸을 돌려 드로아를 돌아다 봤다.

"드로아여, 며칠 머무는 동안 나에게 너는 고향처럼 편안했다. 태어나 자란 본향 같구나. 골목길, 풍습, 사투리도 나는 모두 알고 있단다. 언젠가 너에게 다시 돌아오마. 오, 고대의 트로이여, 너도 예수 그리스도의 놀라운 소식을 듣게 되기를."

그로부터 꼭 6년 후, 바울은 생애 가장 어두운 시절을 드로아에서 보냈다. 죽음이 두려워 떨고 있는 나를, 바울은 드로아에서 기다렸던 것이다.

잠시 후, 네 남자를 태운 배는 드로아를 유유히 빠져나갔다. 해질 무렵이 되어서야, 배는 사모드라게라 부르는 에게해의 한 섬에 무사히 도착했다. 그 다음날 배는 네압볼리를 향해 출발했다. 그곳은 빌립보 근처에 있는 항구도시다.

배가 네압볼리 가까이 다다랐을 무렵, 멀리 로마에서는 클라우디우스 황제가 수십 만 명의 유대인의 삶을 뒤흔드는 칙령을 내렸다. 바울이 극도로 혐오한 칙령이었을 뿐만 아니라 그 칙령 때문에 바울은 거의 목숨을 잃을 뻔했다.

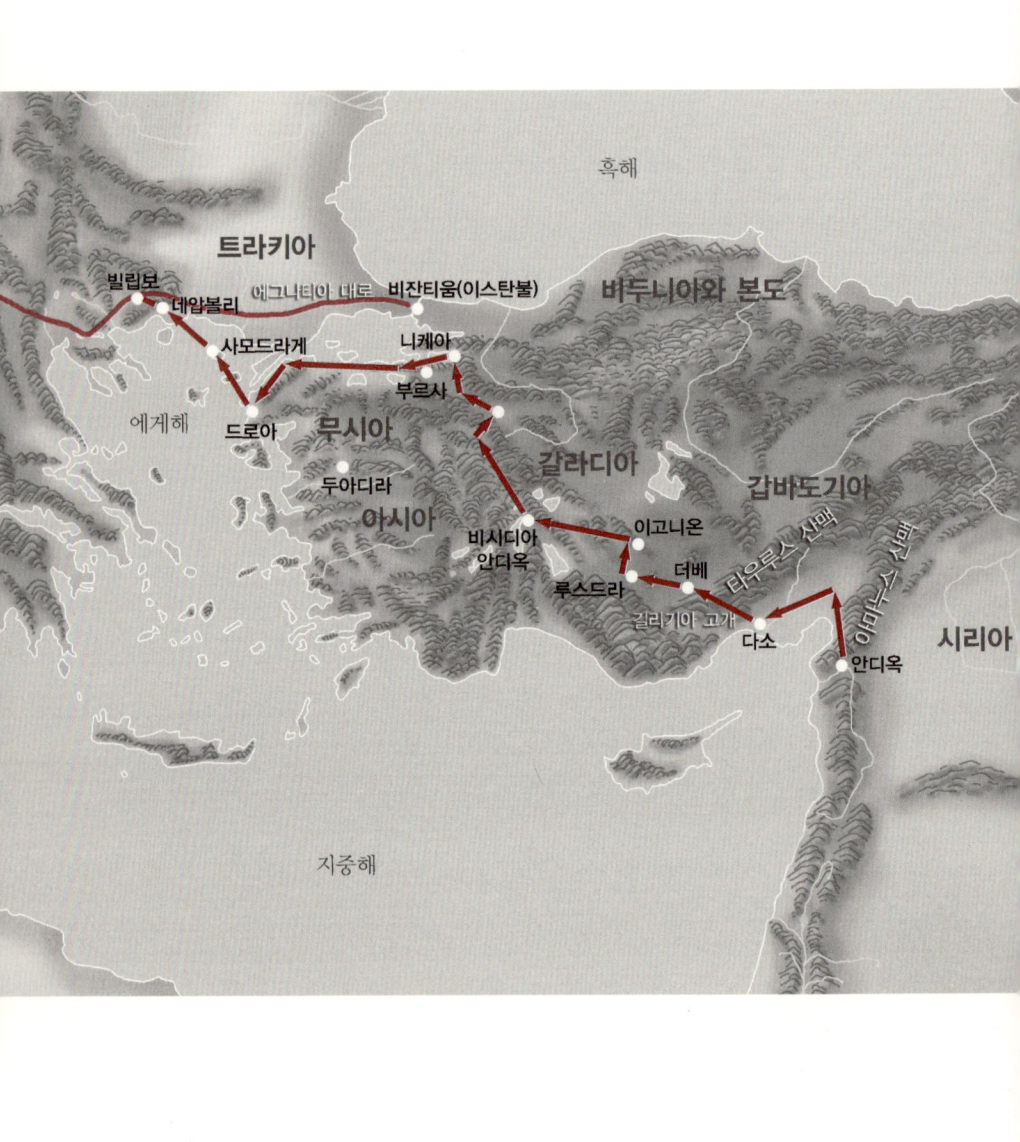

5
빌립보로 들어가는 길

"에토스 산 좀 보세요! 네압볼리와 빌립보 근처까지 온 것 같아요."
해안에 다다르면서, 배는 네압볼리에 지어진 새 항구 쪽으로 나아갔다. 판게아 산맥의 산마루 아래 자리를 잡은 곳이었다.
"이렇게 로마에 가깝게 있어 본 적이 없다네." 바울의 말이었다.
"빌립보에 있으면….''
"빌립보에서는 안심해도 될 거요." 과객 하나가 중간에 끼어들었다.
"로마 시민이라면 언제든 안전하오. 빌립보는 지구상에서 그 어떤 도시보다 로마에 지독히 충성을 바치잖소. 빌립보는 다른 곳과는 완전히 별개의 로마 식민지라고. 여기 사람들은 자신이 로마의 식민지에 사는 것이 아니라 마치 로마에 산다고 생각하니까."
나중에 이 남자의 말은 틀린 것으로 판가름 났다. 로마 제국을 향한 빌립보의 충성심 때문에 로마 시민권자인 바울과 실라는 빌립보에서 목숨을 잃을 뻔했다.

저녁 늦게 배는 네압볼리 부두에 들어갔다. 배가 한밤중에야 항구에 도착하자, 승객들은 어두운 밤거리의 위험을 피해 선상에서 밤을 보냈다. 새벽녘에서야 네 남자는 로마로 가는 가장 중요한 도로 에그나티아 가도에 들어섰다. 아름다운 대리석이 깔린 대로였다. 대로는 네압볼리 중심까지 연결되어 있었다.

"빌립보까지는 13킬로미터쯤이라는군." 바울이 의미 있게 짚어 주었다.

"아주 오래전, 이 언덕엔 금광이 아주 많았다네. 그 금광이 그리스를 위대한 국가로 만들었지. 금광의 호황이 끝나면서, 그리스 제국도 마찬가지 신세가 되었지. 우리는 지금 그리스와 로마 역사의 심장부에 있는 셈이네. 빌립보가 그 중심이니 말일세."

가파른 언덕을 오르자, 팡가이오스 산 품 안에 안겨 있는 기름진 평원이 그들 앞에 모습을 드러냈다. 언덕 정상부에서는 빌립보 전경이 한눈에 들어왔다. 걸음을 멈춘 바울이 입을 열었다.

"그래, 바로 이곳이야. 가장 중요한 전투가 벌어진 곳이지. 브루투스와 카시우스는 그리스뿐만 아니라 로마 제국 전역의 패권을 놓고 옥타비아누스와 안토니우스를 상대로 전투를 벌였지. 전투 당일까지만 하더라도 로마는 공화정이었다네. 그 전투 후부터 로마는 카이사르 한 사람의 통치를 받게 되지. 전투가 끝난 후 승리자 옥타비아누스는 빌립보를 작은 로마로 여겼다네. 빌립보에서 태어난 사람은 로마에서 태어난 것과 똑같았지. 완패당한 브루투스는 이곳에서 자살을 결행했고, 오늘날까지도 빌립보에서는 형편없는 실수를 저지른 사람이라면 브루투스처럼 그냥 자살해버릴까 생각한다네.

형제들이여, 우리 중 누구도 로마를 본 사람은 없지만, 지금 우리는 로마에 있는 것이나 진배없다네. 빌립보 전체는 곧 로마니까 말일세. 우리가 그리스 세계의 한복판에 서 있지만, 빌립보에서 쓰는 말은 헬라어가 아닌 라틴어라네. 시장에서 그리스 동전은 눈 씻고 찾아봐도 없을 거야. 거스름돈을 받아 보면 죄다 로마 동전이라네."

"염려 붙들어 매시게. 저흰 땡전 한 푼 없으니까." 실라가 입을 열었다.

몇 발자국 더 걸어가자 '콜로니아 아우구스타 줄리아 필립펜시스'(Colonia Augusta Julia Philippensis-빌립보가 로마의 식민도시가 되었을 때 얻게 된 새 이름. 퇴역한 로마 군인들의 안식처로 기능했다-역자주)라고 적힌 커다란 대리석 이정표가 보였다.

그들은 빌립보 변두리 쪽으로 갔다.

"죄다 로마 군인들이에요." 디모데가 손으로 가리켰다.

"한눈에 봐도 역전의 용사들이네요." 누가가 대답했다.

"불굴의 투지에다 저 흉터들 좀 보세요."

누가 로마 사람인지 알아보는 데는 그리 오래 걸리지 않았다. 로마라는 오만함이 뚝뚝 묻어났기 때문이다.

오가는 사람들을 눈여겨보던 실라가 한마디 했다.

"하는 말은 족족 라틴어고, 모두 로마식 옷을 입었네. 마치 로마에 있다는 생각이 들 정도군."

"저길 봐, 빌립보 아크로폴리스야. 사람들이 엄청 많아!" 바울이 소리쳤다.

빌립보를 방문해 보면, 그곳이 프리마 마케도니아라고 부르는 3개의 마케도니아 지역에서 제일가는 도시임을 알게 될 것이다. 빌립보의 인구는 대략 3만 명에 육박했다. 도시의 행정은 자치로 이루어졌고, 시민들은 자치를 잘 유지하려고 애썼다. 빌립보에서 문제가 생기면, 로마가 자신들의 고유한 특권을 즉시 철회할 것이 뻔했기 때문이다.

다른 세 남자는 곧 바울이 오가는 거의 모든 사람들의 면상을 뜯어 보고 있다는 것을 알아차렸다. 바울은 환상 속에서 보았던 그 남자를 찾고 있었다. 그들은 시내로 가서 아고라(시장)로 들어갔다. 순간 갑자기 그들은 자신들이 로마에 있다는 착각이 들었다. 음식, 파는 물건들, 옷, 말, 그리고 사람들의 외모조차도…. 분명 이곳은 로마였다.

"저는 로마에 있는 거네요." 낮은 목소리로 디모데가 읊조렸다.

유심히 주변을 둘러보던 바울은 골똘히 생각해 오던 질문 하나를 던졌다.

6
빌립보에서 (1)
: 루디아를 만나다

"회당은 어디에 있습니까?"

바울은 오가는 사람들을 상대로 묻고 또 물었다. 하지만 되돌아오는 건 멍한 눈으로 빤히 쳐다보는 눈길뿐이었다. 그의 질문을 이해하는 사람조차 없었다.

"내 라틴어가 그리 나쁜 건 아닌데." 바울은 불만스럽게 말했다.

마침내 대답하는 사람이 있었다.

"빌립보에는 회당이 전혀 없소."

그러고는 냉정한 관찰을 거친 문장 하나가 이어졌다.

"이곳은 로마 사람들의 도시지, 유대인의 도시가 아니란 말이오!"

바울은 대답했다.

"어느 쪽이든 있을 수 있는 법이오, 선생!"

바울은 실망한 기색이 역력했다. 회당이 없다면 빌립보 사람들에게 복음을 소개할 도리가 없기 때문이다.

"여기 유대인이 있긴 있을 거야. 한 가지 확실한 건 이 도시에 히브리인이 열 명도 안 된다는 거지." 바울은 방점을 찍듯 말했다.

누가의 얼굴에서는 바울의 말에서 불확실성을 읽은 티가 여실했다. 그것은 디모데도 마찬가지였다.

"어느 도시에 열 명 이상의 유대인 성인이 있다면, 그 유대인들은 회당을 지어야 한다네."

"열 명이 안 되면요?" 누가가 물었다.

"어느 도시에 유대인이 열 명 미만이라면, 그들은 안식일에 가장 가까운 강에서 모이지. 그런 자리를 프로슈케*(proseuche)라고 부르지. 열 명이 되는 그날까지 그들은 강가에서 모임을 계속 한다네."

상황 파악을 끝낸 일행은 제각기 흩어져 시장을 누비며 유대인들이 토요일에 어디에서 모이는지 묻기 시작했다. 안식일까지는 사흘이 남아 있었다. 바울은 그중에 이틀을 할애해서 시내에 사는 유대인이 있는지 알아보고 다녔다. 대답은 하나같이 똑같았다.

"모릅니다."

그나마 실마리를 찾은 건 디모데였다. 웬 사내에게서 단서가 될 만한 얘기를 들은 것이다.

---

* **프로슈케(Proseuche)**
'기도', '기도처', '예배처'란 뜻이다. 하지만 문자적으로 기도처만 가리키는 것이 아니라 기도하고 예배도 드리는 집회 처소를 통칭한다. 대개 회당을 가리켰으나 유대인들이 많지 않아 회당을 세울 만한 규모가 아닌 지방에 마련된 예배 처소를 가리키기도 한다. 이런 모임은 일반적으로 강이나 바닷가에서 있었는데, 이는 기도하기 전 몸을 정결케 하기 용이했기 때문인 듯하다.

"저기 가면 강이 하나 있소. 간지테스라고들 부르지. 거기서 토요일마다 몇몇이 모이는 것을 봤소. 무슨 노래 같은 걸 부르더군."

안식일 이른 아침, 네 남자는 흔히 아우구스투스 문이라고 부르는 북동쪽 성문을 빠져나갔다. 그러고는 다시 2킬로미터쯤 더 걸어서 간지테스 강으로 가는 오솔길 초입에 들어섰다. 숲 끝자락에 빼곡히 들어선 나무 밑에 자리를 잡고 누군가 나타나기를 기다렸다.

한 시간이나 지났을까? 아낙네 몇이서 다리를 건너 강 반대편으로 갔다. 그들은 바닥에 앉아 살아계신 하나님을 찬양하며 기도를 드렸다.

일행도 잠시 지켜보다가 여인들과 합류했다. 따뜻한 인사가 오갔다. 바울은 놀라움을 감출 수가 없었다. 유대인도 아니면서 하나님을 경외한다는 게 뜻밖이었고 여인 일색이라는 점이 신기했다. 가만히 보니, 루디아라는 여인이 예배를 드리러 모인 이들의 리더 노릇을 하고 있었다.

장차 바울 일행의 삶에서 독특한 역할을 하게 될 대단히 뛰어난 여인이었다. 나중에는 그리스 북부로 복음을 퍼트리는 핵심인물이 된다. 루디아를 한마디로 설명하기는 쉽지 않다. 아주 강인한 여성이지만, 힘찬 기백 속에 어떤 부드러운 기운 같은 게 감돌았다. 그래도 어느 모로 보든 뛰어난 여인이라는 사실만큼은 분명했다.

결혼해서 소아시아의 두아디라라는 고장에 보금자리를 꾸렸다. 남편을 잃은 뒤에는 빌립보로 터전을 옮겨 타고난 재주를 십분 발휘해서 자주색 옷감 짜는 일을 했다. 얼마 지나지 않아 조합의 우두머리가 되었으며, 지금은 빌립보를 통틀어 첫손에 꼽히는 직물생산업자가 되었다. 자주색 옷감은 로마제국에서 몹시 귀하게 취급하는 물품이었다. 오로지 황제만이 어깨에서 발끝까지 내려오는 자주색 외투를 걸칠 수 있었다. 그런 까닭에 자주색은 권력과 부를 상징했다. 빌립보는 가장 질 좋은 자주색 옷감이 생산되는 지역이었다. 황제가 입는 망토도 이곳에서 나오는 옷감으로 지은 제품이었다. 따라서 루디아가 이끄는 직물조합은 그리스에서 으뜸으로 대접받는 조직이었다.

그날 아침, 간지테스 강가에서 바울은 여인들에게 예수 그리스도의 복음을 선포했다. 바울의 이야기를 들으면서, 루디아는 큰 감동을 받았으며, 이내 그리스도를 주님으로 받아들였다. 여인의 믿음은 자신의 삶뿐만 아니라 빌립보에 사는 숱한 이들의 심령에도 커다란 영향을 미쳤다. 같은 날, 유오디아와 순두게, 글레멘드 같은 여인들도 함께 예수를 믿었다. 그때까지도 빌립보에는 회당이 없었다. 사실상 빌립보를 찾은 모든 유대인들은 결국 그리스도를 따르는 제자가 된 듯하다.

그렇게 시작된 조그만 모임은 질문하고, 듣고, 울고, 기뻐 뛰기를 거듭해가며 거의 종일 계속되었다. 저녁 무렵쯤, 모두가 세례를 받았다. 바울 일행은 여인들과 작별하고 곧바로 묵고 있는 여관으로 돌아갔다.

디모데는 기쁨을 주체하지 못했다.

"처음 이 도시에 들어왔을 때는 바울 선생님도 어디부터 손을 대야 할지 몰라 참 힘들어하셨죠. 루스드라는 복음을 전하기에 아주 척박한 땅이었잖아요. 하지만 여긴 다를 것 같아요. 강가에 가서, 몇몇 사람들을 만나고, 하나님 말씀을 전하고, 성령님이 임하시고, 다들 마음을 열고 주님을 받아들이는 과정이 물 흐르듯 이어졌잖아요."

"다음에도 그렇게 순조로우리란 보장은 어디에도 없는 법일세." 실라가 말허리를 자르고 나섰다.

"참 길을 따르는 이들은 그 믿음 때문에 어려움을 겪기 십상이지. 애쓴다고 피할 수 있는 일이 아니야."

그때, 누군가 방문을 똑똑 두드렸다. 여관에서 일하는 직원이었다.

"밖에 좀 나가 보세요. 어떤 분이 손님들을 찾아오셨어요."

누가는 아래층으로 내려갔다. 문간에 루디아가 서 있었다.

"바울 선생님이랑 다른 분들도 다 내려와 주시겠어요? 드릴 말씀이 있어요."

그렇잖아도 다들 계단을 내려오는 참이었다.

"이렇게 형편없는 숙소에서 계속 묵으시면 안 됩니다. 너무 지저분한 데다가 생쥐까지 들끓잖아요. 제게 집이 한 채 있는데, 여러분이 지내시기에는 아주 안성맞춤이에요. 환경이 깨끗하고 잔심부름을 해 줄 하인들도 있죠. 여러분들은 방금 제가 믿은 주님을 선포하는 일에만 신경을 쓰시면 됩니다."

루디아는 두 눈에 그렁그렁 눈물을 담은 채, 쉰 목소리로 한마디 한마디 또박또박 이야기했다.

"선생님은 제가 값을 따질 수 없이 귀한 보물을 선물하셨어요. 주님을 소개해 주셨잖아요. 그처럼 귀한 분들이 이런 데서 생활하신다는 생각을 하면 견딜 수가 없어요. 저를 주님을 신실하게 따르고 싶어 하는 사람으로 보신다면, 부디 제 집에서 지내 주세요."

바울은 마다할 게 뻔했다. 그는 대답했다.

"쥐 없는 여관이 세상에 어디에 있겠어요?"

바울에게는 루디아의 초대를 받아들이지 말아야 할 오만 가지 이유가 있었다. 하지만 바울은 다들 마찬가지겠지만, 그런 여인을 어디서도 만나 본 적이 없었다. 여인의 반응을 보면서, 일행은 그처럼 뛰어난 인물을 어떻게 상대해야 하는지 새삼 깨달았다.

"거절하시리라 짐작은 했어요. 그러실 줄 알고 왔어요. 하지만 결국은 제 뜻대로 될 거예요. 알려 드릴 게 또 있어요. 친구들과 지인들을 다 불러 모았어요. 동트기 전까지 우리 집으로 오라고 초대한 거죠. 제가 제법 인맥이 넓은 편이랍니다. 여러분들도 함께해 주세요. 부디 오셔서 제 친구들에게도 주 예수 그리스도를 전해 주세요."

루디아가 말했다.

바울은 너무나 놀라서 입을 다물지 못했다. 디모데는 고개를 외로 꼬고 자꾸만 비어져 나오는 웃음을 참느라 안간힘을 썼다. 멀쩡한 건 실라의 싱거운 유머뿐이었다.

"여보게, 이분이 자네에게 말씀하고 있지 않은가? 그새 벙어리가 되기라도 한 건가?"

바울은 말까지 더듬어 가며 고맙다고 인사했다.

"당연히 가서 친구와 친지 분들에게 우리 구세주의 풍요로운 복음을 전하겠습니다. 하지만 숙소를 제공하겠다는 초대는 수락할 수 없습니다. 너그러운 마음만 받겠습니다. 저희들은 아무에게도 신세지지 않고 스스로 생활을 꾸려 나가려 합니다. 제게는 그게 평생의 습관입니다."

루디아는 어처구니가 없다는 표정이었다.

"제 집에 오시면 비용 따위는 생각할 필요가 없습니다."

몸을 돌려 나가던 여인은 다시 한 번 돌아서며 못을 박았다.

"분명히 말씀드리지만, 이 문제에 관해서라면 저는 반드시 뜻을 이루고 말 거예요."

오래도록 바울은 그 자리에서 움직이지 않았다. 한참이 지나서야 바울은 고개를 절레절레 흔들며 중얼거렸다.

"절대로, 절대로 난…. 그럼, 그렇고말고."

디모데는 불쑥 바울 곁으로 다가섰다. 곧 박장대소를 터트렸다. 바울은 다들 어째서 그렇게 숨이 넘어갈 듯 웃어 대는지 모르겠다는 눈으로 디모데에게서 눈을 떼지 않았다. 젊은이는 몇 번이고 무슨 말인가를 하려다가 웃음을 참지 못했다. 그렇게 오래도록 웃고 난 뒤에야 비로소 토하듯 몇 마디를 뱉어 냈다.

"바울 선생님, 환상 얘길 하셨던 걸 기억하세요? 웬 남자가 마케도니아로 와 달라고 했다면서요. '마케도니아로 건너와서, 우리를 도와주십시오'라고요. 선생님은 여태 그 남자가 도착하길 기다리고 있었고요. 그런데 그 이름이….''

디모데는 다시 웃음을 터트렸다.

"그 남자 이름이 루디아라니!"

누가와 실라도 비로소 알아듣고 웃음 행진에 끼어들었다.

바울은 갈피를 잡을 수 없었다. 어이없어 해야 할지, 화를 내야 할지 모를 심정이었다. 하지만 다음 날 아침, 일행이 루디아의 집에 도착하는 순간, 한 가지만큼은 분명해졌다. 집 안에 들어선 일행은 너나없이 눈이 휘둥그레졌다. 널찍하고 근사한 거실에 사람들이 그득했다. 따뜻하고 화목한 분위기가 온 집 안을 감싸고 있었다.

디모데는 바울 쪽으로 몸을 기울이며 속삭였다.

"여긴 정말 루스드라하고는 딴판이네요."

"더베하고도 다르지. 여기 말고는 이런 환경에서 복음을 전해 본 적이 없을 걸세." 바울이 말을 보탰다.

부유해 보이는 부류들만이 아니라 장사치와 노예, 가난한 이들까지 자리를 채우고 있었다. 도시에서 볼 수 있는 온갖 계층의 인물들이 다 모였다고 봐야 할 것 같았다. 루디아가 영향력을 한껏 행사해서 이들을 다 자기 집으로 불러들인 것 같았다. 친구들뿐만 아니라 그 집의 하인과 노예까지 초청한 게 틀림없었다. 관례에 따라 신분별로 나뉘어 앉아 있었다. 그 뒤로 루디아의 집에서는 수없이 많은, 그야말로 헤아릴 수 없이 많은 모임이 열렸지만, 사회적 신분을 구분하는 경우는 그때가 처음이자 마지막이었다.

디모데는 바울을 가만히 지켜보았다. 여러 번 비슷한 상황을 겪었지만, 그 어느 때보다 차분한 모습이었다. 그리스 문화권에 속한 제 고향에서 자라던 젊은 날로 돌아간 듯했다.

바울은 예수 그리스도에 얽힌 이야기를 들려주고 자신이 어떻게 다마스쿠스로 가는 길 한복판에서 그분을 만났는지 간증했다.

바울이 말을 마치자, 루디아가 나서서 앞으로도 모임이 이곳에서 계속 있을 것이라고 광고했다. 몇몇은 다시 돌아오지 않았다. 몇 달이 지나자, 단골손님들 가운데 몇이 거래를 끊었다. 그러나 분명하게 말해 두거니와, 그날 아침 모임에 참석했던 이들 가운데 대다수는 다음 모임에도 얼굴을 내밀었고, 두엇을 제외하고는 모두 예수 그리스도를 따르기로 작정했다.

몇 주가 지났을 무렵, 무서운 핍박이 닥쳤다. 하지만 주님을 믿기로 했던 이들 가운데도 성도들은 한 명도 떨어져나가지 않고 꾸준히 모임에 나왔다.

그렇게 이른 아침, 루디아의 집에서 시작된 모임은 빌립보교회로 멋지게 태어나고 자라났다. 교회가 시작되고 얼마 뒤까지는 식구들 가운데 대다수는 여성들이었다. 하지만 얼마 지나지 않아 루디아는 여인들의 남편들에게까지 영향을 끼치기 시작했다.

루디아의 집에 사람들이 모인다는 소문은 곧 도시 전체로 퍼져 나갔다. 한편에서는 또 다른 풍문이 돌았다. 시내에 새로운 의사가 나타났다는 얘기였다. 누가는 곧 주민들 사이에서 유명인사가 되었다. 그리고 그 효과는 결코 작은 게 아니었다.

7
빌립보에서 (2)
: 빌립보 에클레시아의 시작

빌립보에서 누가의 명성이 높아지기 시작한 건, 루디아의 집에서 일하는 하인들 가운데 몇몇 병자들을 돌봐주면서부터였다. 도움을 받은 환자가 한둘이 아니라는 소문이 나면서, 도대체 어떤 의사인지 궁금해 하는 이들이 부쩍 늘어났다. 얼마 지나지 않아 아낙네들이 남편의 손을 잡아끌고 누가에게 찾아와 병을 살펴 달라고 부탁했다. 그리스도 안에서 형제가 되는 남정네들의 숫자도 그만큼 빨리 늘어났다. 모임에 나오는 이들도 눈에 띄게 불어났다.

빌립보에서 열리는 모임은 어떤 모습일까? 빌립보의 그리스도인들은 음악적으로 뛰어난 면모를 보였다. 실라(바울과 달리)가 노래를 썩 잘하는 까닭이었다. 매일 아침저녁으로 실라는 루디아의 집 거실에 사람들을 모아 놓고 간단한 노래 몇 곡을 가르쳤다. 디모데가 조수 노릇을 했다. 누가의 노래 실력은 딱 바울 수준이어서 도움이 되지 않았다. 다른 이방인들처럼, 그들도 이야기를 좋아했다. 한번 질문이 시작되면 꼬리에 꼬리를 물고 끝도 없이 이어졌다.

물음에 답하고 오순절에 벌어졌던 사건에 관한 소식을 들려주면서도, 바울은 애초부터 빌립보의 그리스도인들에게 실라와 더불어 언제든 그곳을 떠나게 될 수도 있으니, 교회 차원에서 식구들끼리 서로 돌아보는 법을 배워야 한다고 권면했다. 어제오늘의 일이 아니라 아주 오래된 얘기였다.

바울은 입버릇처럼 말했다.

"서로 보살펴서 우리 없이도 모임이 매끄럽게 돌아갈 수 있게 해야 합니다."

덕분에 빌립보교회는 처음부터 교인들 중심으로 움직였다. 예나 지금이나, 나눔은 빌립보교회 모임의 핵심이었다. 그리고 서로 사랑하는 분위기가 일찌감치 자리를 잡았다. 사랑의 띠는 좀처럼 느슨해지지 않았다.

지난날 벌어졌던 사건들을 가르치는 문제라면 당연히 실라의 몫이었다. 예루살렘에서 오래 지낸 까닭에 교회가 어떻게 시작되었는지 누구보다 잘 알았다.

주님이 십자가에 못 박히고 부활하신 과정을 얼마나 생생하게 묘사했던지 듣는 이마다 온몸에 소름이 돋을 지경이었다. 실라는 다시 사신 예수님과 대면했던 일을 뜨겁게 설명했다. 그날 이후로 수도 없이 되풀이해온 간증이었다. 이야기는 오순절 성령강림 사건으로 이어졌다가 자신들이 빌립보에 도착하는 것으로 마무리되었다.

본래 그리스인들은 지적인 욕구가 강한 터라, 모임에 참석한 이들은 지칠 줄 모르고 더 많은 정보를 얻고 싶어 했다. 그야말로 '탐구의 달인들'이었다. 바울은 새로 그리스도를 알게 된 이들이 불쑥 끼어들어 질문을 던지는 걸 불편해하기는커녕 아주 반가워했다. 그렇게 하나둘씩 가르쳐서 마침내 모두가 나눔에 참여하게 되었다. 형제자매들이 저마다 경험한 예수 그리스도에 관해 나누는 걸 보면서, 사도는 기쁨에 겨워 어쩔 줄 몰랐다. 눈물과 웃음, 즐거움이 넘치는 밤이 수없이 이어졌다.

더러, 특히 가난한 이들과 하인들 가운데 병에 걸려 심하게 앓는 이들이 생기곤 했다. 처음에는 실라가, 나중에는 바울도 몸이 아픈 이들에게 손을 얹고 기도하기 시작했다. 바울은 누가 병을 고쳐주었는지 아무에게도 말하지 말라고 입단속을 시켰다. 둘 다 병이 나은 이들에게 함구령을 내렸던 것이다.

바울은 아고라도 누비고 다녔다. 시장 한 모퉁이에 자리를 잡고 천막 고치는 일을 시작했다. 그리고 매일 두 차례, 오전 11시와 오후 4시, 장이 문을 여닫기 직전에 장터에 서서 예수 그리스도를 선포했다. 사실, 어느 도시든 청중을 끌어 모으기에는 장터만 한 곳이 없었다.

그때마다 적어도 몇 사람 정도는 끈질기게 질문을 던지곤 했다. 많지는 않아도 한둘은 어김없이 남았다. 가게를 지키고 있는 동안에도 사람들이 찾아와 이것저것 묻거나 바울이 들려주는 이야기에 귀를 기울이는 일이 잦았다. 이렇게 호기심 많은 이들 가운데 몇몇은 나중에 아침모임에도 얼굴을 비쳤다.

나(디도)로서는 바울이 루디아의 집에서 열린 아침 모임에서 처음으로 설교하던 날 일어났던, 또 다른 사건을 짚고 넘어가지 않을 수 없다. 루디아는 늘 벼르던 일을 마침내 저질렀다. 네 남자를 집으로 불러서 한 자리에 둘러앉혔던 것이다. 여인의 전략은 참으로 지혜로우면서 진지했다. 루디아는 먼저 디모데를 몰아세웠다.

"온몸에 물린 자국투성이더구나. 곪아 터진 데도 한두 군데가 아니더라. 그런 쓰레기더미 같은 여관에 머물고 있으니 당연한 노릇이지."

그리곤 바울을 돌아보며 다그쳤다.

"이 젊은 친구에게 선생의 뜻을 강요할 권리는 없어요. 선생의 사사로운 결정 탓에 이 친구는 벼룩이나 빈대에게 물어뜯기는 생고생을 하고 있다고요. 오늘부터 디모데는 내 집에서 재우고 먹이겠어요."

바울이 손사래를 치며 한마디 하려 했지만, 여인의 기세에 눌리고 말았다.

"그리고 두 양반도 자기 꼴을 좀 보세요. 머리에는 이가 득실거리고 여기저기 물려서 성한 데가 없잖아요. 바울 선생이나 실라 형제님이나 눈 뜨고는 못 볼 지경이라고요. 유대인들이 떠받드는 율법에는 청결한 생활에 관한 규정은 없나요?"

"바울 선생은 모세의 율법이 정한 규정을 철저히 챙기는 편은 아니에요." 무슨 영문인지 모르겠다는 표정으로 실라가 거들었다.

바울은 백기를 들었다. "그래요, 그럽시다. 디모데는 여기서 지내도록 하죠."

"잘됐군요. 이 젊은 친구에게는 더없이 좋은 일이에요." 루디아의 기세는 꺾일 줄 몰랐다.

"하지만 그게 다가 아녜요. 네 분은 늘 함께 있으면서 기도하고 교제해야 하는 게 아닐까요? 따로 쪼개져서 지내는 건 바람직하지 않아요. 게다가 누가에게는 깨끗한 공간이 필요하다고요. 사는 것도 사는 거지만 일을 해야 하니까요. 그러자면 우리 집만큼 완벽한 장소가 또 있을까요?"

"각개격파로군." 루디아의 전략에 완전히 말려들었음을 뒤늦게 깨달은 바울이 웅얼거렸다.

"바울 형제, 자네가 진 것 같으이." 실라는 남들이 다 들도록 큰소리로 속삭였다.

"제가 보기엔 선생님도 마찬가진 것 같은데요?" 디모데가 토를 달았다.

"그래요, 루디아 자매님이 이겼어요. 하지만 우리가 모두 한 방에서 자야 한다는 원칙만큼은 포기할 수 없어요." 바울은 마지못해 동의했다.

하지만 승기를 잡은 루디아는 타협하지 않았다. 이미 여인의 말은 곧 법이었다.

"디모데는 지하에 있는 방에서 하인들과 함께 잘 거예요. 바울 선생에게는 따로 방을 드리죠. 실라와 누가 형제는 바로 옆방에서 지내시고요. 더는 여기에 관해 군말이 들리지 않았으면 좋겠군요."

바울은 이대로 끝낼 거냐는 듯 동료들을 둘러보았다. 하지만 나머지 셋은 어깨를 으쓱해 보일 따름이었다. 디모데는 짐짓 근엄한 목소리로 말했다.

"마케도니아로 와서 나를 도우라. 현지에 도착하면 깨끗한 숙소에 머물게 될 것이니라."

실라는 못 참겠다는 듯 미소를 지었다. 바울은 분통을 터트리는 시늉을 해 보였다. 누가는 벌써 문 쪽으로 슬금슬금 움직이며 '쓰레기더미 같은 여관'으로 내뺄 준비를 했다. 적어도 바울 앞에서는 대놓고 웃음을 터트리는 꼴을 보이고 싶지 않았다.

"제 생각에는 말입니다…." 디모데가 다시 입을 열었다.

"어이, 젊은 친구, 한마디만 더 했다간 루스드라에 있는 고향집으로 가게 될 게야." 바울이 걸걸한 목소리로 말을 끊었다.

바울은 그렇게 저만의 방식으로 패배를 자인했다.

숱한 전도 여행 가운데 바울이 그처럼 깨끗한 방을 독차지하고 지낸 건 그때 말고 한 번이 더 있었을 뿐이다.

누가는 몸을 고쳤고 신실한 하나님의 두 일꾼은 심령의 병을 고치고 영혼을 소생시켰다. 시몬 베드로라도 부러워할 만한 일이었다. 하지만 그처럼 쾌적하고 즐거운 형편에도 바울의 마음속에서 나날이 깊어가는 시름만큼은 어쩔 수가 없었다. 누가가 가져온 편지, 예루살렘에서 온 서신 때문이었다.

8
빌립보에서 (3)

디모데는 바울의 방문을 두드렸다. 들릴 듯 말 듯 인기척이 났다. 젊은이는 소리가 나지 않게 살짝 문을 열었다. 바울은 방 한 귀퉁이에 앉아 있었다. 디모데에게 무슨 말인가 하고 싶지만, 입이 떨어지지 않아 몹시 힘겨워하는 눈치였다.

"선생님, 왜 그러세요?"

"겁이 나는군."

"겁이라고요?"

"그래. 짧은 시간에 엄청난 은혜를 입었어."

"그래서, 그게 겁이 나신단 말씀인가요?"

"아니, 블라스티니우스가 쫓아오는 게 두려워. 그자는 반드시 올 거야. 그리스로 잠입해서 이 집도 찾아내겠지. 갈라디아에 들이닥쳤을 때보다 더 철저하게 준비를 했을 테지. 디모데 군, 난 어떻게 대처해야 할지 모르겠어. 맹세까지 하고 덤벼드는 판이니. 어떻게 하면 좋을까?"

"블라스티니우스가 추격해 오고 있다는 걸 형제자매들에게 알리실 작정이세요?"

"그것 때문에 여간 고민스러운 게 아니네."

디모데는 조용히 기다렸다.

바울이 다시 말을 이었다.

"여태 한 번도 하나님의 백성들에게 경고 같은 걸 해 본 적이 없어. 앞으로 불길한 일이 벌어질지 모른다는 따위의 얘기로 주님의 자녀들에게 겁을 주고 싶지 않았거든. 형제자매들에게 단단히 주의를 주면 얼마든지 그자를 막을 수 있겠지. 천하의 블라스티니우스라고 해도 여기선 힘을 쓸 수 없을 테니까. 하지만 그를 물리치려다가는 도리어 내가 좌절을 맛보게 될 거야. 그때부터는 다들 사방에 적이 깔려 있다는 사실에 신경을 쓰기 시작할 테니까 말이야.

블라스티니우스는 스스로 내 원수가 되었어. 나도 그자를 원수로 여겨야 할까? 그 친구는 평생 날 따라다니겠지. 둘 중 하나가 죽지 않으면 영원히 끝나지 않을 싸움인 셈이지. 블라스티니우스가 입혔고 또 앞으로 입힐 피해는 좀처럼 사라지지 않을 거야. 그렇다면 죽는 날까지 교회마다 찾아다니며 이자의 위험성을 경고해야 하는 걸까? 거룩한 자녀들의 마음에 공포의 씨앗을 뿌리면서까지?"

바울의 눈에는 눈물이 고였다.

"블라스티니우스가 이긴다면, 그래서 애써 세운 교회들이 무너진다면, 증오가 생길까? 치열하게 싸우다가 진다면 말이야. 자네에게 방어적인 이야기를 하게 될까? 설교를 하면서 쓰라린 감정이나 적대감을 드러내게 될까? 방어적이라…. 그저 공격을 받았다는 이유만으로? 자기를 지키려 적을 공격하는 건 소인배나 하는 짓이지. 하나님의 백성들에게 파괴적인 영향을 미칠 수 있다는 점을 무시하고 무언가를 꼭 지켜야한다고 생각하는 불안정한 이들이나 보일 법한 반응이야. 그런데도 경고를 하고 방어에 나서야 하는 걸까? 그런 식으로 이 천진한 백성에게서 그 천진함을 훔쳐내는 게 옳을까? 그랬다가 그들의 마음에 닥쳐올 위험의 그림자가 잔뜩 드리우기라도 하면 어떡하지?

난 온갖 규칙과 규정이 가득한 세계에서 자랐어. 유대인이라면 다들 그렇지. 경고들로 가득한 세상이야. 이방인에 대한 경고, 하나님의 법을 어길 때 일어날 일에 대한 경고, 하나님에 대한 경고, 그러니까 의롭게 살지 않으면 더 이상 날 사랑하지 않으시겠다는 경고…. 경고는 끝도 없이 계속되지. 법과 규율이 차고 넘치는 세상에선 눈을 돌리는 곳마다 어두운 그늘과 사악한 인물들이 보였어. 나뿐만 아니라 모든 유대인들에게 그 세계는 언제든 끔찍한 일들이 벌어질 수 있는 공간이었어. 나는 그런 분위기가 내 사역이나 내가 일군 교회에 몸담고 있는 거룩한 백성들의 삶에 기어드는 걸 도저히 용납할 수가 없어. 난 그리스도를 기초로 삼고 그 위에 교회를 세웠거든."

바울의 고민은 깊고 또 깊었다.

"율법이 빠진 자리를 그리스도가 아니라 경고와 공포로 채우는 게 옳은 일일까? 블라스티니우스가 오고 있다고 주의를 주어야 할까?

디모데, 자네가 증인이 되어 주게. 내가 단 한 번이라도 경고를 준 적이 있었던가? 흉한 소리로 불안을 부채질한 적이 있었던가? 루스드라 시절을 되짚어 보게. 그리스도 말고 다른 걸 그곳 식구들에게 전했던가?"

디모데는 조심스럽게 바울 곁으로 다가갔다.

"그것 때문에 이토록 안타깝게 눈물지으시는 겁니까?"

"블라스티니우스란 사내가 내 삶에 아예 끼어들지 못하게 하나님이 막아 주시면 좋을 텐데!" 바울은 한숨을 내쉬었다.

"선생님, 그자를 세우신 것도 하나님이시지 않을까요?"

바울은 얼굴을 묻고 탄식했다.

"알지. 알고말고. 갖은 지혜를 다 짜내 봐도, 여기 빌립보에서 최대한 오래 머물면서, 이 도시에 건강하고 단단한 교회공동체를 세우고 키워 내는 게 최선이란 생각뿐이야. 그럴 수 있게 해 주시길 하나님께 구하고 있지. 그런데, 그런데, 혹시라도 블라스티니우스가 들이닥치면…."

그때까지만 해도 바울은 전혀 눈치를 채지 못했다. 사실, 그에게 남은 시간은 얼마 되지 않았다. 멀리 떨어진 로마에서 빌립보와 바울, 모두에게 엄청난 영향을 미칠 일이 일어나고 있었다. 바울을 빌립보에서 내모는 결정이 클라우디우스 황제의 펜 끝에서 내려지고 있었던 것이다. 추방령이 떨어졌다는 소식은 이미 빌립보를 향해 시시각각 다가오는 중이었다.

9
빌립보에서 (4)

풍문을 싣고 로마에서 오는 첫 번째 배는 황제의 재가가 난 지 며칠 만에 그리스 동부 항구에 도착했다. 소문은 바람처럼 퍼져나갔다. 네압볼리에 닻을 내린 선원들은 가는 곳마다 그 소식을 전했다.
 "클라우디우스 황제가 로마에서 유대인들을 남김없이 몰아내라는 칙령을 내렸답니다!"
 채 한 시간도 안 돼서 온 빌립보 사람들에게 그 사실이 알려졌다. 주민들은 로마에서 추방하라는 명령이 내려졌다면, 빌립보에서도 똑같이 적용되어야 한다고 여겼다. 황제의 말이라면 물불을 가리지 않는 광적인 분위기가 이곳 식민지에 팽배했다. 황제가 로마에 유대인이 머물길 바라지 않는다는 건, 곧 빌립보 사람들 역시 빌립보에 유대인을 들이고 싶어 하지 않는다는 얘기였다.
 당시 빌립보에 회당이 떡하니 세워져 있었더라면, 아마 폭동이라도 일어났을 것이다. 유대인들은 길바닥으로 끌려나왔을 테고, 결국 도시에서 강제로 쫓겨났을 게 뻔했다. 하지만 빌립보 시민들 가운데 아무개가 유대인이라고 콕 집어 말할 수 있는 이가 단 한 명도 없었다. 사실, 유대인이라고 알려진 인물은 온 시내를 통틀어 단둘뿐이었고 둘 다 타지에서 온 나그네였다.

칙령에 관한 소문을 들은 바울은 펄펄 뛰며 분통을 터트렸다. 주민들이 자신에게 적대적인 행위를 하리라고는 꿈에도 생각지 않았다. 잠시 후, 누가와 디모데, 실라가 바울의 방에 모였다.

"괴물 같은 인간! 법이고 규정이고 따질 줄도 모르는 사악한 족속이라니! 천하의 무법자가 따로 없다니까!"

"선생답지 않게 그렇게 거친 말씀을! 칙령 때문에 무슨 불편한 일이라도 생긴 건가요?" 실라가 점잖게 물었다.

"로마에 갈 수 없게 됐으니까요! 로마에 가야 해요! 거기서 복음을 전하고 싶다고요. 거기에 교회가 서는 모습을 볼 수만 있으면 여한이 없겠어요. 유대인이 다 쫓겨나면 무슨 수로 그런 일을 해낼 수 있겠어요? 그리고 알다시피, 난 유대인이라고요!" 바울은 언성을 높였다.

"빌립보를 떠날 계획은 없었잖아요?"

"천만에요!" 바울은 펄쩍 뛰며 말했다.

"왜, 왜 여길 떠나겠어요? 아니고말고요. 하지만 로마에도, 언젠가는 로마에도 가려고 했단 말씀이에요."

바울은 뜸을 들였다.

"따지고 보면 빌립보를 떠나서 로마로 갈 이유는 없어요. 난 로마 시민이기 때문이죠. 실라 형제도 그렇고요. 누가와 디모데도 겁낼 이유가 없어요. 둘 다 비유대인이니까요."

"한 명은 절반만 비유대인이죠." 다만 얼마라도 분위기를 누그러뜨려 볼 심산으로 디모데가 말했다.

"디모데, 자넨 실라 형제랑 너무 오래 붙어 다닌 것 같군. 실라식 유머를 배웠어. 어쨌든 로마를 향한 이곳 빌립보 시민들의 충성심은 그야말로 대단하지. 그러니 어쩌겠어. 칙령을 무시할 수밖에."

다음날 아침, 빌립보의 형제자매들은 루디아의 집에 둘러앉아 로마에서 쫓겨나게 된 히브리인들을 위해 주님께 간절히 기도했다.

누군가 바울에게 칙령을 어떻게 생각하느냐고 물었다. 사도의 대답은 느리고 수심이 가득 어려 있었다.

"유대인에게 로마에서 떠나라는 명령이 내려진 건 처음이 아니에요. 지난번에는 얼마 가지 않아서 관리들이 이리 뛰고 저리 뛰며 히브리인들을 도로 불러들였죠."

빙그레 웃음까지 머금고 바울은 말을 이었다.

"도시를 움직이는 이탈리아인들 가운데는 정직한 이들이 많지 않은가 봐요."

바울의 판단은 현실이 되었다. 몇 년 뒤, 추방되었던 유대인들에게 로마로 돌아와도 좋다는 허락이 떨어졌다. 그렇다고 바울이 자유인으로 로마에 들어갈 길이 금방 열리지는 않았다. 빌립보에서도 떠나야 할 시간이 시시각각 다가오고 있었다.

10
빌립보에서 (5)
: 귀신들린 소녀를 만나다

대기를 찢을 듯 내지르는 소녀의 비명이 시민들의 일상이 되어 가고 있었다. 신탁의 도시, 델피에서 빌립보로 끌려온 어린 여자 노예가 목소리의 주인공이었다. 주인은 아이를 날마다 시장거리에 끌어냈다. 알록달록한 천으로 만든 작은 천막에 가둬 놓고 커튼 뒤에 앉아 돈을 내고 점괘를 받으러 오는 이들을 기다렸다.

주인은 장거리가 떠나가도록 소리를 지르며 손님을 불러 모았다.

"운수를 봐 드립니다! 궁금한 게 있으면 뭐든지 물어보세요. 여기 있는 이 소녀가 족집게처럼 답을 찾아 드립니다!"

돈을 내고 점을 보는 이들은 아무도 모를 줄 알았던 혼자만의 비밀까지 낱낱이 들춰내는 소녀의 말에 소스라치게 놀라 입을 다물지 못했다. 하지만 광기가 살아나 소리를 질러 댈 때는 완전히 미친 사람처럼 보였다.

그리스 세계에서는 점쟁이를 아폴로 신으로부터 직접 능력을 받은 인물로 여겼다. 지체 높은 술사들은 피톤(Python, 그리스 신화에서 아폴로가 물리친 거대한 뱀-역주)이나 에우리데이다이(Eurydeidai)로부터 신탁을 받았다. 사람들은 그걸 델피의 신탁이라고 불렀다. 소녀는 어느 쪽에서도 신탁을 받지 않았다. 그보다는 다소 떨어지지만, 다프니의 신탁을 받았다. 덕분에 다들 여제사장으로 인정하고 존경했다.

노예 소녀가 미래를 정확하게 예측하는 경우가 없지는 않았다. 하지만 횡설수설 조리가 맞지 않는 얘길 읊조리거나 으르렁거리면 앞에 앉은 손님들이 알아서 해석하는 경우가 더 많았다. 세 명이나 되는 그녀의 주인들은 소녀의 비참한 광기를 팔아서 큰돈을 벌어들였다.

아주 드문 일이긴 하지만, 가끔 소녀는 천막을 나와 장터를 어슬렁거렸다. 거리 한복판에 주저앉아 목청껏 소리를 질러 대거나 울부짖기도 했다. 비명을 내지르고 난 뒤에는 기괴한 소리를 내며 몸을 뒤틀었다. 구경꾼들은 신이 지펴서 신의 소리를 낸다고들 했다. 신들이 들려주는 엄청난 얘기에 발작을 일으켰다는 것이다. 귀청이 떨어질 것 같은 비명과 외침이 도저히 참을 수 없을 만큼 심해지면, 오색 천막 앞에는 도리어 더 많은 손님들이 늘어서곤 했다.

어느 날, 장터를 어슬렁거리던 소녀는 바울을 보고 말을 걸었다. 바울은 무시했다. 하지만 그날 이후로 바울을 졸졸 따라다니며, 귀찮게 구는 게 소녀의 습관이 됐다.

클라우디우스 황제의 칙령이 당도한 직후인지라, 바울은 블라스티니우스와 황제의 새로운 칙령 문제를 골똘히 살피는 데 온통 정신을 팔고 있는 상황이었다.

바울이 장터에 들어설 때까지만 해도, 소녀는 천막 안에 얌전히 앉아 있었다. 그런데 갑자기 천막 문을 홱 잡아 젖히더니 고개를 쑥 내밀었다. 검고 윤기 나는 머리칼이 흘러내려 얼굴을 덮었다. 소녀는 맹수처럼 코를 벌름거리며 냄새를 맡았다. 그러고는 무서운 기세로 인파를 헤치고 달리기 시작했다. 모퉁이를 돌고나서 다시 한 번 더 돌았다. 손가락으로는 허공을 사납게 움켜 댔다. 몸이 뒤틀리기 시작했다. 마치 춤을 추듯 이편에서 저편으로 비척비척 길을 헤집고 다녔다. 무언가, 또는 누군가를 찾는 눈치였다.

디모데의 말을 빌자면, "멀리서 희미한 소리를 들으려 안간힘을 쓰는 앞 못 보는 여자" 같았다.

아무도 그렇게 미쳐 날뛰는 모습을 본 적이 없었다. 모두가 고개를 돌려 괴상한 춤을 구경하고 혐오스러운 괴성에 귀를 기울였다. 순간, 소녀가 그르렁거리며 몸을 뒤채더니 방향을 바꿔 곧장 바울을 향해 달려갔다. 사도는 여느 때처럼 자리에서 일어나 장터에 모인 이들에게 복음을 전하려던 참이었다. 소녀는 맨 앞줄에 자리를 잡고 앉아 훌쩍거리며 흐느꼈다. 곧이어 대성통곡이 터졌다. 머리칼을 잡아 뜯으며 자리에서 일어나 펄쩍펄쩍 뛰었다. 그러고는 모여든 구경꾼들을 돌아보며 말했다.

"이분 말씀을 잘 들어요!"

째지는 목소리로 소녀가 외쳤다.

"경청하세요! 귀를 쫑긋 세우고 들으란 말이에요!"

바울은 물끄러미 소녀를 바라보았다. 도대체 뭘 하자는 짓인지 알 수가 없었다.

"이분은 지극히 높으신 하나님이 보내신 사자예요. 이분의 메시지를 놓치지 마세요!"

때마침, 소녀의 주인 셋이 모두 현장에 도착했다. 다들 어리둥절한 표정이었다. 한 사내가 소녀의 팔을 낚아채더니 천막 쪽으로 잡아끌었다. 아이는 몸부림치며 연신 비명을 질러 댔다.

"이분의 말을 들어요! 바울 선생님의 말씀에 귀를 기울여요! 실라 선생님의 말씀을 들어요! 이분들은 지극히 높으신 하나님의 사자들입니다! 여러분들께 중요한 소식을 전하러 오셨다고요!"

말이 끝나기가 무섭게 소녀는 사내를 뿌리치고 바울 쪽으로 다시 내달렸다. 고막을 찢는 비명이 끊임없이 이어졌다.

바울은 소동을 일으키고 싶지 않았다. 극적인 장면을 연출하려는 마음은 눈곱만큼도 없었다. 그날 일어난 일은 완전히 우발적이었다.

바울은 몸을 돌려 소녀를 가리키며 말했다.

"네 주인에게 돌아가거라!"

아이는 말을 듣지 않았다.

"주인들에게 돌아가라니까!" 사도는 다시 한 번 소리쳤다.

순간, 비명소리가 뚝 끊겼다. 정말 눈 깜짝할 사이였지만, 소녀는 제정신을 차렸다. 그리고 그 짧은 틈에 애원하는 눈길로 바울에게 메시지를 보냈다. 광기에 붙들려 살아가는 어리고 불쌍한 소녀가 도움을 갈구하고 있었다.

바울의 마음에 슬프고 안타까운 감정이 걷잡을 수 없이 밀려들었다. 더없이 뜨거운 분노를 담아 바울은 일갈했다.

"이 아이에게서 당장 나가지 못할까!"

사도의 명령이 떨어지자마자, 소녀의 몸은 삽시간에 얼어붙었다. 마치 동상처럼 잠시 동안 손가락 하나 까닥하지 못하고 제자리에 서 있었다. 그러더니 곧바로 와들와들 떨기 시작했다. 두 팔이 허우적거리며 허공을 가르고 머리가 뒤로 젖혀졌다. 요동은 갈수록 심해졌다. 그렇게 얼마나 지났을까, 소녀는 등골이 오싹한 비명을 내지르고 땅바닥에 쓰러졌다. 주인들이 주위로 와르르 몰려들었다.

바울은 곧장 그 자리를 떠났다. 오늘은 그만하면 됐다 싶었다. 방으로 돌아온 사도는 복음을 들고 로마로 가려던 꿈, 이제는 좌절된 그 꿈에 대한 상념으로 깊이, 깊이 빠져 들어갔다.

"클라우디우스 황제여, 나를 결코 로마에 들이지 않을 셈이요? 블라스티니우스여, 정녕 주님의 역사를 파괴하겠다고 덤벼들 작정인가?"

한편, 노예 소녀의 주인들은 아이가 신통력을 잃어버렸고, 따라서 수입원이 사라졌다는 사실을 깨달았다. 예전에는 신탁을 받고 점을 칠 수 있었지만, 이젠 정신이 멀쩡하고 온전한, 평범한 계집애에 지나지 않았다. 주인들은 빌립보에 큰 투자를 하면서 적잖은 빚을 지고 있던 터라, 소녀가 지닌 특이한 능력을 미래의 주요한 수입원으로 삼을 작정이었다. 분노의 칼끝이 바울을 향하는 건 당연한 귀결이었다.

"그 유대 놈에게 본때를 보여 주고 말겠어!"

셋 가운데 하나가 하늘을 두고 맹세했다.

그날이 다 가도록 시장 통은 눈앞에서 벌어진 사건으로 시끌벅적했다. 다음날 아침에는 다소에서 온 나그네가 다시 천막 수선하는 일을 하러 나오는지 보려고 온 장터가 북새통을 이뤘다. 유대인에게는 행복한 하루가 될 수 없는 날이었다.

유대인들을 성 밖으로 내쫓으며, 로마를 향한 충성심을 과시하고 싶었던 시민들은 유대인 공동체를 보유하지 못했다는 사실에 몹시 실망하고 있던 터였다. 공식적으로 알려진 유대인이라고는 실라와 바울뿐이었다. 게다가 로마인들은 섬기지 않는 낯선 신을 전하고 있었다. 그렇다면 법을 어기고 있는 셈이 아닌가? 노예 소녀의 주인들은 지체 없이 그 점을 부각시키면서 주민과 도시 관리들을 선동하기 시작했다.

"유대인을 몰아내자! 유대인을 몰아내자!"

군중들의 커다란 함성이 순식간에 시장을 가득 채웠다.

소란스러운 일이 벌어졌다는 소식에 더 많은 이들이 아고라로 몰려들었다. 십중팔구는 무슨 일인지 모르고 무작정 달려왔지만, 그런 건 중요치 않았다. 흥분된 분위기에 한몫 거드는 게 더 큰 관심사였다.

시장에서 소동이 벌어지고 있다는 소식은 즉시 관리들의 귀에 들어갔다. 행정관의 대다수는 그리스인이었지만, 로마의 심기를 건드리지 않는 걸 주 임무로 삼고 있었다. 어느 구역에서라도 문제가 일어나면, 도시 전체가 그 책임을 나누어 져야 할지도 모를 일이었다. 그런 판에 유대인 하나 때문에 아고라가 난장판이 됐다는 전갈은 주의를 끌고도 남을 일이었다. 시시콜콜한 전후사정 따위를 가릴 여유가 없었다.

"시내에 유대인들이 있다고? 심지어 사고를 쳐? 유대 놈들이 여기서 무슨 짓을 하고 있었던 거야? 로마에 유대인이 없다면, 빌립보에도 있어선 안 되지! 가서 잡아와, 당장!"

노예 소녀의 주인들은 지칠 줄 모르고 군중을 부추겼다.

"모르시겠습니까? 시민 여러분은 귀한 보물을 잃어버렸습니다. 이제 어디 가서 점괘를 얻겠습니까? 신들은 노할 대로 노했습니다. 이 아이에게서 떠나 버렸습니다. 왜 그랬을까요? 유대인을 성내에 들였기 때문이올시다. 빌립보 시내에 유대인이 들어오다니! 클라우디우스 황제께서 놈들을 로마에서 몰아내는 판국에 말입니다. 유대인들이 이 멋진 도시를 어떻게 만들어 놨는지 한번 보십시오! 델피에서 온 이 아이의 신통력을 빼앗아 버린 것도 모자라서 감히 외국의 신을 믿으라고 떠들어 대고 있지 않습니까? 진노한 신들께서 저주를 내리지 않는다고 어떻게 장담할 수 있겠습니까!"

말이 점점 거칠어지고 과장이 심해졌다. 거기에 따라 군중의 호응도 뜨거워졌다. 구호는 어느새 외마디로 바뀌어 있었다.

"유대인! 유대인! 유대인!"

노예 소녀의 주인들 가운데 하나가 단상에 오르더니 행정관을 바라보며 목청을 높였다.

"시내에 유대인이 있소이다. 이건 불법이 아닌가요? 타지에서 온 유대인도 유대인이긴 마찬가지잖소! 그자들이 온 시내를 소란스럽게 하고 로마 시민들에게 어울리지 않는 풍속을 퍼트리고 있단 말입니다. 어째서 그처럼 황제의 뜻을 거스르는 행위를 용납하는 거죠?"

"로마 수비대에 연락하라!"

행정관은 즉시 명령을 내렸다.

주둔군을 지휘하는 로마인 장교가 나타나자, 관리들은 충성의 표시로 제 옷을 찢었다.

"시내에 유대인이 있다는 걸 저희도 방금 알았습니다. 머문 기간이 얼마 되지 않았거든요."

바로 그때, 바울이 현장에 모습을 드러냈다. 실라가 그 뒤를 따랐다. 둘 다 단단히 포박된 채 질질 끌려왔다. 둘 다 영문도 모르고 잡혀 오는 길이었다. 조사를 받게 되리라는 건 더더구나 짐작조차 못하고 있었다.

"채찍질을 해라!"

바울과 실라가 단상으로 등 떠밀려 오르자마자 장교들 가운데 하나가 차갑게 지시했다.

군중들은 기쁨에 겨워 환호성을 질렀다.

형리들을 돌아보며 행정관이 소리쳤다.

"쳐라! 매우 쳐라! 실컷 두들겨 팬 다음에 감옥에 처넣어라! 내일 놈들을 이 아름다운 도시에서 쫓아내겠다. 로마보다 오히려 한 발 앞서 유대인 청소를 마칠 것이다!" 군중들의 함성이 다시 한 번 터져 나왔다.

몇 달 전, 안디옥에서 온 형제 하나가 바울에게 다시는 채찍질을 당하지 말라면서, 로마 시민권을 내세우면 면책을 받을 수 있다고 일러 준 적이 있었다. 문득 그 일을 생각해 낸 바울은 소리 높여 부르짖었다.

"키비스 로마누스 숨(Civis Romanus sum)! 나는 로마인이오!"

하지만 그 소리는 사나운 군중들의 외침에 묻혀 버리고 말았다. 아무도 그 소릴 듣지 못했고, 아무도 그 얘기에 신경을 쓰지 않았다.

형리들은 두 유대인을 땅에 쓰러뜨리고 웃옷을 벗겼다. 실라의 품에서 전대가 떨어지면서 주둥이가 벌어졌다. 쏟아진 동전들이 길바닥에 나뒹굴었다. 어른 아이 할 것 없이 한데 뒤엉켜 돈을 줍느라 아우성이었다. 지켜보는 이들은 잔뜩 신이 나서 와 하고 웃음을 터트렸다.

형리들이 자작나무 회초리를 꺼내들었다. 단상에는 이럴 때를 대비해 항상 채찍이 준비되어 있었다. 바울과 실라는 1미터 남짓 되는 돌기둥을 감싸 안은 자세로 결박되었다. 군중들의 눈에 바울의 등이 또렷이 들어왔다. 이미 여러 차례 채찍질을 당한 상처가 어지러웠다. 다들 쾌재를 불렀다. 전과자라는 사실이 명명백백하게 드러났다고 여겼다. 관리들의 입가에 미소가 피어올랐다. 이런 상습범을 알아보고 채찍질을 안긴 자신들의 처분이 참으로 지혜로웠다는 생각에 기분이 더없이 좋아졌다.

형리들 역시 뒤틀린 희열을 느끼며 이전에 당했던 것보다 더 심한 고통을 안겨 주겠노라고 속으로 다짐했다. 일부 군중까지 합세해 바울과 실라를 꼼짝 못하게 짓누른 뒤에, 형리 둘이 바울과 실라 곁에 각각 나뉘어 섰다. 이윽고 맹렬하게 휘두르는 회초리가 등에 작렬했다.

"여러분이 아는 바와 같이, 우리가 전에 빌립보에서 고난과 모욕을 당하였으나…"

매질은 혹독했다. 통상적으로 허용되는 수준을 훨씬 뛰어넘어 오랜 시간 동안 계속됐다. 등짝의 살갗이 터지고 벌어졌다. 핏방울이 사방으로 튀어 구경꾼들의 얼굴과 땅바닥에 점점이 떨어졌다. 바울로서는 로마인의 손에 참혹하고도 무자비한 채찍을 당하는 게 세 번째였다. 특히 이번은 그 어느 때보다도 고통스러웠다.

"채찍으로 맞은 것이 세 번이요…."

드디어 관리가 그만 됐다는 신호를 보냈다. 때마침 도착한 간수들이 둘을 잡아끌고 감옥으로 데려갔다. 그리고 그날 밤, 사실상 모든 이방인 그리스도인들이 두루 알고 있는 바로 그 놀라운 사건이 벌어졌다.

몇 년 뒤, 나 디도는 빌립보에 볼일을 보러 간 길에 바울과 실라가 갇혔던 감방을 돌아보게 해 달라고 부탁했다.

수많은 이들이 이 엄청난 이야기를 들었지만, 구체적인 전말을 소상하게 아는 이는 많지 않다.

11
빌립보에서 (6)

: 빌립보 감옥에 갇히다 (1)

　빌립보 감옥은 아트리움에서 멀지 않은 산속에 있었다. 시민들은 그 꼭대기를 아크로폴리스라고 불렀다. 죄수들을 가둬 두는 곳은 언덕배기 밑자락이었다. 아주 오래전, 로마군이 노예들을 동원해 바위산을 파내고 만든 공간이다. 빌립보 감옥을 가 보면 알겠지만, 그냥 인공 동굴이라고 생각하면 된다.

　밖에서는 쉬 눈에 띄지 않는다. 암반에 구멍을 내서 쇠창살을 박고 철문을 달았으며, 로마 병사가 단단히 지키고 있는 정도가 거기에 감옥이 있음을 알려 줄 따름이다. 가까이 가면 감방들과 그 안에 갇힌 죄수들이 보인다. 창문 하나 없어서 그냥 돌산에 구덩이를 파놓은 형국이다.

　안으로 들어가면 수많은 방들이 세 구역으로 나뉘어 늘어선 걸 볼 수 있다. 오른편에 커다란 철창이 있고 반대편에 하나 더 있다. 술에 취해 난동을 부린다든지 좀도둑질을 해서 시민들에게 비교적 가벼운 피해를 준 죄수들을 수용하는 공간이다. 거기서 더 깊이 들어가면 지하 감옥이 나온다. 든든한 쇠창살들을 바위에 깊이 박아 놓았다. 안쪽에는 죄수들의 손목에 채워 벽과 바닥에 고정시켜 놓는 족쇄와 쇠사슬이 널브러져 있다. 발목에 채우는 나무 차꼬들도 굴러다닌다.

더없이 흉악하고 엄중한 죄를 지은 죄수를 가두는 감방이자, 바울과 실라가 끌려온 곳이기도 하다. 족쇄와 차꼬를 손목과 발목에 채우면서 간수가 둘에게 일렀다.

"내일 동이 트면, 시내로 끌려 나가게 될 게야. 물론, 살아서 돌아오진 못할 테고."

간수는 돌 감옥 밖으로 뚜벅뚜벅 걸어 나가 철문에 빗장을 질렀다. 이제 감방에 남은 건 바울과 실라뿐이었다. 둘의 등짝은 시뻘겋게 부풀어 올랐다. 옷과 온몸에 말라붙은 핏방울로 떡이 져 있었다. 바깥쪽 감방에는 그나마 신선한 공기가 들어와서 죄수들이 창살에 달라붙어 안간힘을 써 가며 숨을 쉬었지만, 이곳 지하 감방에는 무언가 썩어 가는 냄새와 후끈한 열기가 전부였다.

바울과 실라는 잠에 빠져들었다. 하지만 늦은 밤이 되자, 실라가 먼저 펄펄 끓는 열을 못 이기고 눈을 떴다.

"예수님!"

바짝바짝 타들어가는 입술 새로 주님을 찾는 목소리가 새어나왔다.

그런데 바로 그 순간, "이런 일을 당할 때 기뻐하고 즐거워하라!"는 소리가 들렸다.

실라의 얼굴에 웃음이 가득 퍼졌다. 바울의 얼굴에도 미소가 피어올랐다.

"바울 선생!" 실라가 말했다.

"난생처음 주님을 위해 고난을 당하는 특권을 누리는 것 같소."

"분명한 건, 이런 고통은 아무리 자주 당해도 도무지 익숙해지질 않는다는 거예요." 바울이 신음하듯 대꾸했다.

오랫동안 침묵이 흐른 끝에 몇 마디 말이 더 오갔다. 그런데 문득 실라가 노래를 시작했다. 바울은 기가 막혔다. 하지만 이내 껄껄 웃으며 형제의 찬양 대열에 합류했다.

"주님, 내 기도를 들어 주십시오.
애원하는 내 소리에 귀를 기울여 주십시오.
환난의 날이 닥칠 때,
주님의 얼굴을 내게 숨기지 말아 주십시오.
갇힌 사람들의 신음소리를
주님께서 들어 주십시오.
죽게 된 사람들을
주님의 능하신 팔로 살려 주십시오."

다음에 일어난 일들로 미루어 볼 때, 누군가, 세상에 속하지 않은 누군가가 그 찬송을 귀 기울여 듣고 있었음에 틀림없다.

12
빌립보에서 (7)
: 빌립보 감옥에 갇히다 (2)

하늘나라 어디선가, 주님이 바울과 실라의 신음과 찬양을 들으셨다. 시편 찬송이 끝나자, 둘은 목자의 노래를 부르기 시작했다. 낯선 소리에 잠에서 깬 다른 죄수들도 무슨 일인가 싶어 귀를 기울였다. 워낙 음성을 돋워 씩씩하게 찬송했던 까닭에 반죽음이 되도록 두들겨 맞은 이들이 부르는 노래라는 생각이 들지 않을 정도였다.

발밑이 흔들리는 걸 먼저 감지한 쪽은 실라였다. 처음에는 신경을 쓰지 않았다. 그런데 곧 더 심하게 덜컥 하는 느낌이 왔다. 감옥 전체가 고요해졌다. 갑자기 요란한 소리가 났다. 잠시 뒤 곧 잠잠해졌다. 하지만 이내 더 심한 소음이 들렸다. 세상이 미쳐 가는 게 틀림없었다. 돌로 된 감방 곳곳이 쩍쩍 벌어지기 시작했다. 바닥의 균열은 거미줄 모양을 그리며 퍼져나가다가 나중에는 벽을 타고 올라갔다. 나무차꼬와 쇠사슬로 연결된 고리가 건들거리며 빠져나왔다. 단단히 고정시켜 두었던 벽이 갈라지면서 헐거워진 것이다.

진동은 갈수록 더 심해졌다. 마침내 정적을 깨고 죄수들의 비명이 터져 나왔다. 죄수들을 가둬 둔 감방의 철창살이 휘어지다 못해 요란한 소리와 함께 튕겨져 나왔다. 이내 문짝이 부서져 나갔다. 철문의 돌쩌귀가 비틀려 땅바닥에 떨어졌다. 잔뜩 겁에 질린 죄수들은 벽에서 최대한 물러섰다. 동굴 전체가 언제라도 무너져 내릴 수 있다는 공포감이 밀려왔다.

지진에 놀라 화들짝 잠에서 깨어난 간수는 칼을 움켜쥐고 옥으로 달려갔다. 밖은 오밤중이었다. 땅바닥에 나뒹구는 문짝이 보였다. 숨이 턱 막혔다. 한 놈도 남김없이 다 도망쳤겠구나 싶었다. 자기 칼 위에 엎드러져 자살한 브루투스 전통을 따라야겠다는 생각이 뒤를 이었다. 그나마 존중받을 수 있는 유일한 길이었다. 횃불을 낚아채서 굴 안으로 냅다 달려 들어갔다. 입구에 죄수 한둘쯤 어정거릴 줄 알았는데, 아무도 보이지 않았다. 정녕 다 내빼고 만 것인가?

나, 디도는 이 간수와 개인적인 친분이 있다. 지금은 그리스도인이 되어서 친구이자 형제로 지낸다. 그가 그날 밤의 전말을 소상히 들려주었다. 자기로서는 모두 달아났다고 믿을 수밖에 없었노라고 했다.

"옥타비아누스 그리고 마르쿠스 안토니우스와 벌인 싸움에서 패하고 제 칼 위에 엎어져 숨을 거둔 브루투스의 뒤를 따를 각오를 했어요."

바울과 실라의 눈에 뻥 뚫린 문 너머로 어른거리는 간수의 칼 든 실루엣이 들어왔다. 칼자루를 거꾸로 잡고 제 몸을 향해 칼날을 들이댄 꼴을 보자 더럭 걱정이 됐다.

"잠깐! 그러지 마시오!" 바울이 부르짖었다.

"아무도 달아나지 않았소!" 실라도 따라 외쳤다.

"아무도 도망치지 않았다니까! 다 여기 있다고요!"

"하긴, 이게 다 무슨 소용이람. 어차피, 죽은 목숨인 걸!"

간수는 칼을 집어던지고 무릎을 털썩 꿇으며 웅얼거렸다. 그러고는 소리가 들려온 어두컴컴한 지하 감방 쪽으로 얼굴을 돌렸다.

"선생님, 어떻게 하면 제가 살 수 있겠습니까?"

목소리에 절박한 심정이 절절이 묻어 있었다.

바울은 질문을 잘 알아들었음에도 불구하고 엉뚱한, 그러나 더 중요한 대답을 쏟아냈다.

"주 예수 그리스도를 믿으시오! 그럼 구원을 받을 것입니다!"

"믿겠습니다. 믿고말고요!" 간수가 서둘러 대답했다.

아직 손목에 수갑을 찬 채로, 바울과 실라가 어두운 감방에서 걸어 나왔다. 간수는 두 사람의 발 앞에 엎드려 눈물을 쏟아냈다. 바울은 준엄한 목소리로 다른 죄수들에게 말했다.

"경거망동하지 말고 그대로들 계시오!"

잔뜩 겁을 먹은 죄수들은 순순히 그 말에 따랐다. 잠시 후, 가까이 있던 로마 주둔군 병사들이 들이닥쳤다.

"도망간 자는 단 한 명도 없습니다." 간수가 안심시켰다.

"그리고 이 두 죄수들은 제가 데리고 있겠습니다. 옥문, 정확하게는 옥문이었던 자리에서 조금 비켜 주시겠습니까?"

바울과 실라는 어두운 밤길을 걸어 간수의 집으로 갔다.

"무언지 모르지만 분명히 달라졌어. 내 안의 모든 게 마치 해처럼 밝아지고 또렷해졌어. 어찌 된 일인지 도무지 모르겠어."

집에 들어서기가 무섭게 간수는 식구들을 불러 모았다. 그러고는 여태껏 일어난 사건의 자초지종을 세세히 알려 주었다. 그렇잖아도 지진 탓에 정신이 쏙 빠졌던 간수의 아내는 남편에게 닥친 일까지 듣고는 얼굴이 새하얗게 질렸다. 하지만 조금씩, 조금씩 마음을 가라앉히고 귀를 기울였다.

간수는 바울과 실라가 입은 옷을 찢어내고 등에 난 상처에 기름을 부었다. 순간, 바울의 목둘레로 가느다란 가죽 끈이 보였다. 입이 떡 벌어졌다.

"디프티카(diptych)다! 그럼 선생님은 로마 시민입니까?"

"그렇소이다."

"그럼, 행정관이… 빌립보에서… 로마 시민에게 채찍질을 했단 말씀인가요?"

"아니에요. 그렇게 말씀하시면 섭섭하지. 댁들은 로마 시민을 둘씩이나 두들겨 팬 거요." 실라가 말을 받았다

간수는 한동안 말을 잇지 못했다.

"저… 저… 저는 로마 시민 둘을 감옥에 가둔 꼴이고요?"

바울과 실라는 얼른 상대를 안심시켰다.

"우리도 댁처럼 예수님을 따르는 사람들이오. 복수나 앙갚음 따위에

는 관심이 없어요."

"동이 틀 때까지 제 집에 계십시오." 간수는 더듬더듬 말했다.

"날이 밝으면 제가 행정관들에게 가서 사실을 밝히겠습니다. 이런 범법 행위를 덮어 두어서는 안 됩니다."

하지만 그런 수고까지는 필요가 없었다. 빌립보를 주무르는 유력한 여인이 이미 행정관들이 어디에 있는지 수소문하고 있었기 때문이다. 한 시간쯤 지났을 무렵, 간수 내외와 부모, 맏아들은 한 자리에 둘러앉아 바울이 소개하는 예수 그리스도의 이야기를 들었다.

"바로 이 예수님이 곧 구원입니다."

그들은 모두 예수님을 믿었다. 얼마 뒤 온 가족이 상처투성이가 된 두 사도와 함께 간지테스 강으로 나갔다. 그렇게 다섯 명이 세례를 받고 그리스도 안에서 새로운 형제자매가 되었다. 도저히 일어날 법하지 않은 기적적인 사건이었다.

일행이 다시 집으로 돌아오자, 웬 여인이 붉으락푸르락한 얼굴을 하고 기다리고 있었다. 루디아였다. 밤새도록 시내에 있는 행정관들의 집을 죄다 들렀다가 오는 길이었다. 관리들을 하나씩 개인적으로 만나서 로마 시민들을 이렇게 야만스럽게 대접해도 되는 거냐고 따졌다.

"댁들은 로마 시민을 만신창이로 만든 거라고요!"

같은 말을 수없이 되풀이해 가며 다그쳤다.

"심리도 없이 무작정 매질부터 했어요. 심지어 한마디 해명도 들어 보지 않고 아무 죄 없는 이들에게 가혹행위를 한 거죠. 그 양반들의 권리를 짓밟고 살점이 떨어져 나가도록 채찍질을 했단 말씀입니다. 그들은 몇 번씩이나 '키비스 로마누스 숨!'을 외쳤지만, 댁들은 들은 척도 않았어요."

행정관들은 입을 모아 변명했다.

"나…, 나는 못 들었소!"

"그게 말이 됩니까?"

루디아는 고삐를 늦추지 않았다.

"군중들을 진정시키고 단 한마디라도 자신을 변호할 기회를 주었어야 마땅한 게 아닌가요? 댁들은 스스로를 일컬어 '스트라테고스'(strategos)라든가 '집정관'(Praetor)이라고 부르지 않던가요?"

행정관들은 다들 그렇게 불리길 바랐다. 로마의 위임을 받아서 온갖 일을 처리하는 도시 지도자라는 인상을 풍겼기 때문이다.

"그런데 도대체 일이 이렇게 되도록 뭘 하셨죠? 천하의 야만인도 이런 짓은 안 할 겁니다!"

"당장 로마군 지휘관들에게 가겠어요. 모두 제 친구들이죠." 여인은 겁을 주었다.

"날이 밝기가 무섭게 로마 당국에서 자치권을 회수해 갈 겁니다. 그리고 짐승만도 못한 일을 저지른 댁들은 온 세상의 조롱거리가 될 테고요!"

행정관들은 루디아에게 굽실거리며, 제발 이 사건을 로마 주둔군 당국자들에게 신고하지 말아 달라고 당부했다. 그렇잖아도 지진으로 집이 다 무너진 판이어서 다들 공포에 질려 있는 판국이었다. 루디아와 로마인들도 무섭지만 신들의 진노도 두려웠다. 무언가 잘못을 저질렀다는 걸 스스로도 눈치 채고 있던 터였다.

여인은 바로 그 무섬증을 파고들어 신들의 심기를 거슬렀음을 지적했다.

"아니, 어떻게 로마인들을 건드릴 생각을 한 거죠?" 루디아는 같은 소릴 반복해 가며 분위기를 몰아갔다.

그리고 나서 마지막 카드를 내놓았다.

"당장 감옥으로 달려가서 바울과 실라, 두 분을 석방하고 용서를 구하세요."

겁에 질린 행정관들은 한껏 마음이 약해져서 루디아의 말을 좇아 간수의 집으로 달려갔다.

행정관들은 간수를 보자마자 물었다. "로마 분들은 어디 계시오?"

"제 집에 계십니다만."

"어디라고요?"

"제 집 말씀입니다."

"감방이 아니고?"

"감방이라고요? 그건 동굴이라고도 부를 수 없게 됐어요. 다신 감옥으로 쓸 수 없을 겁니다."

"도망친 죄수는 없소?"

"단 한 명도 없습니다." 간수는 거지반 성난 목소리로 대꾸했다.

"당신도 우리가 죄 없는 이들을 둘씩이나 때리고 가뒀다고 생각하오?"

"그러셨죠. 게다가 두 분 다 로마 시민이더군요." 간수는 비아냥거리듯 말을 맺었다.

"것 봐요! 댁들은 주피터 신의 뜻을 어겼죠. 하지만 이제 주피터보다 더 크신 하나님의 진노가 폭포처럼 쏟아질 겁니다."

변호사가 되기로 작정한 루디아가 다시 전면에 나섰다.

두 로마 시민에 얽힌 소문은 빠르게 퍼져나갔다. 다시 열린 장터에서도 모두 그 얘기뿐이었다.

"어제 채찍질을 당한 남자들이 알고 보니까 로마 시민이었다네요. 어젯밤 지진이 일어났잖아요. 신들의 노염을 탄 게 틀림없어요!"

그날 빌립보에 사는 이들은 너나없이 그 소문을 들었고, 하나같이 자기는 잘못이 없노라고 변명하기 급급했다. 다만 한 가지, 로마의 신이 온 도시에 벌을 내리고 있다는 데는 이견이 없었다. 거기다가 하루 전에 바울이 귀신을 쫓아냈던 기억까지 보태져서 이전과는 전혀 다른 눈으로 둘을 바라보게 되었다. 결국 그 일로 상당히 유리한 분위기가 형성되어 가기 시작했다.

"그들을 풀어 주시오!" 한 행정관이 말했다.

"그러시려거든 나리들이 직접 하시죠. 난 그 양반들을 때린 적도 없고 감옥에 넣으라고 명령한 적도 없으니까요."

"그럼 집에 들어가서 그 둘에게 빌립보에서 떠나 달라고 전하시게." 또 다른 행정관이 지시했다.

그때쯤엔 바울과 실라도 바깥에 이른바 도시 지도자들이 와 있다는 전갈을 받았다. 루디아도 함께라고 했다. 간수가 안으로 들어와 은근한 목소리로 행정관들의 뜻을 전했다.

"원로들은 떠나라 마라 할 권리가 없소. 가서 이른바 행정관이라는 양반들에게 직접 들어와 부탁하라고 전하세요." 바울은 단호했다.

간수는 어찌할 바를 몰라 쩔쩔맸다. 하지만 밖에 있는 행정관들이 안에 있는 로마 시민을 채찍질한 건 어김없는 사실이었다. 로마 시민의 말에 따르는 게 옳을 성싶었다.

돌아나가려는 간수에게 바울이 몇 마디를 더 보탰다.

"이른바 원로라는 자들이 아무 죄 없는 이들을 공개적으로 매질했소. 그들이 모두 와서 사죄하기 전에는 이 도시에서 한 발자국도 움직이지 않겠소. 누구도 우리더러 나가라 마라 명령할 수 없소. 정 원한다면 와서 부탁해야 할 거요. 그것도 아주 정중하게 말이요."

간수는 서둘러 밖으로 나갔다.

"이 얘길 들으면 루디아도 간수들이 측은해서 어쩔 줄 모를 거야."

바울은 껄껄거리며 웃었다.

잠시 후, 도시의 원로들이 한 명도 빠짐없이 간수의 집 앞에 모였다. 그리고 손이 닳도록 부비면서 싹싹 빌었다.

"제발, 제발 떠나 주시오. 우리들이 잘못했소. 용서해 주시오. 그리고 가능하면 오늘 안으로 떠나 주시오."

바울은 한 사람 한 사람을 돌아보며 말했다.

"난 그저 잠깐 빌립보에 머물렀을 뿐입니다. 잘못이라고는 터럭만큼도 없어요. 내 동행들도 마찬가지고요. 여긴 내 친구들이 있습니다. 그들을 만나보고 나서 가겠습니다. 그때까지는 여러분이 안전을 책임지세요. 우리가 가고 난 뒤에는 빌립보에 남은 친구들도 보호해 주어야 할 겁니다."

"알겠소이다, 알겠소이다. 뭐든지 할 테니 그저 떠나기만 해 주시오."

"그 약속 잊지 않겠어요. 꼭 지키세요." 루디아는 오금을 박았다.

한마디 말도 없이 바울은 등을 돌리고 대문을 나섰다. 실라는 부러 돌아나가는 길을 택했다. 하나하나 행정관들을 지나치며 꽁꽁 얼어붙을 만큼 매서운 눈길을 보냈다.

둘은 간수의 집을 떠났다. 루디아는 눈물을 지었다. 그들이 안전하게 지낼 만한 곳이 없을지 궁리하고 또 궁리했다.

일행은 여인의 집에 도착했다. 열댓 명이 넘는 형제자매들이 기다리고 있었다. 두 사람이 들어서자 다들 손뼉을 치며 환영했다.

"목욕물을 덥히고 소금도 준비해 놨어요. 등의 상처부터 치료해야죠. 새 옷도 내오겠습니다."

눈가가 촉촉해진 루디아가 말했다. 그들이 옆방으로 들어가자, 형제자매들은 나지막하게 찬양을 부르기 시작했다.

누가가 친구들을 반가이 맞았다.

"바닥에 엎드리세요. 등을 좀 살펴봐야겠어요."

바울은 디모데를 불러 달라고 했다.

"오, 맙소사!" 바울의 등을 보자마자 누가가 탄식했.

"다시는 이런 일이 없었으면 좋겠군요. 등짝이 그야말로 만신창이에요. 안디옥교회에서 이 소식을 들으면 속깨나 상하겠어요."

그런데 바울의 반응이 천만 뜻밖이었다.

"누가 선생에게 꼭, 꼭 하고 싶은 심각한 얘기가 있다네."

13
빌립보를 떠나면서

"누가 선생, 난 이곳 빌립보에 채 3개월도 머물지 못했네. 이제는 어쩔 수 없이 떠나야 할 판이고. 이렇게 잠깐 머물다 가기는 여기가 처음이지. 석 달이면 모임을 단단히 다지기에는 너무 짧은 시간이네. 갈라디아만 하더라도 늘 너덧 달씩 함께 지내곤 했거든. 선생, 이곳의 성도들에게는 더 많은 도움이 필요해."

누가는 묵묵히 이야기를 들으며, 연신 바울의 등에 약초와 기름을 바르고 붕대로 상처를 단단히 싸맸다.

통증을 참아 가며, 바울은 본론을 꺼내들었다.

"곧 안디옥으로 돌아갈 계획을 세우고 있는 줄 잘 아네만, 여기 형제자매들을 좀 더 도와주었으면 하네. 선생이 꼭 필요해. 사랑으로 보살펴 줄 손길을 간절히 기다리고 있지. 주님을 예배하고 서로 어울려 사는 법을 가르쳐 주기를 바라네. 형제들끼리 의지하며 자라가게 붙들어 주게나. 자매들도 그렇고. 에클레시아를 지키고 살피는 방법도 알려 주고. 주님을 마음에 심어주게. 반드시 알아야 할 일들…. 그러니까, 안디옥교회가 여러 해에 걸쳐서 배웠던 것들을 조목조목 훈련시켜 주었으면 하네. 어떻게 모이고, 또 어떤 일을 해야 하는지 짚어 주게. 그러고 나서 떠나게. 나머지는 성령님이 하실 거야."

바울은 자리에서 일어나, 누가를 마주보았다.

"얼마나 오래 머무실 수 있겠나?"

"두 달 이상은 안 됩니다. 꼭 돌아가야 해요."

바울은 디모데를 돌아보았다.

"난 몇 시간쯤 더 지체하다가 실라 형제와 함께 떠날 작정일세. 자넨 여기 남아서 누가 선생을 돕게. 루스드라에서처럼 여기서도 씩씩한 모습을 보여 주게나. 자넨 하나님의 백성들을 권면하는 법을 알잖나. 주님의 자녀들을 세우는 법도 알고. 그리스도를 선포할 줄도 알고. 자네도 알다시피 시장에 나가면 귀 기울여 복음을 듣고 싶어 하는 이들이 널렸네. 오늘밤에 한바탕 난리를 겪었으니 관심을 갖는 이들이 더 생겼을 거야. 그리스도를 깊이 사모하게 된 여인네들을 따라 궁금증을 갖게 된 남편들도 있을 테고. 누군가는 새로운 삶을 가르쳐야 하네. 자네가 누가 선생을 도와서 그 일을 맡아 주게.

유대 땅에서라면 자네도 유대인으로 존중받을 수 있을 거야. 하지만 빌립보 주민들은 유대인을 반기지 않는다네. 그러니 여기선 비유대인으로 행세하게나. 자네가 일전에 깨달아 알게 된 일들을 모든 이들에게 전해서 그 가운데 몇몇을 얻고자한다고 하지 않았던가! 부디 그 소망을 잃지 말게."

디모데는 빙그레 웃으며 말했다. "제가 아니라 선생님이 그러셨죠."

"어쨌든 남기로 한 거지?"

"당연히 그러겠습니다."

바울은 안심한 듯 다시 누가를 바라보며 덧붙였다.

"갈라디아의 모임이나 안디옥에 있는 성도들에게 무슨 일이 생겼다는 소식이 들리거든 곧장 내게도 알려주게나."

"알리다니, 어디로요?" 누가가 물었다.

"음, 어디로 알린다." 바울이 망설였다.

"아, 그게 좋겠다! 데살로니가로 전갈을 주게."

"데살로니가라면 북부그리스도의 거점도시 말인가요?"

"편지를 몇 부 더 베껴서, 암비볼리와 아볼로니아로도 보내주게. 데살로니가로 가는 길에 거길 들를 작정이거든. 어쨌든 꾸준히 소식을 전해 달라는 말이네."

"블라스티니우스는 어쩌죠?"

바울은 움찔했다.

"약을 제대로 바르긴 한 거요, 누가 선생?"

"허브 때문일 거예요."

"불로 지지는 것 같군. 게다가 블라스티니우스라! 늘 그 친구가 신경을 거스르지. 분명히 여기까지 쫓아올게 분명해. 난 그렇게 보네. 여기 빌립보까지 말이지. 본인이 오든, 일당을 보내든 하지."

바울은 가볍게 한숨을 내쉬었다.

"아직 어린, 산들바람에도 금방 휘청거릴 어리고 순수한 모임을 두고 떠나야 하다니! 아직 어린, 심지어 핍박받는 교회를 두고! 빌립보 시민들이 이곳 형제자매들을 어찌 대할지. 두 분은 뭐가 됐든 거기에 대한 답변을 마련해 두어야 할 거야."

그러고는 허허 웃으며, 말을 이었다.

"빌립보교회는 그동안 섬겼던 그 어떤 교회보다 비유대인이 많지. 유대인은 한 명뿐이지, 아마? 사랑스러운 이곳 성도들은 율법이 뭔지도 모를 거네. 모세라는 이름은 들어 본 적도 없을 게 틀림없고."

"어째서 그럴까요?" 디모데는 영문을 알 수 없다는 투로 말했다.

바울은 다시 한 번 몸을 움찔하며 뒤틀곤 말을 이었다.

"히브리 성경을 아는 이가 많지 않기 때문이지. 다윗이 누군지 아는 이도 거의 없을 걸세. 난 그리스도에 관해 기초적인 소식만 전했을 뿐이지. 성경 한 권 쥐어 준 적이 없어. 이곳 식구들은 어떤 형태의 문서도 갖지 못한 셈이야. 가진 자료라고는 석 달도 안 되는 기간 동안 내가 전해 준 지식이 전부일세. 이렇게 허약한 기초가 무너지지 않고 버틸 수 있을까? 한 줌도 안 되는 복음의 가르침을 붙들고 엄청난 시험 앞에 선 형국이지."

바울은 잠시 뜸을 들였다. 목소리가 갈라져 나왔다.

"율법이니, 율법주의니, 바리새인이니, 할례 같은 예식 따위에 대해서는 아직 아무런 주의를 주지 않았어. 블라스티니우스에 관해서도 경고하지 않았어. 입도 뻥끗하지 않았다고. 이런 상태에서 내일이라도 그자가 들이닥치면 도리어 두 손을 들고 환영할지도 모를 노릇이지."

"블라스티니우스가 어떤 인물인지 이야기를 좀 해 주시지 그러세요."

"형제자매들하고 만날 기회는 오늘밤뿐일세. 그런데 달갑지 않은 자에 관한 이야기로 그 금쪽같은 시간을 낭비하라고?"

뒷말은 씁쓸한 웃음에 묻혀 버렸다.

그는 화제를 돌렸다.

"누가 선생, 말씀 좀 해 보게나. 암송하는 성경구절이 좀 있으신가?"

"몇 구절 정도야 기억하죠."

"디모데, 자네는?"

"정확하게 옮길 수 있는 말씀은 많지 않아요."

"루디아는 어떨지 모르겠네. 얼마나 많은 성경구절을 알고 있을까? 빌립보를 다 뒤져 봐도 성경 두루마리 한 축 나오지 않을 게 뻔한데…. 셋이 기억하는 구절을 다 적어 보면 어떨까? 그걸 그대로 복제해서 누구나 읽을 수 있게 하는 거지."

"그래 봐야 라틴어로는 셋, 그리스어로는 네 권을 넘지 못할 거예요." 디모데가 말했다.

바울은 긴 숨을 내쉬었다.

"하나님의 백성들이 그리스도보다 성경에 기댈 가능성은 높지 않다는 뜻이겠군. 형제들이 가야 할 길이 분명해졌소. 새로운 그리스도인이 된 이들에게 주님에 관해 이야기해 주시오. 그분을 알 수 있는 방법을 일러주시오."

그러고는 누가를 보며 말했다.

"선생, 실라 형제를 잘 보살펴 줘요. 채찍으로 얻어맞기는 이번이 처음이니까."

"바울 선생은 세 번째 맞으니까 좀 견딜 만하다는 얘깁니까?"

"천만에요. 하지만 나는 앞으로 며칠 동안 어떤 상태가 될지 대충 알고 있지만, 실라 형제는 그렇지 않을 테니 하는 소리야."

때마침 루디아가 방에 들어섰다.

누가가 소식을 전했다.

"루디아, 난 디모데와 함께 한두 달 정도 더 빌립보에 머물기로 했어요. 그동안 힘닿는 데까지 자주 모이는 게 현명할 성싶어요."

"잘됐네요!" 루디아가 반겼다.

"이렇게 빨리 홀로 남겨지면 어떡하나 걱정했거든요."

여인은 들고 온 옷을 바울과 실라에게 건넸다.

잠시 후, 두 사람은 근사한 옷차림을 하고 거실로 나왔다.

"로마 시민다운 차림새군요." 누가의 평가였다.

바울은 간수에게 다가서며 말했다.

"이것 좀 보세요. 여기서 난리를 치른 덕에 이렇게 멋진 옷을 입게 됐네요. 평생 입어 본 적이 없는 고급 의상이죠."

"제값을 치르고 사려면 돈깨나 들겠는 걸요?" 간수가 화답했다.

어느새 들어온 사람들로 방이 꽉 찼다. 바울은 어색한 몸짓으로 벽에 기대어 앉았다가 얼른 몸을 앞으로 숙였다. 그의 첫 마디는 "제발 절 안지 마세요!"였다. 왁자지껄 웃음이 터졌다. 그날 밤이 다 가도록 바울은 전날 벌어졌던 사건을 입에 올리지 않았다. 머릿속에는 온통 모임과 그 미래에 대한 생각뿐이었다.

바울은 두 시간 남짓 메시지를 전했다. 고상하고, 영감이 넘쳤으며, 대단히 실제적인 말씀이었다. 방 안에 있는 이들 가운데 누구도 들어보지 못했던, 그리스도에 관한 소식이었다.

디모데가 실라에게 기대며 속삭였다.

"블라스티니우스에 관한 이야기도 하실까요?"

바울은 그러지 않았다. 얼추 나눔을 마쳐갈 즈음에 대문을 두드리는 소리가 났다. 법 집행을 담당하는 지방 관리들이었다. 성문 밖까지 호위하러 왔다고 했다. 바울은 너무 이르지 않느냐고, 더 있다 가겠노라고 했지만 관리들은 완강했다. 말투가 부드럽고 부탁하다시피 매달리는 점만, 예전과 달라졌을 따름이었다.

"로마 병사들이 두 분을 말에 태워 에그나티아 대로*(Via Egnatia)에 있는 첫 번째 여관까지 동행해 드릴 겁니다."

바울은 순순히 따랐다. 짧은 기도들이 몇 차례 이어지는 걸 끝으로 모임은 마무리됐다. 바울과 실라는 곧바로 문을 나섰다. 눈물바람이 일었다.

큰길까지 따라 나온 누가가 경비병들에게는 들리지 않을 만큼 목소리를 낮춰 둘에게 마지막 인사를 전했다.

---

* 에그나티아 대로(Via Egnatia)
이 길은 B.C. 146년 비잔티움에서부터 로마까지 건설된 무역과 군사용 포장도로다. 이스탄불(비잔티움)에서 네압폴리스, 빌립보, 암비볼리, 아볼로니아, 데살로니가, 펠라를 지나 아드리아 해를 건너 이탈리아 브룬디시움 등 주요도시를 경유한다. 바울은 이 길을 따라서 유럽 전도여행을 다녔다.

"두 분은 길을 떠날 수 있는 상태가 아닙니다. 이런 조처를 밀어붙인 행정관들은 피도 눈물도 없는 인간들입니다. 기력을 회복하려면 오랜 시일이 걸릴 겁니다."

그러고는 경비병들에게 대놓고 말했다.

"나도 이분들을 따라가야겠소. 잠깐만 기다리시오!"

누가는 이 한마디를 남겨두고 황급히 집 안으로 들어갔다. 잠시 후, 의료도구가 담긴 조그만 가죽가방을 둘러메고 다시 모습을 드러냈다.

바울에게는 그 누구보다 누가의 도움이 필요했다. 세 차례나 가혹한 매질을 당해 본 경험에 비추어 앞으로 며칠이 중요하다는 걸 스스로도 잘 알았다.

블라스티니우스가 피의 맹세를 했고, 클라우디우스 황제가 로마에 머무는 유대인들과 관련된 칙령을 내렸다는 소식을 들은 직후, 바울은 심하게 얻어맞는 벌을 받았다. 채찍질은 말 그대로 충격적이었다. 고도의 문명을 자랑한다는 그리스를 여행하는 도중에 그처럼 참담한 일을 겪게 되리라고는 짐작도 못했던 터였다. 아직은 그런 일들에 눌릴 정도는 아니었다. 하지만 얼마 지나지 않아 그리 될 것만 같았다. 그랬다. 누가와 하나님의 큰 은혜가 절실했다.

셋이 큰길로 나서자 형제자매들도 뒤를 따랐다. 누군가 속삭이듯 위로하고 격려하는 찬송을 불렀다.

'정말 점잖고 사랑스러운 이들이야. 이런 이들을 알게 된 건 특권이지, 특권이고말고.' 바울은 속으로 생각했다.

이미 말한 대로 경비병들은 두 로마 시민을 성 밖으로 호송했다. 성문 곁에 말 두 마리가 대기하고 있었다. 군인들은 둘을 부축해 각각 말에 태웠다. 누가는 병사들과 나란히 섰다.

"로마 황제가 교통편을 제공하기는 이번이 처음이군. 하지만 우리에게 진 빚을 다 갚으려면 아직도 멀었지." 실라는 중얼거렸다.

"다시는 말이랑 내 피를 바꾸고 싶지는 않아."

첫 번째 여관은 빌립보에서 16킬로미터쯤 떨어진 곳에 있었다. 로마 군인이 들이닥쳐 방을 요구하자, 주인장은 연신 굽실거리며 열쇠를 내놓았다. 평소 같으면 어림도 없을 일이었다.

누가는 방이 영 마음에 들지 않았다. 의사인 탓이기도 했고 예전에 바나바가 바울을 대접하던 모습이 기억나서이기도 했다. 누가는 햇볕을 들여 소독하고, 물로 닦아내고, 이부자리도 새로 내 달라고 요구했다. 주인장은 어처구니가 없다는 듯이 이를 갈았지만, 칼을 찬 군인들이 말없이 노려보자 재빨리 태도를 바꿨다.

창을 열고 환기를 하는 사이에, 누가는 바울과 실라에게 아침볕을 쬐자며 밖으로 내몰았다. 그리곤 핏물이 밴 붕대를 벗겨 내고 약초 물에 촉촉하게 적신 천 조각을 대신 덮었다.

"상처가 아물려면 며칠은 족히 걸리겠어요!" 누가는 투덜거렸다.

"다시 말하지만, 이런 꼴을 하고 있는 두 분을 도시 밖으로 내몬 자들은 사람이 아니에요!"

"밥줄을 지키려면 무슨 짓인들 못 하겠어." 바울은 다독였다.

"로마 시민에게까지 이런 짓을 하다니, 눈에 뵈는 게 없는 거죠."

문밖에서 호송 책임자의 목소리가 들렸다.

"두 분이 한적하고 편안하게 쉴 수 있도록 잘 보살피시오. 식사도 최고급으로 하되 단 한 푼도 받아선 안 되오. 그리고 의사양반도 똑같이 대우하시오."

경비병들은 길을 되짚어 돌아갔다.

바울과 실라는 자리에 누워 잠에 빠져들었다. 저녁이 다 될 때까지 혼곤한 잠에서 깨어나지 못했다. 내 숙부이자 자상한 의사인 누가는 한시도 눈을 떼지 않고 둘을 살폈다. 둘을 깨운 건 난데없이 나타난 디모데였다. 주인장을 찾는 음성의 주인공이 디모데임을 단박에 알아챈 누가는 한달음에 아래층으로 뛰어 내려갔다. 곧이어 바울이 간신히 몸을 일으켜 문을 열고 디모데를 올라오게 했다.

"전해 드릴 말씀이 있어요."

디모데의 얼굴이 창백하고 초조해 보였다.

"빌립보교회에 관한 얘긴가?" 바울이 근심스레 물었다.

"아닙니다."

"그럼 뭐지?"

"갈라디아에서 전갈이 왔어요."

"루스드라에서?" 실라가 채근했다.

"그렇습니다. 루스드라에서 온 메시지예요. 뿐만 아니라 안디옥과 예루살렘에서 소식이 왔어요."

"누가 죽었다던가?" 바울은 신음하듯 내뱉었다.

"아닙니다."

"그렇담 블라스티니우스 얘기겠군."

"그렇습니다." 디모데가 우울하게 대꾸했다.

"더베의 가이오가 편지를 보냈어요. 루스드라와 더베는 물론이고 예루살렘과 안디옥에서 온 편지도 동봉했더군요."

디모데는 편지를 바울에게 넘겨주었다. 바울은 미간을 잔뜩 찡그리고 편지를 바라보더니 도로 젊은이에게 건넸다.

"자네가 읽어 주게."

"바울 선생님, 분명히 말씀드리지만 좋은 소식은 아닙니다."

"블라스티니우스에 얽힌 얘기치고 희소식이 있던가, 어디?" 실라는 툴툴거렸다.

"편지에 따르면, 블라스티니우스가 예루살렘을 떠나서 구브로 섬으로 건너갔답니다. 거기서 교회를 심하게 휘저어 놓았던 모양입니다. 형제자매들을 만날 때마다 바나바의 평판을 깎아내리는 데 열을 올렸대요. 그러고는 다시 비시디아 안디옥으로 넘어갔답니다."

"안디옥으로?"

바울의 언성이 높아졌다. 듣고도 믿을 수 없는 모양이었다.

"예상하시겠지만, 지금은 비시디아 안디옥에서 환영받지 못하고 있답니다. 제 뜻을 이루지 못한 셈이죠. 안디옥교회는 그자의 잘못과 문제를 정확히 파악했습니다. 그러자 블라스티니우스는 북쪽으로 이동해서 시리아 바닷가와 길리기아의 각 고장과 마을을 돌며 에클레시아를 뒤지고 다녔습니다. 결국 그 지역의 조그마한 모임들 가운데 여럿이 막대한 피해를 입은 것 같습니다."

바울의 목에서 들릴 듯 말 듯 신음이 새어 나왔다.

"편지의 핵심은 따로 있을 것 같은데, 그렇지 않나?"

"바로 보셨습니다. 블라스티니우스는 시리아 북부를 휩쓴 뒤에, 다시 갈라디아와 아주 최근에 괴멸시키기로 작정한 교회들 쪽으로 방향을 틀었답니다."

"안 돼!" 말도 안 된다는 듯, 누가가 소리쳤다.

"거기서 무슨 소릴 하든 아무도 진지하게 들어 주지 않을 걸세." 바울이 끼어들었다.

"갈라디아의 문제는 이미 진정됐다고!" 전에 없이 격앙된 말투였다.

"편지를 보낸 가이오도 정확하게 그 점을 지적하고 있습니다." 놀라서 눈이 휘둥그레진 디모데가 말을 이었다.

"골(Gaul) 지방의 교회는 무사하답니다. 하지만 그 과정에서 블라스티니우스가 선생님의 여정이 갈라디아를 출발해 멀리 소아시아와 드로아까지 이어진다는 걸 알아차린 듯합니다."

"아, 이런!" 실라가 탄식했다.

"바울 선생님, 그자가 선생님의 뒤를 쫓고 있습니다."

디모데가 한마디 한마디 힘을 주어 말했다.

짙고 깊은 침묵이 이어졌다.

"그자가 오고 있어. 이러고 있는 지금도 조금씩 다가오고 있지." 쉰 목소리로 바울이 중얼거렸다.

"그래, 언젠가는 따라붙을 거야. 결국 그리스, 더 나아가 빌립보까지 덮치겠지? 빌립보에 있는 아름다운 그 아가씨는 아직 그자를 상대하기엔 역부족이야."

바울은 말을 끊고 방안을 둘러보았다.

"빌립보 식구들에게 아무 주의도 주지 않았으니, 블라스티니우스가 오고 있다는 건 물론이고 그게 누군지도 모르고 있을 텐데…. 놈은 끝내 빌립보의 모임을 산산조각 내고 말 거야." 바울의 목소리는 한껏 가라앉아서 딱히 누구에게 하는 얘기가 아니라 혼잣말처럼 들렸다.

"선생님께 알려 드려야 할 게 하나 더 있습니다." 디모데는 헛기침을 하며 말을 꺼냈다.

"블라스티니우스는 교회들만 찾아다니는 게 아니라, 도중에 마주치는 회당들도 빼놓지 않고 방문하고 있답니다. 유대인 지도자들이 모이는 자리마다 참석해서 바울이라는 말썽꾼에 대해 시시콜콜 떠들고 다닌다는 전갈입니다. 선생님 말씀을 왜곡하기 일쑤랍니다. 들려주신 이야기와 행하신 일들을 야릇하게 재해석하고 있다는 얘기죠. 그동안 그리스도를 선포하셨던 도시를 빠짐없이 돌며 그런 짓을 하고 다닌답니다."

"블라스티니우스는 선생님을 아주 사악한 인물로 몰아가고 있어요." 디모데는 덧붙였다.

"회당 지도자들은 '바울'이라는 인물을 유대교에 분란을 일으키고 로마 제국에 해를 끼치는 존재쯤으로만 알고 있답니다. 스스로 모세의 율법을 팽개쳐 버린 건 두말할 것도 없고, 여기저기 편지를 보내 하나님이 히브리 율법과 규례를 파기하셨으므로 이제는 거기서 완전히 자유로워졌다고 선동한다는 거죠. 블라스티니우스가 그렇게 떠들고 다닌다는 얘기죠."

"그게 무슨 소린가? 갈라디아에 보낸 편지라면, 그자도 사본을 가지고 있을 텐데!" 바울이 말했다.

"맙소사! 맙소사!" 실라는 연신 끙끙거렸다.

"이른바 '협공'이 아니겠습니까?" 누가가 불쑥 한마디 했다.

난데없이 튀어나온 군사용어에 다들 의사를 바라보았다.

"한편으로는 교회에 혼란을 일으키고, 또 다른 한편으로는 회당(시나고그)을 자극해서 유대인들이 바울 선생에게 마음 문을 열지 못하도록 단속하자는 술책일 겁니다. 어느 쪽이든 선생님의 명성과 영향력부터 꺾어 놓으려 하겠죠. 비유대인 공동체들에게도 마찬가지일 테고요. 도시에 들어갈 때마다 곧장 행정관들을 만나 주의를 줄 거라는 정보도 있습니다."

"정녕 그자가 오고 있단 말이지, 그자가. 그자고 오고 있어. 망가뜨릴 작정을 하고 오고 있단 말씀이야."

바울은 느릿느릿 중얼거렸다. 다시 한 번 침묵이 찾아들었다. 이번에는 한층 더 오래 지속됐다.

"어딜 가든, 무슨 말을 하든, 무슨 일을 하든, 몇 발짝을 내딛든 놈은 금방 따라붙을 게야."

실라가 재빨리 말을 보탰다. "빌립보에도 어김없이 오겠지."

"그렇게 될까봐 두려워요." 누가가 서글픈 음성으로 받았다.

"편지에 적힌 가이오의 말에 따르자면, 형제들 몇몇이 흩어져서 블라스티니우스가 갈 만한 교회들을 찾아다니며, 이만저만한 자를 조심하라고 알리는 중이랍니다."

13 빌립보를 떠나면서 105

바울은 끙끙거리며 몸을 일으켰다. 움직일 때마다 격렬한 통증이 온 몸을 훑고 지나갔다.

"어떡하면 좋지? 도무지 모르겠어. 이 일을 어쩌면 좋단 말이지? 앞으로 5백년을 더 산대도 블라스티니우스처럼 악독한 적수를 다시 볼 순 없을 거야. 암, 몇 번을 죽었다 깨난대도 그런 인간을 만날 순 없겠지."

"가이오의 조언을 받아들여야 할까?" 실라가 물었다.

"빌립보를 비롯해서 여러 모임에 이 사실을 알리고 주의를 주는 게 좋을까?"

"안 되네! 그건 절대 안 돼!" 바울은 손사래를 쳤다.

"네, 미리 조심시키지 않겠단 말씀예요?" 누가는 기겁을 했다.

"아니네, 아니고말고! 그렇게 하면 잠시 효과를 볼 수 있을지는 몰라도 결국 그자를 막는 과정에서 돌이킬 수 없는 피해를 입을 거네."

방 안에 있는 이들 가운데 누구도 바울의 말뜻을 온전히 알아듣지 못했다. 바울 자신도 크게 다르지 않았다. 입에서, 마음 깊은 곳에서, 인간의 이해를 뛰어넘는 내면의 은밀한 자리에서 갑자기 툭 튀어나온 말인 까닭이었다.

"블라스티니우스에 대해 함구하라시면, 저랑 누가 선생님은 무슨 말을 해야 하는 거죠? 빌립보교회로 돌아간들 뭘 할 수 있을까요?" 디모데가 흥분해서 다그쳤다.

"그러게. 뭘 하지?" 누가도 같은 생각인 듯했다.

바울은 반쯤 넋이 나간 것처럼 보였다.

"나…, 나도 잘 모르겠네."

누가는 기다렸다. 틀림없이 무슨 말이 더 나오리라 여겼다.

"누가 형제, 그리고 디모데 형제! 시간을 좀 주게. 며칠 안에 편지를 써 보내겠네. 이번 일은 나로서도 한 번도 염두에 둬 본 적이 없었던 사건일세. 당장은 주님의 뜻이 어디에 있는지 알 길이 없네. 블라스티니우스가 왜 내 삶에 끼어들게 됐는지조차 알 수가 없어. 어떻게 해야 하나님의 뜻을 좇아 이 문제를 처리할 수 있을지 모르겠어."

"하지만, 선생님. 전 똑같은 질문을 다시 드릴 수밖에 없습니다. 앞으로 저는 뭘 해야 하는 거죠?" 디모데는 요지부동이었다.

"아, 그리고 누가 형제에게 마지막으로 묻고 싶네. 여기 의사라곤 선생 한 분뿐이니까! 등에 몇 차례씩 심한 상처를 입은 환자는 몸조리를 어떻게 하는 게 좋은가?"

딴 데다 정신을 팔고 있는 듯, 바울은 건성으로 물었다.

누가는 실라를 돌아보며 심각한 말투로 대꾸했다.

"실라 형제님은 이번에 난생처음 매질을 당했습니다. 그래도 바울 선생보다는 젊고 건강하시니 금방 나을 겁니다. 바울 선생의 상처는 더 깊어요. 말씀하신 대로 상처가 아물었던 자리에 또 상처가 났죠. 무엇보다 감염이 걱정됩니다. 염증은 조금만 방심해도 금방 생기거든요. 허락해 주시면 하루 이틀 더 곁에 있으면서 경과를 보고 싶습니다."

"디모데 형제가 최대한 빨리 빌립보로 돌아가 준다면, 그래도 괜찮겠죠." 바울은 선선히 말했다.

"두 분 가운데 한 명은 빌립보를 지켜야 하네. 적어도 앞으로 몇 달은 말이지. 그렇게만 된다면, 누가 선생이 며칠 더 묵어도 별일 없을 거야."

"하지만 세 분이 다 빌립보를 비운 사이에 블라스티니우스가 들이닥치면 어떡하죠?" 디모데가 물었다.

"자넬 보면, 루스드라에서 혼났던 기억이 나서 단걸음에 줄행랑을 놓을 걸세."

디모데는 기가 막히고 어이가 없다는 눈치였다.

그날 밤, 바울은 열에 들뜬 얼굴을 하고 아래층으로 내려왔다. 감염이 시작되고 있었다. 다른 의사였더라면 목숨을 장담할 수 없는 상황이었다. 누가의 정성 어린 기도, 의술과 약품, 바울에 대한 사랑과 관심 덕에 며칠 만에 열이 잡혔다. 하지만 아직 여행에 나서기에는 무리라며 하루나 이틀쯤 더 쉬어야 한다고 둘을 붙잡았다. 한편으로는 빌립보에 있는 디모데의 집으로 은밀히 인편을 보내 바울의 짐을 대신 져 줄 일꾼을 보내 달라고 요청했다. 다음 날 아침, 빌립보에서 젊고 건장한 형제 하나가 찾아왔다. 이름이 마가라고 했다.

"두 분이 다음 성읍에 도착할 때까지, 마가 형제가 동행할 겁니다. 짐도 대신 져 줄 거고요. 바울 선생의 고집이야 워낙 유명하니, 제가 말린다고 들으실 리가 있겠습니까? 제 발로 일어설 수만 있으면 내쳐 떠나려 하시겠지요."

평소 같으면 짐을 져 준다는 따위의 얘기는 입 밖에 내지도 못하게 했겠지만, 이번에는 바울도 마다하지 않았다. 도리어 부러 와 줘서 고맙다며 마가 형제를 끌어안고 등을 토닥여 주기까지 했다. 그리고 얼마 가지 않아, 마가 형제는 바울의 짐뿐만 아니라 통상적으로 짊어지고 있는 온갖 부담까지 다 덜어 줄 만한 인물임이 드러났다.

마가가 도착한 다음날, 누가는 빌립보로 돌아갔다. 바울과 실라 역시 데살로니가를 향해 길을 떠났다. 막 여행을 시작할 무렵, 바울은 마가에게 이야기 한 토막을 해 주는 게 좋겠다고 생각했다.

"마가 형제, 구브로 섬에서 겪은 내 경험담을 한번 들어 보겠나? 로마군의 전차와 강제 동원과 관련된 얘기라네."

바울은 구브로에서 지내던 시절, 바나바와 함께 로마군에 끌려가 하루 종일 병거 고치는 강제노동에 시달렸던 사연을 구구절절 들려주고 나서 본론을 꺼내 들었다.

"그러니 마가 형제, 저만치 앞장서 걸으면서 로마 군인들이 보이는지 살펴 주게. 눈에 띄면 얼른 숨으라는 신호를 보내 주고. 공짜로 일을 해 주면서까지 클라우디우스 황제를 도와줄 마음은 없거든."

마가가 앞서 나간 뒤에, 바울은 실라를 돌아보며 더욱 음울한 소식을 전했다.

"선생, 실은 여비가 다 떨어졌네. 수중에 지닌 돈이 좀 있나?"

"누가 형제가 12데나리온을 주었네. 선생이 그토록 좋아하는 황제의 얼굴이 떡하니 박힌 동전으로다 열두 냥이지. 혹시 빌립보 형제들에게 따로 받은 건 없나?"

"응, 없는데. 아무도 생각지 못했을 거야. 워낙 상황이 급박하게 돌아간 터라 여비를 챙겨 주는 데까지 신경 쓸 여유는 없었을 거야."

"남은 돈으론 다음 마을까지 가기에도 부족하겠어."

"그러게. 하지만 빌립보로 돌아갈 수도 없잖은가."

나중에 실라가 보니, 마가에게 5데나리온이 더 있었다. 바울이 궁핍한 상황에 몰린 걸 알게 된 마가는 아낌없이 닷 냥을 바울의 손에 쥐어 주었다.

"아닐세, 아니야! 그건 자네가 빌립보로 돌아가는 데 쓰기에도 빠듯한 돈일세."

"선생님, 괜찮아요. 저는 건강하거든요. 많이 먹지도 않아요. 빨리 걸으면 금세 집으로 돌아갈 수 있어요. 하지만 선생님들은 달라요. 그마저도 없으면 어떻게 사시려고요?"

"다 수가 있겠지." 실라는 짐짓 자신 있게 말했다.

"주님은 고아와 미망인, 그리고 우리 같은 나그네들을 보살피는 분이시라네."

"빌립보 식구들은 어쩜 그렇게 무심할 수가 있는 거죠?"

마가는 큰소리로 불평을 터트렸다.

"빌립보에서 쫓겨난 데다 데살로니가까지 가려면 먼 길을 가야 하잖아요. 돈 한 푼 없이 말예요. 요행히 목적지에 닿는다 해도 거기다 무슨 돈을 맡겨 둔 것도 아니니 먹고 살 길이 막막할 게 뻔한데…."

"밤마다 여관에서 자고 끼니를 빠짐없이 챙긴다면, 며칠이나 버틸 수 있을까?" 바울이 물었다.

"엿새쯤 될 겁니다."

바울은 고개를 들고 한 손으로 이마를 짚으며 말했다.

"경험상 시장에 터를 잡고 가게를 차려서 숙식을 해결할 비용을 벌자면 적어도 한 달은 걸리던데 이걸 어쩐다? 가끔은 입에 풀칠하는 걸로 끝냈는데도 말이야."

"시장 한구석 일터에서 주무셨다는 말씀인가요?" 마가가 물었다.

"자주는 아니고 아주 가끔 그랬지. 주님은 자비로운 분이셔서 그래도 이슬은 가리게 해 주셨어."

"하지만 고작 12데나리온을 가지고 어떻게 한 달을 버티시려고요? 그만큼이 더 있어도 모자랄 지경인데요." 마가는 말까지 더듬었다.

"안디옥 식구들도 잊어버린 것 같던데?" 실라가 말을 보탰다.

"지금 전대에 남은 돈이 안디옥을 떠날 때 받은 헌금 전액이니까 말이야."

마가는 도무지 납득이 가지 않는다는 듯, 고개를 절레절레 흔들었다.

실라는 이 상황을 돌파할 묘수를 짜내기에 골몰했다.

"어떻게든 먹고 살아야 하니까 일단 손쉬운 방법 두 가지만 써 봅시다. 길을 걸으면서 절로 나서 자라고 있는 산딸기 따위가 있는지 잘 살피는 게 좋겠어요. 숙박은 날씨가 관건인데, 쾌청한 날에는 한뎃잠을 자기로 하죠." 실라는 일기를 살피며 말했다.

"어렸을 때 어머니에게 들은 얘기가 생각나요. 기근이 닥치거나 집안일이 잘 풀리지 않으면 어른은 늘 '아침밥을 기대하며 일어나고, 점심밥을 찾아 돌아다니며, 저녁밥을 기다리다 잠들자'고 말씀하셨어요."

바울의 입가에 미소가 떠올랐다.

"하나님이 간섭해 주시지 않으면 돈도, 음식도, 숙소도 없이 데살로

13 빌립보를 떠나면서

니가까지 가야 할 판이군. 천막 짓는 일이 아주 잘 된다 해도 한동안은 고생을 면치 못하겠어. 적어도 한 달은 그러겠죠. 결국, 하나님의 자비하심에 기대는 것 말고는 뾰족한 수가 없겠어." 달관의 냄새를 풍기며 실라가 결론지었다.

"맞아." 바울도 동의했다.

"하지만 지난 경험, 특히 빌립보에서 보낸 며칠을 돌아보면, 하나님의 자비가 반드시 우리들이 바라는 시간에 딱 나타나지는 않는 것 같더라고."

"사역을 행하는 동안, 수고와 고역에 시달리고, 여러 번 밤을 지새우고, 주리고, 목마르고, 여러 번 굶고, 추위에 떨고, 헐벗었으니까."

형편이 어려워질수록, 더 큰 고통이 바울을 덮치고 절망의 벼랑으로 내몰았다.

지금부터는 암흑기, 아마 바울에게 닥친 일생일대의 암울한 시간에 관한 이야기를 해야겠다.

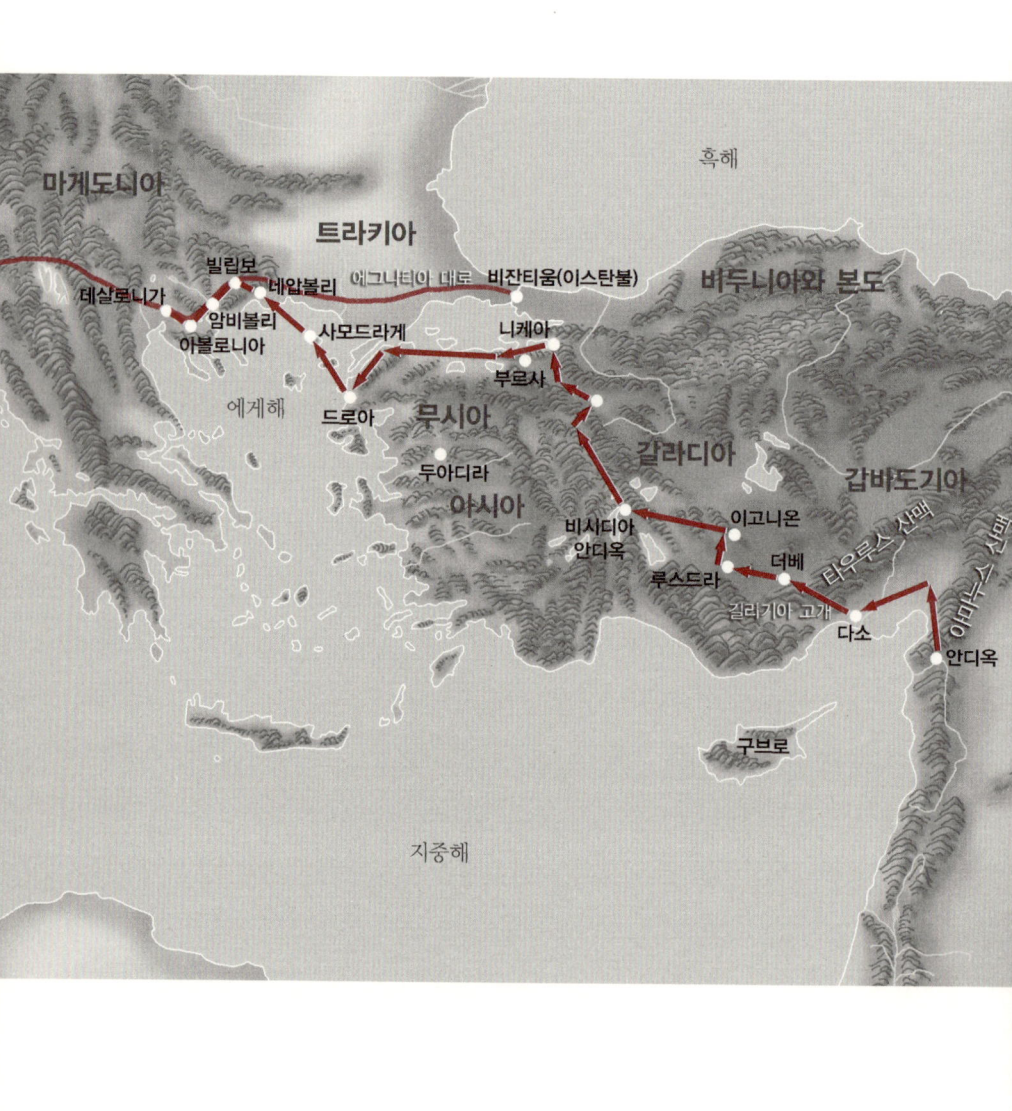

14
에그나티아 대로를 걸으면서

세 사내는 에그나티아 대로를 걸었다. 바울은 몇 시간씩 입을 꾹 다문 채 걸음을 옮기기 일쑤였다. 더러 웅얼거리기는 했지만, 죄다 혼잣말이었다.

그렇게 몇 밤을 지냈다. 실라는 종종 바울이 심하게 흐느끼는 소리를 듣고 잠을 깨곤 했다. 바울의 내면에서 거친 씨름이 벌어지고 있었다. 가끔은 길가에 서서 가쁜 숨을 몰아쉬었다. 허허벌판에 자리를 펴고 눕지만 좀처럼 잠을 이루지 못하는 눈치였다. 그렇게 밤을 지새우면 다음날 아침에는 탈진에 가까운 상태가 될 게 뻔했다. 잠을 자면서도 괴로워하며 부르짖는 걸 실라는 여러 차례 보고 들었다.

바울은 영적인 전투를 벌이고 있었다. 하나님은 누구도 깨트릴 수 없는 그릇을 깨트리고 계셨다. 질병, 굶주림, 채찍질, 배척, 교회의 무관심, 수그러들 줄 모르는 원수의 압박…. 이 모든 것들이 바울을 에워싸고 슬픔과 좌절의 수렁에 그를 몰아넣었다.

빌립보에서 매질을 당하게 될 줄은 꿈에도 짐작치 못했다. 앞으로 원치 않는 끔찍한 학대를 당하고 끊임없이 부당한 대접을 받게 되리라는 통고를 받은 느낌이 들었다. 모두가 그릇을 빚어 완전하게 만드는 하나님의 손길이었지만, 인간의 지각 능력을 훨씬, 아주 훨씬 뛰어넘는 일인지라 바울도 거기까지는 가늠하지 못하고 있었다.

바울은 마치 입을 맞추기라도 한 것처럼, 교회들이 하나같이 도움의 손길을 보내지 않고 있다는 사실에 마음이 흔들렸던 것일까?

언젠가 디모데는 말했다.

"그런 일이 있었죠. 하지만 선생님은 그런 생각이 깃들일 여지를 조금도 주지 않으셨어요. 발등에 불이 떨어져도, 주머니에 땡전 한 푼 없어도, 성 밖으로 다섯 번씩이나 내쳐져도, 블라스티니우스라는 늑대가 턱밑까지 쫓아와도, 주리고 탈진해도…. 그리고 온갖 적대감과 폭력이 기다리는 성읍에 들어갈 때도 변함이 없으셨죠. 어떻게 그렇게 견디셨는지 모르겠어요. 한결같은 마음을 지키려면 초인적인 능력이 있거나 적어도 잘 참는 재주가 있어야 할 거예요. 그런데 바울 선생님이 딱 그랬어요. 엄청 잘 이겨 내시더군요."

그날을 기준으로, 일행의 수중에는 한뎃잠을 자는 걸 전제로, 닷새 동안 끼니를 이을 돈이 있었다.

바울에게 빌립보에서 데살로니가로 가는 여정은 견딜 수 없을 만큼 가혹한 시련의 무대였다. 일꾼으로서의 마음가짐을 저울질 당하는 기분이었다. 바울의 일생을 통틀어 끝 모를 절망에 빠졌던 시기가 한 번 더 있었는데, 그때는 나, 디도도 그 과정을 두 눈으로 똑똑히 지켜보았다.

바울이 끌어안고 있는 고뇌의 중심에는 늘 블라스티니우스가 있었다. 사냥개 한 마리가 그의 삶에 끼어들었다. 여태까지도 고생을 할 만큼 했지만, 앞을 내다봐도 아무런 방해 없이 마음 편히 지낼 날이 하루도 없을 성싶었다.

클라우디우스 황제가 내린 칙령 탓에 로마로 가겠다는 꿈은 진즉에 물 건너가 버렸다. 그 생각만 하면 속이 다 뒤틀릴 지경이었다. 바울은 로마 트라스테베레(Trastevere) 지역에 모여 사는 몇 안 되는 유대인들이 언젠가는 교회가 되리라 여겼다. 로마는 비유대인 도시였으므로 로마 교회도 비유대인 중심의 교회가 되면 좋겠다는 게 바울의 생각이었다. 바울은 참을 수가 없다는 듯 숨을 몰아쉬었다.

"쫓겨나고, 거절당하고, 실패하고, 얻어맞고…. 언제까지 이래야 하는지, 더는 못 견딜 것 같아."

게다가 머잖아 칼잡이들이 목숨을 노리고 들이닥칠 게 뻔했다.

죄다 블라스티니우스 탓이었다. 그자가 바울을 옴짝달싹할 수 없는 사면초가에 몰아넣었다. 무얼 하든 조만간 다 망가지리라는 걸 알면서도 흔들리지 않고 그 일을 계속한다는 게 과연 가능할까? 거절과 핍박, 육신의 고통이 돌아올 뿐, 모든 게 물거품으로 돌아갈 줄 알면서도 온 마음과 영혼을 다 바쳐 일하는 이가 있을까?

바울은 감당할 수 없을 만큼 큰 압력을 받고 있었다. 스스로도 그걸 잘 알았다. 하나님이 삶 가운데 역사하신다는 건 잘 알지만, 무슨 일을 어떻게 하실지 가늠할 길이 없었다. 무엇보다 블라스티니우스를 어떻게 상대하길 원하시는지 주님의 뜻을 짐작하기 어려웠다. 바울이 날마다 붙들고 씨름하는 딜레마가 바로 이것이었다.

"여태 쌓은 공든 탑을 다 무너뜨리려 하는 이자에게 어떻게 대처하길 바라시는 거지? 이런 상황이 한 해, 아니 십수 년씩 계속된다면 도대체 무슨 일을 해야 하는 걸까? 평생 이런 나날을 보내라고?"

바울은 예전과는 비교할 수 없을 만큼 깊은 단계까지 하나님의 뜻을 탐색해 들어갈 수밖에 없었다.

씨름은 갈수록 치열해졌다. 어제가 다르고 오늘이 달랐다. 가끔 블라스티니우스의 이름을 중얼거리는 소리가 실라의 귀에도 들렸다. 기도하는 것처럼 보이는 날도 있었다. 더러는 맹렬한 분노가 얼굴 가득 번져 있기도 했다. 하지만 실라에게 으뜸으로 두려운 순간은 바울의 낯에 아무런 기척도 나타나지 않는 경우였다. 그나마 바울이 울부짖으며 기도할 때는, 가장 흔한 상황이지만 함께 기도할 수 있어 좋았다.

바울의 고민은 점점 더 깊어져서 길가에 주저앉아 말없이 신음만 쏟아내는 일까지 종종 벌어졌다. 실라에게 들은 얘기가 생각난다.

"한 번인가, 두 번인가 걷잡을 수 없이 흐느꼈던 적이 있었어. 얼마나 심했는지 저러다 숨이 넘어가는 게 아닌가 하는 걱정까지 들더라니까. 오밤중에 머리칼을 움켜쥐고 괴로워하는 소릴 들은 적도 있었지. 그걸 다 지켜보면서도 나는 한마디도 하지 않았어. 어떤 식으로든 끼어들지 않았단 말씀이야. 바울 형제 혼자 감당해야 할 싸움이라는 걸 잘 알고 있었거든. 결정을 앞두고 격심한 진통을 겪었던 셈이지. 이쪽과 저쪽, 어디를 택하든 선생과 선생이 해온 사역을 완전히 바꿔 놓을 일생일대의 결정이었어.

빌립보교회에 블라스티니우스의 존재를 알리고 주의를 주는 건 어땠을까? 바울 형제는 그랬다가는 빌립보교회는 물론이고 다른 교회들까지, 그리고 자신도 속속들이 달라지리라는 걸 정확하게 감지하고 있었어. 그런 사태야말로 바울이 가장 두려워하는 일이었어. 상황은 절망적이었어. 그러니 좌절과 우울의 늪으로 빠져 들어갈밖에. 가끔씩 중얼거리더군."

"이리 가도 저리 가도 다 막다른 골목이니, 이것 참."

바울의 삶에 블라스티니우스를 보내신 하나님의 뜻은 무엇일까? 바울은 큰 권능과 계시를 받은 인물이다. 나, 디도는 만일 하나님이 가시를 보내 주시지 않았더라면, 가뜩이나 아는 게 많고, 자부심이 넘치고, 똑똑하고, 굽힐 줄 모르는 바울이 어떤 인간이 되었을지 생각만 해도 소름이 끼친다. 블라스티니우스가 무거운 십자가로 작용하지 않았더라면, 바울은 하나님의 백성과 거룩한 뜻을 위태롭게 만드는 요주의 인물이 되지 않았을까 싶다.

하지만 결국 선생은 온전히 하나님의 능력에 기댈 수밖에 없는 연약한 인간이 되었다. 주님은 블라스티니우스를 투입하셔서 바울의 아킬레스건을 치신, 가장 뛰어난 점이자 가장 취약한 점을 건드리신 셈이다. 하나님의 마음에 썩 가까이 다가선 이들일수록 더 혹독해 보이는 훈련을 받다니, 이 얼마나 놀라운 일인가!

바울에게서 이 위기와 관련해 직접 들은 얘기도 있다.

"인간이 마주하는 최대의 위기, 그리고 됨됨이 자체를 점검받는 최고의 시험은 사역이 위태로워지는 순간 찾아온다네. 사역을 지키고 보존하려고 마치 야수처럼 사납게 싸우며 하나님을 찾게 되지. 그러다 보면 십자가라든지 버림으로써 얻는 원리라든지, 또 실패에 담긴 하나님의 뜻 따위와 관련된 더없이 기초적인 이해마저 놓치기 십상이지. 힘에는 힘이 없네. 승리는 승리가 아니냐. 권력은 권력이 아니고. 힘이니, 승리니, 권력이니 하는 것들은 모두 연약함 가운데 들어 있네. 기꺼이 실패하고자 할 때 얻을 수 있는 것들이지.

제 손에 든 걸 완전히 포기할 줄 알 때 힘이 나오는 법이야. 모두 내려놓고 모두 잃어버리고자 할 때 말일세. 한번 잃어버리는 걸로 그치는 게 아니라 잃고 또 잃고, 계속 잃는 거지. 이 땅에서 애써 일군 것들도 한 번 무너지는 게 아니라 여러 차례 무너져야 하고. 그래도 주님이 임하셔서 그 임재와 권세로 마지막 승리를 목격하기 위해 다시 일어서야 해. 오로지 하나님의 권능만이 그 여정에서 우리를 구해 주실 수 있다네."

그로부터 몇 년이 흐른 뒤, 실라는 빌립보에서 데살로니가로 여행했던 일을 떠올리며 말했다.

"바울 형제는 블라스티니우스에게 몹시 화가 났다네. 할 수만 있다면 채찍질이라도 해 주고 싶었던 모양이야. 바울 형제의 본래 성질머리대로라면 멱살잡이라도 하고 남았겠지. 머릿속으로는 분노로 절절 끓는 편지를 모든 교회에 보내서 그자의 정체를 폭로하고 저주하는 상상을 몇 번이고 했을 게야. 하지만 바울 형제는 그게 죄다 영이 아니라 육신이 하는 소리라는 걸 잘 알았어. 가끔은 자기 입장을 공개적으로 변호하는 편지를 예루살렘이나 안디옥교회에 보내서 블라스티니우스가 무슨 짓거리를 하고 다니는지 밝히고 싶은 마음이 굴뚝같아 보였어."

나, 디도는 그리스와 갈라디아, 길리기아와 시리아에 있는 교회들에 보낼 강력한 편지를 속으로 몇 번이고 썼다 지우는 바울의 모습이 눈에 보이는 듯했다. 하지만 바울의 싸움은 시작하기도 전에, 이미 승리를 거두고 있었다고 본다. 온 세상을 통틀어 바울 같은 결정을 내린 이가 또 있었을까? 설령 있다손 치더라도 그의 결단이 훨씬 앞섰으므로 '바울처럼' 결정했다고 말해야 하지 않을까?

바울은 마침내 더없이 고상한, 어떻게 그럴 수 있을까 싶은 결단을 내렸다. 아무도 이해할 수 없는 결정이었다. 잃고 지는 쪽을 선택한 것이다. 그렇게 할 때 하나님이 이기신다는 게 바울의 결론이었다. 그처럼 기가 막힌 결정을 통해서 주님은 강한 자를 약하게, 결코 깨지지 않을 법한 이를 깨트리실 길을 여신다.

하지만 아직 그런 열매가 맺힐 조짐은 보이지 않았다.

15
데살로니가로 가는 길

"바울 형제, 어떻게 이 지경이 되도록! 이젠 등이 웬만큼 나은 줄 알았더니만. 열도 도로 오르고 여기저기 곪기까지! 이제 들판에서 노숙하는 건 피해야겠어. 잠이라도 푹 자야 빨리 나을 것 같으이!"

실라는 단호하게 몰아붙였다.

바울은 계속 가자고 고집을 부렸다. 여태 한 말을 한 귀로 듣고 한 귀로 흘려버린 듯했다.

아침마다 이들은 숲을 뒤져 먹을 만한 열매를 찾거나 들판을 헤매며 바닥에 떨어진 낟알을 주워 모았다. 다들 늘 허기와 탈진에 시달렸다. 신열이 치솟았다 떨어지는 현상이 되풀이되면서, 강철같이 굳기만 하던 바울의 기백도 조금씩 빠져나가는 눈치였다. 그럼에도 불구하고 어떻게 여정을 계속 이어 가는지, 실라와 마가는 그저 놀랍기만 했다.

에그나티아 대로를 따라 걷고 또 걷기를 얼마나 했을까, 마침내 암비볼리 시내가 저만치 보였다. 시내에 회당이 있는 걸 알고는 있지만, 안식일까지 기다렸다가 가 보기로 했다. 바울은 인편을 얻어서 빌립보에 있는 누가에게 편지를 보내고 나면 곧 떠날 작정이었다.

바울이 오래도록 고심한 끝에 내린 결론을 담은 편지였다.

"아직도 주님의 뜻을 모르겠네." 바울은 적었다.

"하지만 누가 형제에게 이 얘기만큼은 해 두어야겠네. 분명히 말씀드리지만, 블라스티니우스가 빌립보에 도착하거든 에클레시아에서 이야기하는 걸 막지 말아 주게나."

지난 일주일간 바울 일행이 이동한 거리는 고작 50킬로미터 정도에 지나지 않았다. 하지만 그 이레 동안 하나님은 조금씩, 조금씩 바울의 마음을 사로잡기 시작하셨다. 이게 무슨 말이냐 싶은가? 십자가 중의 으뜸가는 십자가, 곧 주님의 사역을 잃어버리는 사태를 받아들이게 이끄셨다는 얘기다.

빌립보로 편지가 전해졌다. 누가는 디모데가 있는 자리에서 함께 서신을 읽었다. 이내 둘 다 말을 잃었다.

디모데는 고개를 절레절레 흔들었다.

"그러니까, 블라스티니우스가 여기 빌립보에 도착하거든 형제자매들을 좌지우지하게 내버려 두라는 얘긴가요?"

빌립보에 편지가 도착했을 무렵, 바울은 프리마 마케도니아(Prima Macedonia)라는 지역을 지나고 있었다. 데살로니가까지는 아직도 100킬로미터 넘게 더 가야 했다.

바울은 오래도록 내면에서 치열한 싸움을 치르느라 죽을 만큼 피폐해졌다. 그럼에도 불구하고 지금은 걸으면서, 전에 없이 큰소리로 떠들어 댔다. 위기가 곧 끝날 조짐을 보이고 있었다.

"데살로니가에 들어가면 십중팔구 박해를 받겠지? 다시 한 번 기쁜 마음으로 핍박을 받아들일 수 있을까? 매질은 없을까? 또 채찍질을 당하면 어떡하지? 구브로에서도 정말 심하게 맞았었지. 배가 파선한 적도 있었어. 갈라디아에서는 흠씬 두들겨 맞고 돌팔매질까지 당했어. 유대 땅에서는 기피인물이 됐고. 맞아, 빌립보에서도 태형을 받았지! 이제 데살로니가에 거지반 다 와 가는데, 이번에도 기쁜 마음으로 성에서 쫓겨날 수 있을까? 미움과 속임수, 거짓말에 시달리면서도? 온갖 학대를 감내하고 쓰라린 상처를 견딜 수 있을까? 못하겠어. 적어도 못할까 봐 걱정이 돼. 이젠 정말 끝인 것 같아. 죽을 둥 살 둥 안간힘을 쓰는 짓, 더는 안 되겠다고. 하나님이 나로서는 알 수 없는 은혜의 손길을 펼쳐 주시든지, 아니면 곧 마주하게 될 맹렬한 공격을 받고 주저앉든지 둘 중 하나겠지. 어찌 됐든, 블라스티니우스가 데살로니가까지 쳐들어와서 기껏 일군 모임들을 다 무너뜨리리라는 것만큼은 확실하겠지?"

하나님은 은혜의 손길을 펼쳐 주실까?

에그나티아 가도 위에서 바울은 일생일대의 절박한 시간을 맞았다. 그는 몸을 돌려 여태 걸어온 길을 굽어보며 큰소리로 외쳤다.

"오기는 오는 거지? 안 그런가, 블라스티니우스? 그래, 그대는 빌립보로 오고 말 거야."

바울은 다시 데살로니가 쪽으로 돌아서며 말했다.

"아, 마케도니아의 수도 데살로니가여! 유대인이든 이교도든 그대가 복음을 받아들이기만 한다면, 그리고 구원받은 이들의 모임이 빚어지기만 한다면!"

그러고는 말을 뚝 끊고 그 자리에 멈춰 서더니 다시 고개를 돌려 걸어온 길을 바라보았다.

"그래, 블라스티니우스, 그대는 데살로니가까지 날 따라올 거야. 바로 이 길을 지나겠지. 항상 내 뒤를 밟을 게야, 안 그런가? 빌립보교회는 그대의 어두운 그늘을 보게 될 걸세. 아마 데살로니가도 그러겠지."

밤이었다. 바울에게는 더없이 짙은 밤이었다. 길가에 잠자리를 마련하면서, 바울은 블라스티니우스를 삶의 울타리 바깥으로 몰아내 달라고 주께 간구했다. 그런 일은 그 뒤로도 두어 차례 더 있었다. 길고도 인상적인 그날 밤, 바울은 하나님의 뜻을 바꿔 보려 했다.

하지만 그날 밤, 주님은 친히 바울에게 말씀하셨다. 결국 달라진 쪽은 주님이 아니라 바울이었다.

"네가 내 얼굴을 구한 적이 있었다. 난 너를 하늘나라로 데려갔고. 영원 전부터 창조까지, 그리고 지음 받은 모든 것들이 종말을 맞는 순간에 이르기까지, 아무도 본 적이 없는 것들을 너는 보았다. 내가 너를 부른 데는 네 삶을 향한 특별한 뜻이 있기 때문이었어. 나는 너를 보냈고 너는 그걸 받아들였어. 나는 네게 신비를 드러냈다. 하지만 넌 그저 흙으로 만들어진 그릇일 뿐이야. 네 힘은 너무 강하더구나. 네 은사는 너무 크고. 네가 받은 계시는 끝없이 광대하지. 블라스티니우스를 보낸 건 바로 나다. 나 혼자 내린 결정이야. 나 홀로 강해지는 편이 유익하단다. 너는 늘 연약한 게 낫고. 내가 네 힘이 되어 주마. 블라스티니우스는 평생, 영원히 널 따라다닐 거야. 그래야 네가 연약해질 테니까."

바울의 심령 깊은 곳에서 이 말씀이 샘솟듯 쏟아져 나오는 순간, 새로운 이해의 세계가 열렸다. 도저히 납득할 수 없었던 주님의 방식이 조금씩 이해되기 시작했다. 그날 밤, 바울은 통상적인 차원을 훌쩍 뛰어넘는 새로운 기준을 갖게 됐다. 그렇지 않아도 바울은 스스로 일해서 생활비를 충당한다는 높은 기준을 설정해놓고 있었다.

바울은 입버릇처럼 말하곤 했다.

"복음을 전파하는 이들은 복음 선포하는 걸로 밥벌이를 해서는 안 돼. 난 좀 더 고상한 방법을 택할 거야. 돈 한 푼 받지 않고, 거저 복음을 나눠 주겠어."

※ 바울은 인간의 지성으로는 이해할 수 있는 수준을 넘어섰다. 일꾼의 기준을 끌어올렸다. 얻는 게 아니라 잃는 걸 표준으로 삼았다. 인간의 상식으로는 납득하기 어려운 일이었다. 그는 사역을 잃어버리는 길을 따르기로 했다. 하나님의 역사를 애써 일으키지만 백이면 백, 다 무너져 내리는 걸 지켜보면서도 꿋꿋이 분투하고, 아픔을 견디고, 호된 시련을 이겨 내기를 한두 번도 아니고 무수히 되풀이하기로 했다. 간혹 돌부리에 걸려 비틀거리는 경우도 있겠지만, 오래 끌지도, 자주 넘어지지도 않기로 했다.

그 뒤로 여러 해 동안, 우리는 모두 바울이 그 높은 기준에 맞춰 써 내려가는 드라마를 목격했다.

실라는 아주 명쾌하게 설명한다.

"그날 밤, 바울은 매질과 파선에 생명을 내맡겼지. 소문과 거짓말, 오해에 내맡겼고. 동족인 유대인의 배척에 기꺼이 목숨을 내맡겼어. 뭐니 뭐니 해도 가장 힘들었던 건 예루살렘교회와 제 손으로 공들여 키운 여러 교회의 형제자매들로부터 당하게 될지도 모를 외면에 생명을 내맡기는 일이었을 게야. 마지막으로, 아직은 아니지만 언젠가 세워질 교회를 잃어버리게 될 가능성에 생명을 내맡겼어.

일어날 수 있는 최악의 사태에 목숨을 내맡겼던 부분에서는 바울이 이기고 블라스티니우스가 졌어. 천사들도 함께 기뻐할 일이었지. 주님은 거룩한 뜻을 이루셨어."

바울은 블라스티니우스가 불러일으킨 세 가지 호된 시련 가운데 첫 번째 고개를 잘 넘어갔다. 당시, 바울은 더 멀리 존재하는 영적인 현실까지 내다보고 있었다. 바울은 살아가며 성공을 거두고자 하는 바람을 하나님 손에 맡겼다. 그 역사적인 밤에 바울은 주님과 언약을 맺고 삶을 통틀어 가장 중요한 신들 가운데 하나를 처단해 버렸다. 성공하려는 꿈을 포기한 것이다.

"실패자로 살다가 실패자로 죽겠어!"

실패를 두려워하는 마음을 내려놓음으로써 장차 마주하게 될 모든 일들에서 승리를 거두었던 것이다.

"그날 밤에 벌어진 일을 잘 생각해 보면, 바울은 데살로니가에서 자신을 기다리고 있는 온갖 어려움을 하나님께 다 맡겨 버린 것 같아."

실라가 말했다.

"거기에도 교회가 세워지길 기도했지만, 바로 그 교회가 블라스티니우스의 손에 철저하게 무너져 내릴 가능성마저도 주님 발 앞에 내려놓기로 한 거지!"

실라는 그날 밤, 바울에게서 들은 얘기를 잊어버릴 수가 없었다.

"데살로니가로 들어가면 결국 블라스티니우스가 이기고 내가 지는 걸 보게 되겠지. 그곳 교회는 물론이고 다른 교회들도 그자의 손에, 율법주의의 그늘에 넘어갈 걸세. 애써 막지 않겠어. 그 친구의 거침없는 행보가 멈춘다면, 그건 하나님이 간섭하신 덕분이거나 아니면 스스로 치명적인 실수를 저지른 탓이거나 둘 중 하나일 거야. 하지만 블라스티니우스가 오고 있다는 사실이 내 등을 떠밀어 더 높고 고상한 복음을 향해 나아가게 한다는 것만큼은 틀림없어. 그자가 없었더라면 절대로 일어나지 않았을 일이지. 그런 점에서, 내 삶에 블라스티니우스를 끼워 넣으신 하나님께 감사를 드릴 수밖에 없다네."

다음날 아침, 잠에서 깨어난 실라는 놀랍고 또 기뻤다. 바울이 혼곤히 잠들어 있었던 것이다. 잔뜩 흥분하고 긴장해서 벌겋게 상기된 바울의 얼굴을 지켜봐야 했던 게 벌써 며칠이던가?

언젠가 실라는 바울의 첫인상이 어땠는지 실토했다.

"소문으로 들었을 때부터 기분이 언짢았다네. 앞뒤를 재지 않고 이방인에게 복음을 전한다는 얘길 들으니 기가 막히더군. 베드로 사도에게까지 거침없이 야단을 쳤다는 소식을 듣고는, 나라도 나서서 한바탕 꾸짖어야겠다 싶을 정도였어. 물론, 직접 만나 보고 나서는 마음이 완전히 달라졌지. 그리고 바로 그날 아침, 깊이 잠든 바울 곁에 앉았으려니 그런 생각이 들더군. 아, 저 친구, 정말 대단하구나. 저런 인물은 본 적이 없어. 앞으로도 볼 수 없을 테고.

 블라스티니우스와 관련된 씨름이 정점을 찍었고, 이제 하나님의 뜻이 지배하게 되었다는 걸 한눈에 알 수 있었어."

 잠시 후, 바울은 눈을 떴다. 일행은 다시 걷기 시작했다. 오랜 침묵 끝에 마침내 바울이 입을 열었다.

 "실라 형제, 여태 말하지 못한 게 있소이다. 누구에게도 말하지 못했지. 갈라디아에 얽힌 얘기야. 두 번째로 거기에 갔을 때, 우리가 함께 갔었잖아. 그때 그곳 형제자매들의 눈에서 두려움을 보았어. 순전한 믿음이라고는 한 줌도 찾아볼 수 없었지. 다들 원수(내 원수기도 하죠)에 눈길을 주고 있습니다. 갑자기 그들의 세계에는 어둠과 유령, 아직 윤곽을 드러내지 않은 적들이 가득 들어찼더군. 블라스티니우스가 일으킨 현상이지. 그것만으로도 그자는 일종의 승리를 거둔 셈이야. 갈라디아에 있는 교회에 편지하면서, 별다른 해명을 하지 않았어.

 지금 돌아보면, 과연 다음에도 다시 그런 편지를 쓸 수 있을지 의심스러울 정도라니까. 갈라디아교회 형제자매들은 늘 하나님을 사랑하고 또 서로를 사랑하는 마음을 품고 주님 주위에 몰려들었어. 그런데 블라스티니우스가 교회 네 군데를 일일이 찾아다니면서 날 공격한다는 얘기에 순진무구한 믿음은 온데간데없이 스러지고 말았던 거지. 그들에게 보낸 편지는 두려움만 불러일으킨 셈인 게야. 아직 실체도 드러내지 않은 원수들이 그곳 식구들의 마음 곳곳에 자리를 잡기에 이르렀고."

한동안 뜸을 들이다 바울은 다시 말을 이었다.

"서로 두려움을 가르치는 걸 지켜볼 수밖에 없었네. 하나님의 백성들에게 실제의 적과 가상의 적을 모두 무서워하라고 부추기더군. 일삼아 돌아다니며 경고를 남발합디다. 경고하고 또 하고. 하지만 그런 식으론 문제를 해결할 수 없어. 파멸로 가는 지름길일 따름이지. 흔히 조금만 겁을 먹어도 한데 뭉치려들지만, 그렇게 모이는 건 거룩한 모임이 아니야. 인간이 무언가를 세워가는 방식일 뿐이란 말씀이야. 그렇게 해서 얻을 수 있는 건 거짓 연합이 고작이지. 싸구려 사역이라고. 두려움과 미움 위에다 무얼 세우면 그게 서기를 하겠소, 선다 한들 오래 가기를 하겠소? 새로운 연합체가 생길지는 모르지만, 그런 식으로 하나님의 에클레시아를 세우진 못할 게야.

블라스티니우스가 오고 있다고 여기저기 떠들고 다니면, 교인들이 똘똘 뭉치기는 하겠지. 그렇고말고! 우리도 하나님의 백성들에게 블라스티니우스를 비롯해 온갖 무시무시한 일들이 기다리고 있다고 겁을 줘 볼까? 경고와 공포에 눈이 멀게 해 볼까? 하지만 그렇게 해서 얻는 게 도대체 뭐란 말인가? 하나님이 아니라 사람의 일을 하는 게 고작일 게야.

하나님의 역사는 쉬 깨지는 경우가 많아. 교회(또는 모임)는 잘 깨지거나 그래 보이지. 사람들은 이런저런 이유로 거룩한 대속사역을 통해 하나님이 행하신 일들을 좀처럼 신뢰하고 싶어 하질 않아요. 그래서 주님의 백성들 주위로 거대한 보호 장벽을 세우겠다고 나선단 말씀이야. 옳지 않아. 그건 정말 옳지 않아. 한마디로 스스로 일군 역사를 지키려고 경고와 공포의 울타리를 치는 거지. 인간의 노력이 물거품으로 돌아가지 않도록 보존하겠다는 동기 자체가 부패한 거란 말일세. 영적으로 정당성을 인정받을 수 없는 짓이라네. 그렇게 해서 얻은 결과물은 오래가지 못하지.

"빌립보교회는 블라스티니우스라는 이름을 들어 본 적도 없어."

바울은 몸을 돌려 빌립보 쪽을 가리키면서 말했다.

"실라 형제, 저 아래를 좀 내려다보라고. 그자가 저기에 도착하고 난 뒤에도 그리스도인들의 모임이 버텨 낼 수 있을까? 블라스티니우스가 어떤 자인지 미리 알려 주지 않아도 꿋꿋이 견딜 수 있을까?"

이내 자세를 바로잡고 데살로니가를 마주보았다.

"과연 저 성읍에도 교회가 탄생하게 될지 잘 모르겠군. 복음을 선포할 수 있을지, 시민들이 주님을 만나고 한데 모이게 될 지조차 가능하지 못하겠어. 하지만 그런 역사가 일어나더라도 나는 장담할 수 있어! 그러니까…."

바울은 갑자기 껄껄 웃음을 터트렸다.

"블라스티니우스가 맹세를 했다니, 까짓것 나도 한번 해 보지, 뭐. 맹세컨대, 빌립보교회 식구들에게 그랬던 것처럼, 데살로니가에서도 그자의 이름은 절대로 입에 올리지 않겠어! 장차 이곳에 생길 모임에 블라스티니우스라는 자가 오고 있으니 조심하라고 경고하는 일은 결코 없을 걸세. 그저 그리스도의 이름만 높이, 더 높이 드러낼 작정이니까!"

실라로서는 평생 잊지 못할 만한 순간이었다. 어처구니가 없었다.

실라는 말했다.

"처음 바울의 말을 들었을 때는 이제 죽었구나 싶더군. 얼마나 기가 막히던지 머릿속이 하얘지고 입이 떨어지지 않더라고. 도대체 이 양반이 무슨 헛소릴 하고 있는지 모르겠다는 생각뿐이더라니까."

바울은 아침 해를 바라보며 다시 말을 이어 갔다.

"어서 빌립보로 오시게, 블라스티니우스 군! 데살로니가로도 따라오시고! 자네는 나를 감옥에 집어넣는 데 거의 성공할 뻔했지만, 나는 이렇게 빠져나왔다네. 밤잠에 깊이 빠졌다가 막 일어난 참이지. 진심으로 말하는데, 블라스티니우스, 그대를 주신 하나님께 감사하네! 내 삶에 자네를 끼워 넣어 주신 걸 말이야!"

"바울 형제가 그렇게 말하는데, 다리에 힘이 탁 풀리는 게 주저앉을 것 같더라고." 실라는 당시를 회상하며 말했다.

바울은 말을 이었다.

"오늘부터 그대가 무슨 소릴 하고 무슨 짓을 하든, 거기에 관해서는 단 한마디도 않겠네! 자네가 무슨 이야기를 하려 하고 무슨 일을 벌이려 하는지 성도들에게 미리 알려 주지도 않으려네! 내 삶과 내 수고, 내 사역을 어떻게 바꿔 놓든 마찬가질세! 그래, 블라스티니우스! 그대를 내 삶에 보내 주신 하나님께 감사하네. 난 자네가 도저히 부술 수 없는 걸로 집을 지을 걸세. 자네가 세울 수 없는 것들을 세울 테고. 입을 열 때마다 오로지 주 예수 그리스도만이 주실 수 있는 재료들을 써서 토대를 만들고 몸통을 올릴 요량이거든."

바울은 실라를 돌아보았다. 이번에는 눈가에 눈물이 반짝였다.

"하나님의 백성들이 자유롭다면, 정말 해방되었다면, 그리고 그리스도에 흠뻑 젖어 있다면, 블라스티니우스는 절대로 그들을 무너뜨릴 수 없을 거야. 실라 형제, 은혜를 더 깊이, 그리고 더 높이 깨달아 알 필요가 있겠어. 그동안 선포한 그리스도보다 더 탁월한 그리스도를 선포해야겠어. 그동안 내가 하나님의 백성들에게 보여 주었던 것들과는 비교할 수 없을 만큼 주님을 더 잘 알아 가는 법을 알려 주어야겠어. 세우고, 세우고, 또 세워가겠지만, 그자가 끼어들 여지는 단 한마디도 주지 않겠어. 두려운 일이 닥칠 거라는 경고도 하지 않겠어. 거룩한 백성들의 마음에 미움이나 두려움의 씨앗을 뿌리지는 않겠어. 그리스를 떠날 때, 언젠가는 그럴 수밖에 없겠지만, 하나님의 백성들을 지극히 순결한 상태로 남겨 두고 가겠어."

실라는 말문이 막혔다.

바울은 눈을 들어 하늘을 바라보았다.

"하나님의 천사들이여, 블라스티니우스가 여기에 와서 벌이는 짓을 봐 주소서! 하나님의 사자들이여, 제가 전하는 메시지를 들으시고 삶을 끝까지 지켜봐 주소서!"

바울은 고개를 돌려 다시 길을 굽어보며 중얼거렸다.

"이제 천사들이 그대의 일거수일투족을 감시하게 될 걸세, 블라스티니우스! 뭘 하는지, 어떻게 하는지 말일세. 자네가 벌이는 공격과 퍼붓는 비난을 일일이 지켜볼 걸세. 젖 먹던 힘까지 다 짜내 발악하는 걸 놓치지 않고 보겠지. 뿐만 아니라 내게서도 눈을 떼지 않을 거야. 율법과 두려움이 이길까? 아니면 그리스도와 은혜가 승리를 거둘까?"

바울은 실라를 돌아보며 말했다.

"실라 선생, 난 한시바삐 데살로니가에 들어가고 싶어. 돈도 없고, 먹을거리도 없고, 등은 곪아터지고, 우린 다 주리고 지쳤잖아. 어쩌면 또 얻어맞거나 돌팔매질을 당하거나 하는 위태로운 일들이 기다리고 있을지도 모르지. 그래도 얼른 가면 좋겠어. 왜냐고? 데살로니가에 들어가는 대로 집을 지을 계획이거든. 나무로도 아니고, 짚으로도 아니고, 벽돌로도 아닐세. 세상에서 얻을 수 있는 재료를 써서 뭘 세울 마음은 없어. 인간의 공로는 불의 시험을 거치게 돼 있지.

블라스티니우스는 내 사역을 검증하는 불이야. '하나님, 시험을 받게 해 주시니 감사합니다. 제가 전하는 메시지도 검증을 받아야 합니다. 주님, 제 수고 위에 불을 내려 주셔서 고맙습니다. 블라스티니우스를 시켜 저를 연단하는 불 노릇을 하게 하셨습니다!' 블라스티니우스여, 난 빌립보를 떠났네. 언젠가 데살로니가를 떠나면 난 자네가 오게해 주시길 기도할 것일세. 그럼 그동안 무얼 가지고 집을 지었는지 우리 둘 다 정확히 알게 될 게야. 나무로 세웠다면 복음을 전한 게 아니라는 점이 드러나는 셈이지.

자네에게 신세를 좀 지세. 그동안 수고해서 얻은 결과가 불에 금방 타 버리는지 여부를 뭇 사람들과 천사들 앞에서 검증해 보여 달라는 말일세. 앞으로는 아침에 일어날 때마다 불에 타지 않을 것들로 집을 세우겠다는 다짐을 할 생각이네.

어서 오게나, 블라스티니우스여! 하지만 이것 하나는 알아 두게. 난

허망한 것들이 아니라 그리스도로 집을 지을 걸세. 과연 그걸 태워 없앨 수 있을까? 자신 있으면 한번 해 보시든가!"

"갑자기 손뼉이라도 치지 않고는 견딜 수 없을 것 같은 기분이 들더군."

그날을 기억하며 실라는 말했다.

바울은 두 손을 번쩍 쳐들고 찬송을 부르기 시작했다.

"하나님이 허락하시는 불이여, 내 손으로 빚은 것들 위에 쏟아지시라! 무너져야 할 것이라면 아낌없이 사르시라! 그렇게 불이 지나가고 난 뒤에는 금과 은, 값진 보석만 남게 해 주소서! 그리스도만이 금이요, 은이며, 값진 보화입니다."

실라 역시 감격에 겨워 바닥에 주저앉아 기도할 따름이었다. 둘은 무릎을 꿇은 채 부둥켜안고 하나님과 뭇 천사들의 손에 블라스티니우스의 문제를 온전히 맡기는 더없이 순전한 기도를 드렸다.

이제는 실라도 블라스티니우스를 빌립보와 데살로니가로 불러들이고 싶은 마음이 들었다. 한마디 한마디가 단호하고 자신감과 승리감이 가득했다. 두 사람은 소리 내어 부르짖었다. 그리곤 눈물을 쏟아 가며 블라스티니우스라는 인간과 타락한 천사들을 향해 언제든 와서 하나님이 손수 행하신 일들을 부술 테면 부숴보라고 더 큰소리로 외치며 대적했다.

그들의 기도는 오래도록 계속됐다. 둘은 붙들려 가고 등에 채찍질을 당하는 아픔을 감수하기로 했다. 바울은 더 많은 파선을 당하고, 굶주림에 시달리고, 목이 타는 괴로움을 받아들이겠노라고 고백했다. 그리고 입을 모아 먹을 게 없고, 돈도 없고, 잘 곳도 없는 처지를 두고 하나님께 감사했다. 서로를 위해서도 간구했다.

"주님, 이 친구를 깨뜨려 주십시오. 이 질그릇을 깨뜨려주십시오."

그들의 말은 격렬했고, 세상에서 쉬 보기 어려운 간청을 주께 드렸다.

마침내 바울이 자리를 털고 일어섰다. 그는 두 팔을 하늘을 향해 뻗으며 외쳤다.

"감사합니다, 주님! 제게 허락하신 이 가시를 이제는 도리어 기뻐하겠습니다."

그날, 에그나티아 대로에서 주님은 새로운 유형의 사역자 둘을 빚어내셨다. 이 이야기를 할 때마다 실라는 눈물을 쏟았다. 듣는 이들도 마찬가지였다.

바울의 기도는 대단원을 향해 치달았다.

"주님은 모세를 붙들어 주셨습니다. 하늘 아버지께서는 주 예수님을 붙들어 주셨습니다. 앞으로 몇 리를 더 가는 동안, 며칠을 더 보내는 동안 저희도 그렇게 붙잡아 주실 줄 믿습니다."

바울은 새로운 다짐을 덧붙였다.

"주님은 값없이 구원을 베푸셨습니다. 저도 복음을 전하는 대가로 한 푼 받지 않고 거저 선포하게 해 주세요. 어느 성읍에 들어가든 늘 스스로 벌어 생활하게 하소서. 주님이 얼마나 신실하신 분인지 잘 압니다. 일용할 양식을 주옵소서. 우리는 주님의 들판에서 먹이를 찾는 참새들과도 같습니다."

실라는 큰소리로 화답했다. "아멘!"

목소리가 높아질수록 시장기도 걷잡을 수 없을 만큼 심해 갔다.

바울의 마지막 기도는 더없이 통렬했다.

"주님, 클라우디우스 황제마저도 주님이 보내신 일꾼임을 압니다."

실라는 저도 모르게 피식 웃음이 나왔다. 바울의 입에서 그런 소리가 나오리라고는 꿈에도 생각지 못한 터였다. 실라는 얼른 정신을 수습하고 다시 기도에 몰입했다.

"눈에 보이지 않는 세계, 그 어디선가 주님은 로마가 복음에 대해 빗장을 걸고 문을 닫게 만드셨습니다. 때가 차면, 그 까닭을 저희도 알게 될 것입니다. 아울러 주님, 언젠가는 그 문이 다시 열리게 되리라는 사실을 알고 믿습니다."

이튿날 아침, 바울은 길가에 앉아 심각한 표정으로 마가와 이야기를 나누었다.

"마가 형제, 그동안 참 잘 섬겨 주었네. 이제 나는 짐이 없네. 실라 선생에게도 짐이랄 만한 게 거의 없고. 내 눈물과 씨름을 너그러이 견뎌 줘서 고맙네. 일꾼을 모집해 가려는 로마병사들이 다가오는지 망도 잘 봐 줬어. 자, 이제 여기서 작별하고 빌립보로 돌아가는 편이 좋을 것 같으이."

마가는 펄쩍 뛰었다.

"아닐세, 꼭 그렇게 해야 하네. 무엇보다 빌립보에 있는 형제자매들이 우리 소식을 얼마나 궁금해 하겠나?"

바울의 얼굴에 미소가 번졌다.

"게다가 우리한텐 돈이 없다네. 자네처럼 덩치 크고 씩씩한 젊은이로서는 버틸 수가 없을 걸세. 지금 남은 거라고는 고작 3데나리온뿐일세. 자넨 먼 길을 가야 할 형편인데, 우리가 한 데나리온만 챙기고 자네에게 두 데나리온을 쥐어 보낸다 해도 그게 어떻게 충분한 여비가 되겠나? 계속해서 허허벌판에서 잠을 청하고 가물에 콩 나듯 밥술을 뜨겠지."

마가는 여전히 버텼지만, 결국 빌립보로 발길을 돌렸다. 헤어지기 전에 셋은 길가에 꿇어 앉아 기도했다. 믿은 지 얼마 안 되는 마가도 바울과 실라를 위해 뜨겁게 기도했다.

그날 밤, 바울과 실라는 데살로니가 시내가 눈에 들어오는 곳에 잠자리를 잡았다. 남은 돈을 톡톡 털어 밥도 먹었다. 언제 다시 배를 채울 수 있을지 모를 일이었다. 그런 험악한 형국에도 둘은 의연했다. 허섭스레기처럼 보이는 보따리를 들쳐 메고 데살로니가 성문을 향해 걸었다. 입에서는 연신 찬양과 찬송이 흘러나왔다. 성벽을 코앞에 두었을 즈음, 바울은 실라에게 계획을 털어놓았다.

"당도하는 대로 누가에게 편지를 보내려고. 누가와 디모데에게, 그리고 당장 선생에게도 어린 교회들에게 블라스티니우스에 관한 이야기를 하지 말라고 당부하고 싶어. 미리 주의를 주지 않은 상태에서 그 자가 오면 승리를 거두고 개가를 부르겠지. 하지만 복음이 율법을 견뎌 내지 못한다면 그건 복음이 아니야. 하지만 복음이 그 시련을 잘 이겨 내면 블라스티니우스라는 이름은 종적을 감추고 말 걸세. 심지어 그런 인물이 왔다가 실패하고 물러갔다는 사실조차 묻히고 말겠지.

생각과 마음에서, 지금부터 블라스티니우스를 말끔히 지워 버리세.

교회가 두려워할 건 아무것도 없어, 단 하나도! 그러니 만사 순리대로 흘러가게 두자고. 난 지금부터 율법으로 구원에 이를 수 없고 은혜, 그리스도의 은혜로만 가능하다는 걸 목청껏 전파할 작정일세."

"동감일세!" 실라가 대꾸했다.

"성령님이 도우시면, 누가와 디모데도 이해하고 남을 걸세."

사랑스런 두 친구는 데살로니가를 향해 걸었다. 어깨동무를 한 채, 노래를 불렀다가, 소리를 질렀다가, 주님을 찬양했다가 하길 줄곧 되풀이했다. 뱃속은 비었지만 영혼은 충만했다.

데살로니가에 가 보면 알겠지만, 성을 얼마쯤 앞두고 제법 높다란 언덕 하나를 만나게 된다. 거기 올라서면 바다의 푸른 물결이 눈에 들어온다. 바울과 실라는 언덕을 지나 대리석으로 지은 아우구스투스 개선문(Arch of Augustus)을 통과했다. 천사들 말고는 아무도 둘에게 눈길을 주지 않았다. 옥타비아누스가 브루투스와 싸워 이긴 걸 기념하는 다섯 마리 황소의 두상이 꼭대기를 장식하고 있었다.

문을 들어서면 곧바로 샘이 나온다. 실라는 물을 보자마자 달려가서 다짜고짜 머리부터 풍덩하고 담갔다. 바울은 연신 주위를 둘러보며 가까운 곳에 유대인 회당이 있는지 살폈다.

"여기서는 로마 시민권도 별 효험이 없겠어." 바울은 웅얼거렸다.

"빌립보에서는 소용이 있던가?"

물방울이 뚝뚝 떨어지는 얼굴을 하고 실라는 입을 비죽거렸다.

나중에 아우구스티누스로 이름을 바꾼 옥타비아누스는 브루투스를 물리친 뒤에 데살로니가를 자유도시로 만들었다. 주민들이 자치적으로 폴리타르크(politarch)라고 부르는 행정관들을 선출했다. 로마군이 주둔하지 않는 건 물론이고, 마케도니아 총독의 통치를 받았다.

"회당이 어디 있는지 모르겠네?" 바울은 딴청을 부렸다.

"그런가? 난 감옥이 어디 있는지 궁금한데. 죄인들을 잡아다 매질하는 데부터 알아보는 게 좋지 않을까?" 실라는 이죽거렸다.

"잊지 마시게, 실라 형제. 우리는 악착같이 쫓아와서 마침내 우릴 따라잡게 될 친구의 활약에 밀려 패배하기 위해 여기에 온 걸세. 자, 이제 마지막 동전 몇 닢을 동원해서 하룻밤 지낼 곳을 찾아보세. 내일 모레가 안식일이지 아마?"

바울은 눈을 반짝이며 말했다.

둘은 반 데나리온도 안 되는 값을 치르고 허술하기 짝이 없는 여인숙의 가장 허름한 방을 얻어 들어갔다. 남은 고린전 몇 푼으로는 다음 날 끼니를 해결할 심산이었다.

짚이 깔린 바닥에 눕자마자, 바울은 단잠에 빠져들었다. 그렇게 이튿날 오후까지 깨어날 줄 몰랐다. 몸이 너무 쇠약해져서 운신하기가 어려울 지경이었다.

"이래 가지고서야 어떻게 천막을 수선하거나 회당에 가서 말씀을 전하려는지…."

그날 오후, 바울과 실라는 시내를 샅샅이 훑고 다녔다. 광장이 둘씩이나 되고 인구가 25,000명에 이르는 데살로니가는 마케도니아 세쿤다(Macedonia Secunda)의 주도였다. 북부 그리스를 통틀어 으뜸갈 뿐만 아니라 마케도니아와 일리리쿰(Illyricum) 지역에서 가장 큰 영향력을 가진 도시였다.

저녁이 다 되어 갈 즈음, 바울은 천막 고치는 좌판을 벌이기에 맞춤인 자리를 찾았다. '터를 잡으려면 적어도 한 달은 걸릴 텐데, 그동안 어떻게 먹고 살지?' 하는 의문이 좀처럼 가시질 않았다.

그날 밤, 바울과 실라는 수백 명에 이르는 데살로니가 밑바닥 인생들과 함께 장터 한 귀퉁이에 누워 눈을 붙였다. 이제 남은 밑천이라고는 반 데나리온뿐이었다. 금요일 밤, 둘은 다시 예전의 그 여인숙을 찾아 방을 얻었다. 그래야 옷을 깨끗이 빨아 입고 다음날 회당에 들어갈 채비를 할 수 있었다.

"이 돈이면 잘 수도 있고 먹을 수도 있지만, 둘 다는 안 되겠어." 바울은 누구에게랄 것 없는 말을 흘렸다.

안식일 아침, 동이 트자마자 둘은 유대인임을 한눈에 알아볼 수 있는 옷을 입고 회당으로 갔다.

"그저 회당장이 우리를 본래부터 바싹 야윈 유대인쯤으로 봐 주면 좋겠네. 그리고 등짝을 드러낼 일이 다시 없었으면 좋겠고. 딴 건 바라지도 않아."

데살로니가 회당은 자그마했다. 평소처럼, 바울은 앞으로 가서 바리새인들이 으레 그러듯 눈에 잘 띄는 자리에 앉았다. 모임이 시작되기 직전, 회당장이 살금살금 다가와 몸을 굽히더니 불쑥 물었다.

"댁이 다소의 바울 선생인가요?"

바울은 깜짝 놀랐다. 예상 밖이었다. 특히 데살로니가와 같은 환경에서 그런 질문을 받으리라고는 꿈에도 생각지 못했다. 좋은 일인지,

나쁜 일인지, 무슨 의도로 묻는지 도무지 감이 잡히지 않았다.

"그렇습니다만." 머뭇머뭇 바울은 대답했다.

"찾는 분이 계십니다. 여기 사는 양반 같지는 않았습니다. 아무래도 유대인은 아닌 성싶었습니다. 모임이 끝나고 더 자세히 말씀 드리죠."

예식이 시작됐다.

"루디아 자매네 집 거실 모임하고는 아주 딴판이로구만." 실라는 투덜거렸다.

낮은 소리로 노래하듯 하는 유서 깊은 의식이 오래오래 이어졌다. 예배가 끝나자 회당장이 따뜻한 말투로 바울에게 나와서 하나님의 말씀을 전해 주길 요청했다. 친절해 보이는 인사였다. 바울은 다소 굳은 낯빛으로 그 자리에 모인 이들에게 세상에 임할 메시아에 관한 이야기를 하고 싶다며 말문을 열었다.

청중들은 그 말에 즉시 환영의 뜻을 보였다. 때마침 메시아가 곧 오셔서 정복자 로마가 씌운 굴레를 벗겨 줄 것이라는 믿음과 기대가 높아지던 시기였다.

실라는 그날 전한 바울의 메시지를 생생하게 기억했다.

"메시아에 대해 그처럼 멋지게 풀이하는 설교는 들어 본 적이 없네. 그야말로 탁월했어."

바울은 창조의 시작에서부터 오늘에 이르는 역사를 모세의 글을 종횡으로 두루 누벼 가며 명쾌하게 정리해 청중들을 완전히 매료시켰다. 다들 숨죽여 들을 만큼 대단한 설교였다. 이제 핵심이 나올 때가 됐다 싶을 즈음, 바울은 드라마틱하게 말을 끊고 주위에 있는 이들을 흔들어 깨우는 듯한 몸짓으로 회당 안을 둘러보았다. 그러더니 돌연히 판을 접었다.

"시간이 다 됐습니다. 다음에 기회가 되면 이 문제를 더 이야기해 봅시다."

회당장은 장로들과 눈짓을 주고받았다. 뜻대로 하라는 의미의 고갯짓이 오갔다. 회당장은 회중들 앞에 서더니, 괜찮으면 다음 안식일에도 참석해서 설교해 달라고 바울에게 부탁했다.

바울은 기꺼이 그러겠노라고 했다.

실라는 자꾸만 새어나오려는 웃음을 참느라 진땀을 흘렸다. 바울이 회당에서 메시지를 전한 것도 처음이고, 따뜻한 환대를 받으며 다시 강의해 주길 요청받은 것도 전례 없는 일이었기 때문이다. 바울은 한 번의 메시지를 통해 온 유대인을 감화시키려 들지 않는 법을 배웠다. 그래서 이번에는 예수 그리스도에 관해선 입도 벙긋하지 않았던 것이다. 대신 청중들의 마음을 사로잡아 다음번에 전할 메시지를 기대하며 귀를 쫑긋 세우게 만들었다.

끼니를 잇지 못하며 보낸 나날들이 두 사람에게 차츰 타격을 주기 시작했다. 회당을 나서는 바울의 몸이 휘청거렸지만, 알아챈 사람은 유심히 지켜보고 있던 동료뿐이었다. 실라는 얼른 바울에게 바짝 붙어서서 어깨를 부축하고 걷기 시작했다.

회당을 떠날 즈음, 바울은 할 말이 있다던 회당장의 이야기를 새카맣게 잊어버리고 있었다.

"오늘 말씀을 전해 주셔서 참 고맙습니다."

때마침 곁으로 다가온 회당장이 감사인사를 전했다.

"다음 안식일에 꼭 와 주시길 기다리고 있겠습니다. 아, 그리고 아까 선생을 찾는 이방인이 있었다고 말씀드렸는데, 그 이름이 빌립보에서 온 '안드레아스'(Andreas)였던 걸로 기억합니다. 혹시 두 분이 회당에 오시면 자신이 묵고 있는 여관으로 와 달라고 했습니다. 북쪽 광장을 마주보고 있는 집인데, 온갖 숙박업소가 다 거기 몰려 있으니 어렵지 않을 거라면서요. 온 시내를 뒤지며 두 분을 찾아다녔다고 하더군요."

"고맙습니다. 당장 북쪽 광장으로 가 봐야겠어요." 바울은 대답했다.

그때 뒤에서 한 사내가 다가섰다.

"실례합니다. 저도 히브리인이올시다. 오늘 회당에서 전하신 말씀 잘 들었습니다. 제 이름은 야손입니다. 외람되지만, 선생님의 히브리어 함자가 사울이신지요?"

"그렇소이다." 자부심이 넘치는 목소리로 바울이 대꾸했다.

"아! 그럼 베냐민 지파시겠군요. 저도 그렇습니다. 다음 주에도 꼭 와 주실 거죠?"

"하나님이 허락하시면 그리하겠습니다."

"그동안 묵으실 곳은 있습니까?"

실라가 막 답을 하려는 순간, 바울이 잽싸게 끼어들었다. "그럼요, 있고말고요."

"저는 평생을 데살로니가에서 살았습니다. 아이들은 다 커서 이미 독립했습니다. 지금은 둘 다 유대 땅에 살고 있죠. 웬만하면 제 집에 오셔서 함께 지내시면 어떨까요?"

바울은 딱히 할 말이 없는 모양이었다.

"참 너그럽고 자상하시군요. 한 주 더 두고 봅시다. 회당의 동족들이 세 번째 안식일에도 저를 불러 주고, 그때까지 선생님의 초대가 유효하다면 그 뜻에 따르도록 하겠습니다."

"그분은 정녕 오셨습니까?" 야손이 은근히 물었다.

바울은 뚫어져라 상대의 얼굴을 바라보며 되물었다.

"지금 메시아를 말씀하시는 겁니까?"

"그렇습니다."

바울은 망설였다. "다음 주에 회당에서 뵙겠습니다."

"저도 꼭 가겠습니다." 야손은 말했다. 야손의 목소리에서는 어떤 투지 같은 힘 같은 게 느껴졌다.

얼마 뒤, 바울과 실라는 광장과 마주한 여관을 찾아냈다. 막 안으로 들어서려는데 낯익은 음성이 들렸다.

"바울 선생님! 실라 선생님!"

"안드레아스!" 두 사람이 동시에 화답했다.

셋은 번갈아 포옹하며 기쁨을 나누고 하나님을 찬양했다.

"어서, 어서 제 방으로 올라가시죠. 드려야 할 게 있습니다. 누가 보낸 거냐면…."

"그보다 빌립보는 어떻소? 교회는 어찌 돌아가고 있고? 특별한 소식은 없소?" 바울은 꼬치꼬치 캐물었다.

"특별한 소식도 있고 알려 드려야 할 일도 있습니다."

안드레아스는 애매한 답을 내놓았다.

잠시 후, 안드레아스가 얻은 조그만 방에 장정 셋이 둘러앉았다.

"빌립보 상황은 어때요?" 바울은 재차 물었다.

"그리고 모임은 어떻게…?"

"차츰 말씀드리겠습니다, 선생님. 하지만 먼저 빌립보 형제자매들이 제가 부탁한 깊은 사죄의 말씀부터 전해야 할 것 같아요. 아무런 물질적인 배려를 해 드리지 못하고 빌립보를 떠나시게 한 점에 대해 다들 몹시 죄송스러워하고 있습니다."

"쓸데없는 걱정들을 하셨군! 우리는 손수 일해 먹고 사는 걸 당연하게 여긴다네. 자, 이제 빌립보 성도들 얘기를 해 보시게나." 바울은 말했다.

안드레아스는 아랑곳하지 않고 말을 이어 갔다.

"정말 두 분은 우리 주님을 선포하고 모임을 일구는 것만 생각하고 사시는군요. 빌립보의 형제자매들이 사죄의 선물을 보냈습니다."

안드레아스는 바울에게 조그만 가죽주머니를 건넸다. 바울은 고맙다는 인사를 하는 둥 마는 둥 꾸러미를 받아서 옆에 내려놓고는 다시 빌립보교회 이야기를 들려 달라고 채근했다.

안드레아스의 표정을 세심하게 살피다가 넌지시 바울을 타이르는 걸 보면 관찰력만큼은 실라가 한 수 위임에 틀림없었다.

"바울 선생, 주머니부터 열어 보지 그러나. 안드레아스 형제에게는 그게 아주 중요해 보이는데. 자, 어서!"

바울은 머뭇거리며 안드레아스의 낯빛을 훑어보았다. 간절한 기대감이 여실히 보였다.

"용서하시게. 내 생각이 짧았네. 빌립보의 성도들이 그렇게 하는 걸 기쁘게 여긴다면, 내 얼른 열어 봄세."

바울은 주둥이를 여민 끈을 풀고 안드레아스의 침대 위에 내용물을 쏟았다. 제법 많은 은화와 동전 몇 닢이 그 앞에 쏟아져 내렸다. 그런데 그 한가운데에 거의 본 적이 없는 물건이 하나 놓여 있었다. 금화들이었다.

두 사람은 입이 딱 벌어졌다. 바울은 금화 한 닢을 집어서 손바닥에 올려놓았다. 눈물이 핑 돌았다. 안드레아스는 실라 쪽을 돌아보았다. 두 눈에서 뜨거운 눈물이 쏟아져 내리고 있었다. 빌립보에서 달려온 형제의 얼굴이 점점 붉게 달아올랐다. 선물이 두 사람에게 얼마나 소중한지 금방 눈치 챌 수 있었기 때문이다.

목이 메어 말을 잇지 못하던 바울은 동료에게 부탁했다.

"실라 형제, 주님께 아뢰 주시게. 난 도저히 못 하겠네."

실라는 바울과 안드레아스 사이에 무릎을 꿇고 앉았다. 한참이나 씨름을 한 끝에 하나님의 은혜로우심과 예비하심에 감사하는 기도를 올렸다.

바울에게는 치유의 시간이었다. 드디어 주님이 자비로운 손길을 나타내 보여 주신 것이다. 마치 도장을 꽝꽝 찍어 주시는 것 같았다. 데살로니가로 오는 길에 내린 결정이 올바른 선택이었음을 확인하는 증거를 본 느낌이었다.

실라의 뒤를 이어 안드레아스도 기도에 참여했다. 세 남자는 눈물을 펑펑 쏟았다. 기도를 마치자, 실라는 바울의 손을 잡고 일으켜 세웠다.

이어 실라가 뜻밖의 이야기를 꺼냈다.

"바울 형제, 난 아주 현실적인 인간일세. 아까 여관으로 들어서는데 치즈랑 야채 냄새가 나더군. 착각한 게 아니라면 양고기도 있는 것 같아."

안드레아스는 화들짝 놀라며 더듬더듬 물었다.

"그, 그러면 여태 식사도 못했다는…?"

바울은 동전 하나를 집어 들었다.

"1데나리온보다는 값어치가 조금 더 나가겠지, 안 그런가, 실라 형제?"

"음, 아주 조금 더 나갈 것 같은 걸?" 실라는 동의의 웃음을 지어 보였다.

"자, 저녁을 먹으러 갑시다."

"아닙니다!" 안드레아스가 말리고 나섰다.

"선생님들은 여기 계세요. 제가 주방에 가서 음식을 방으로 날라다 줄 수 있는지 알아보겠습니다."

바울은 말리려다가 그냥 맡기기로 했다.

"고마우이. 그 동안 자네 침대를 좀 빌려도 될까?"

방금 지켜본 장면들이 아직 먹먹하게 가슴에 남아 있는 안드레아스가 서둘러 대답했다.

"선생님, 아예 가지셔도 돼요. 돌아가실 때까지 쓰셔도 되고요. 필요하시면 이 방도 얼마든지 쓰세요."

"자네가 와 줘서 얼마나 고마운지 모르겠네." 그 어느 때보다 다정하게 실라가 말했다.

"잠깐!" 바울은 문득 정신이 돌아온 듯, 안달이 잔뜩 묻은 말투로 바울이 말머리를 돌렸다.

"빌립보 형제자매들이 어떻게들 지내고 있는지 듣고 싶구려."

"일단, 누워 있게. 내가 안드레아스랑 나갔다가 금방 돌아오겠네. 자네가 뭐라도 좀 먹어야 이 형제도 마음 놓고 얘길 할 게 아닌가!" 실라가 말했다.

"그럼 먼저 한마디만 해 주게." 바울은 다급하게 매달렸다.

"빌립보에 있는 하나님의 에클레시아가 아직도 모이고 있는가?"

목소리가 갈라져 나왔다. 어느새 눈에 눈물이 맺히고 있었다.

안드레아스는 불끈 쥔 주먹을 허공에 흔들어 보이며 대답했다.

"그럼요, 선생님! 모이고말고요!"

바울은 안심한 듯, 이불 속으로 들어가 곤한 잠에 빠져들었다. 오랜만에 음식 냄새가 진동을 하는데도 완전히 탈진한 바울은 자리에서 일어나지 못했다.

늦은 오후에나 바울은 간신히 몸을 일으켰다. 그리고 일주일 내내 아무것도 먹지 못한 사람처럼 허겁지겁 음식을 집어삼켰다. 마침내 안드레아스는 마케도니아 빌립보에 있는 성도들의 공동체가 어떻게 돌아가고 있는지 상황 보고를 시작했다.

16
데살로니가에서 (1)

"잊지 말자고. 우릴 도와준 건 빌립보교회셀. 안디옥교회도 아니고, 시리아교회도 아니고, 갈라디아도 아니야. 오로지 빌립보교회지." 바울이 말했다.

"어째서 다른 교회들은 힘을 보태지 않은 거죠?"

통 납득이 가지 않는다는 말투로 안드레아스가 물었다.

"형제만큼이나 나도 그 까닭이 궁금하네. 어쩌면 그곳 식구들은 처음부터 내가 스스로 먹고살 방편을 가지고 있다는 걸로 오해한 때문인지도 몰라. 게다가 남들은 다 주머니 사정이 좋을 거라고들 생각하니까."

바울은 말을 이었다.

"그러려니 하면서도 자꾸 묻게 되네. '교회 개척자들이 세운 교회들이 어째서 교회 개척자들이 교회 개척하는 일을 돕지 않는 걸까?' 입에 풀칠하는 정도는 뭐라도 해서 해결할 수 있다 치자고. 하지만 여기서 저기로, 그리고 또 다른 데로 옮겨 다니는 건 얘기가 다르잖아. 낯선 도시에 들어갈 때마다 적응하는 데 애를 먹는 건 물론이고 돈도 적잖이 들어가거든.

그런데도 다들 고향에서 지내든, 온 세상을 떠돌든 씀씀이는 비슷할 거라고 생각하는 모양이야. 하긴, 형제자매 열에 아홉은 죽을 때까지 40리 이상 동네를 벗어나지 않는 판이니 말해 뭐하겠어. 읽고 쓸 줄 아는 양반들도 가물에 콩 나듯 드물지. 종살이를 하는 이들이 지천이고 기껏해야 해방된 노예 정도고. 세상 밖으로 나가 본 적이 없으니 시야가 좁은 건 당연한 노릇이야. 다섯 번쯤 죽었다 깨어나도 안드레아스 형제나 내가 한 차례 여행하면서 보고 배우는 것만큼도 견문을 넓히지 못할 걸? 아마 거기서 차이가 생기는 걸 거야.

그러니 안드레아스 형제, 빌립보교회 식구들에게 진심으로 감사하네. 개인적으로는 감사편지를 써서 형제가 돌아갈 때 들려 보낼까 해. 좀 큰 선물을 받았어야 말이지. 그만한 거금이면 포로로 잡힌 임금의 몸값을 치르고도 남겠어. 실라 형제와 함께 적어도 몇 달은 버티겠어. 얼마쯤은 덜어내서 천막 고치는 일의 기반을 잡는 데 써야겠어. 물론 시리아로 돌아가는 데 필요한 여비는 따로 떼어 놓고. 그건 그렇다 치고, 안드레아스 형제, 빌립보는 어떻게 돌아가고 있소?"

"난동 따위는 일어난 적이 없다는 듯, 평온한 분위기예요."

안드레아스의 목소리에 힘이 실렸다.

"지금은 형제자매들에 대한 평판도 썩 좋아졌어요. 루디아 자매네 집 거실은 날마다 손님들이 득실거리죠. 해가 진 뒤는 말할 것도 없고 동트기 전까지도 모임이 그치질 않아요.

식구들 사이에 말로 다 설명할 수 없는 사랑이 넘쳐요. 신분이나 인종에 따라 켜켜이 쌓이고 겹겹이 쳐졌던 장벽과 칸막이 따위는 흔적도 없이 사라졌어요. 지체 높은 양반들은 여태 쓰던 이름을 사용하지 않아요. 신분이 노출되는 걸 피하는 거죠. 형편이 나은 이들은 살림이 넉넉잖은 그리스도인들을 고용해서 집안일을 맡기고 있어요. 종살이하는 친구들도 예전에는 꿈도 꿔 보지 못했을 만큼 나은 대우를 받게 됐죠.

예수 그리스도는 루디아 자매네 집에 모이는 이들의 삶을 송두리째 뒤바꿔 놓는 기적을 일으키셨어요. 의사로 일하는 누가 선생님은 병자들을 보살피느라 밤낮을 가리지 않고 일에 매달리고 계세요. 부유한 환자든 가난한 환자든, 치료비는 단 한 푼도 받지 않아요. 한편으로는 온 마음을 다해 교회를 돌보고요."

"그럼 어떻게 먹고살죠?" 실라가 물었다.

"루디아가 경비를 대는 모양이에요." 안드레아스가 대답했다.

실라와 바울은 충분히 그럴 수 있겠다 싶은지 연신 고개를 끄덕였다.

"시내에 사는 병사들 가운데 몇몇은 자진해서, 누가 선생님의 신변을 지켜 주고 있어요. 숱한 군인들이 도움을 받은 터라 그렇게 해서라도 보답을 하고 싶은가 봐요."

안드레아스는 허리를 쭉 펴고 자세를 고쳐 앉더니, 장난기 가득한 웃음을 머금으며 덧붙였다.

"실라 선생님이나 음…, 바울 선생님에게 이런 얘기를 하긴 좀 뭣하지만, 빌립보에서 누가 선생님이 받는 대접은 로마시민 이상이에요. 예전에 두 분이 받았던 대우보다 나으면 나았지, 못하지는 않을 걸요?"

"디모데는 어쩌고 있지요?"

"그 형제도 참 대단하더군요."

안드레아스가 감탄이 묻어나는 목소리로 답했다.

"누가 선생님은 노래를 가르치고, 실질적인 도움을 주고, 목자가 양을 보살피듯 식구들을 돌보죠. 디모데 형제는 일주일에 몇 번씩 메시지를 전해요. 형제자매들이 얼마나 좋아하는지 모릅니다. 성장하는 게 눈에 보여요. 다들 큰 감동을 받고 있어요. 처음 디모데 형제를 봤을 때는 아주 차분한 친군 줄 알았거든요. 그런데…."

바울이 불쑥 끼어들었다.

"맞아. 나도 처음 만났을 때 그런 인상을 받았어. 있는지 없는지 통 티가 나지 않을 정도였다니까. 하지만 갈라디아에서 다시 만났을 때는 아주 사나이가 돼 있더군. 물론, 아직 어렸지. 하지만 남성미가 물씬 풍기더라고."

"어쨌든, 지금 여러분이 받고 있는 것과 똑같은 보살핌과 사랑을 빌립보의 성도들도 받고 있다는 것만큼은 자신 있게 얘기할 수 있어요."

"하나님이 베풀어 주시는 아가페의 사랑이 가득하다는 말씀이군."

실라가 받았다.

"그리스도를 전하다 보면 감동을 받고 주님을 영접하는 이들이 나오게 마련이지. 그리곤 이내 서로를 사랑하게 돼. 이제는 그리스도를 깊이 사랑하게 된 이들이 서로 사랑하고 보살피는 걸 봐도 당연한 일로 여기게 됐다니까."

"꼭 돌봐주어야 할 이가 있으면 멀고 가까운 데를 가리지 않죠. 지난번에 저희들이 후원하는 걸 깜빡해서 두 분께 얼마나 죄송한지 모릅니다. 다시 한 번 사과드릴게요. 하지만 한편으로는 선생님들이 너무 황망히 떠나시는 바람에 빚어진 일이기도 해요."

"분명히 말하지만, 그렇게 후한 선물은 처음일세. 이와 비슷한 일도 없었다네." 실라가 말을 이었다.

"손님들은 더러 있던가?"

바울은 지나가는 듯 물었지만, 대단히 중요한 질문이었다.

안드레아스는 잔뜩 들뜬 목소리로 대꾸했다.

"두말하면 잔소리죠! 모임이 없을 때도 문을 두드리는 이들이 있을 정도니까요. 가끔은 아예 집 안으로 불쑥 들어오기도 해요. 그렇게 서너 주가 지나면 떠나거나 그리스도의 지체가 되거나, 결단을 내리는 편이죠. 날이면 날마다 새로운 그리스도인들이 생기는 바람에 디모데 형제는 눈코 뜰 새 없이 바빠요."

"시내가 아니라 멀리서 찾아온 손님도 있나?" 바울이 다시 물었다.

"글쎄요. 장담할 순 없지만 그런 것 같지는 않아요. 혹시 기다리는 분이라도 있으신가요?"

잠시 침묵이 흘렀다. 실라가 끼어들었다.

"딱히 누굴 기다리는 건 아닐세. 그저 궁금할 따름이지. 하지만 언젠가 문 두드리는 소리에 나가 보면, 갈라디아에서 온 형제 두셋이 서 있을 수도 있다네. 요즘은 교회들끼리 서로 오가는 일도 잦거든."

"우리 둘은 당분간 데살로니가에 머물 작정이라네. 거의 확실하지. 모두 빌립보 형제자매들이 선물을 보내 준 덕분일세." 바울이 말했다.

"빌립보의 그리스도인들이 어떻게 모이는지 듣고 나니 부탁하고 싶은 게 생겼네. 돌아가시거든 누가에게 이제는 고향 안디옥으로 돌아갈 때가 됐다고 전해 주게나. 그리고 디모데에게는 데살로니가로 오라고 해 주고. 너무 늦지 않도록 서두르라고 일러 주게"

실라는 바울의 이야기를 귀 기울여 들었다. 무슨 속셈인지 또렷이 알 수 있었다. 빌립보교회의 빗장을 완전히 풀고 문을 활짝 열어젖힌 채 언제 들이닥칠지 모르는 블라스티니우스를 맞기로 했음에 틀림없었다. 하지만 다음에 이어진 한마디는 데살로니가로 오는 동안 바울이 하나님께 얼마나 깊이 헌신했는지 단적으로 보여 주었다.

"누가 됐더라도 다른 지역에서 오는 손님이 있거든 따듯하게 맞아 주어야 하네. 혹시 하고 싶은 말이 있다고 하면 기회를 주게."

안드레아스가 그 순간, 실라의 표정을 살폈더라면 얼굴 가득 불신을 담은 낯빛을 보았을 게 분명하다. 하지만 바울은 동료의 말을 떠올렸다.

"뭐든 시험이 필요하다네. 견뎌 내지 못하면 설 수도 없는 거지."

바울은 당부를 계속했다.

"아울러, 형제자매들에게 꼭 전해 주게. 나든 실라 선생이든, 드문드문 그리로 돌아가서 격려하고 권면하며 힘을 북돋우고 싶은 마음이 간절하다고."

그날 저녁, 일행은 밤늦게까지 두런두런 이야기를 나누었다. 실라는 바울의 심령이 치유되는 걸 느꼈다. 바울은 빌립보에서 일어난 하나님의 역사를 교회로 돌려 놓고 있었다. 블라스티니우스와 관련해 바울은 그 뒤로도 두 번의 위기를 더 겪어야 했지만, 기본적으로는 이미 승기를 잡고 있었다. 몇 년 뒤, 실라는 말했다.

"바울 선생은 마케도니아에 있는 여러 교회들을 돌아다니면서도 블라스티니우스라는 이름을 입에 올리지 않았네. 그것만큼은 분명히 증언할 수 있네."

그 멋진 날로부터 13년이 흐른 뒤에도, 바울은 빌립보교회의 소중한 선물을 잊지 않고 그곳 형제자매들에게 편지를 써 보내며 감사의 뜻을 전했다.

그렇다. 나, 디도는 지금까지 바울의 말을 곱씹고 있다.

"교회 개척자들이 세운 교회들이 어째서 교회 개척자들이 교회 개척하는 일을 돕지 않는 걸까?"

다음날, 안드레아스는 빌립보로 돌아갈 채비를 시작했다. 바울은 한 팔로 형제를 감싸 안고 속삭였다. 실은, 빌립보교회 전체에게 들려주고 싶은 메시지였다.

"아무도 그리스도 예수 안에서 누리는 자유를 빼앗아 가지 못하게 하시게나."

안드레아스는 무슨 소린지 도통 알아듣지 못했지만, 자신 있게 대꾸했다.

"선생님 말씀을 명심하겠습니다."

"아, 참! 가는 길에 혹시 마가라는 친구가 있는지 수소문해 주게. 혹시 만나면 잘 보살펴 주시게나. 빌립보까지 그 먼 길을 가는데 수중에 지닌 돈이 두 데나리온뿐이라네. 그리고 형제자매들에게 마가를 보내 줘서 참 고마웠다고 전해 주게. 그 젊은이가 억센 팔로 붙들어 주지 않았더라면 우린 여기까지 오지도 못했을 걸세."

이제 두 사람이 온 힘을 기울여 데살로니가에 복음을 전할 때가 왔다. 일단, 다음 안식일에 회당으로 가야 했다. 이번에는 예수 그리스도를 선명하게 드러낼 것이다.

17
데살로니가에서 (2)
: 회당에서 설교하다

실라는 땅이 꺼져라 한숨을 내쉬었다.

"지겨운 시간이 돌아왔군."

회당을 향해 다가가며 연실 투덜거렸다.

"종교의식이나 건물, 그딴 건 가정집에서 함께 모이는 그리스도의 몸에 비할 게 아니지. 그런 모임이 회당에서 열린다고 생각해 보게."

"실라 형제, 그렇게 씩씩거릴 시간 있으면 저 회당을 복음으로 이어지는 통로로 만들 궁리나 해 보시게."

바울이 따끔하게 꼬집었다.

"난 말일세, 이 큰 도시의 집집마다 그리스도인들이 빽빽이 들어앉아 그리스도에 관한 소식을 서로 나누는 날이 오면 얼마나 좋을까 하는 생각을 하고 있다네."

둘은 회당으로 들어가 자리를 잡았다. 지금쯤은 멀리서 온 웬 낯선 인물이 듣도 보도 못한 방식으로 메시아에 대한 이야기를 할 거라는 소식이 유대인 공동체에 두루 퍼졌을 터였다.

그날 회당에 모습을 보인 이들 가운데 몇몇의 이름 정도는 남겨 두는 게 좋겠다. 참석자 가운데 일부는 그리스도를 믿었기 때문이다. 둘은 나랑 아주 친한 친구였다. 나, 디도는 일생의 적잖은 시간을 그들과 함께했다. 둘 다 이제는 주님의 포도밭을 돌보는 일꾼이 됐다.

그날 회당에 있었던 젊은이 가운데 하나는 아리스다고로 유대인은 아니지만 더없이 출중한 인물이었다. 또 다른 청년의 이름은 세군도다. 경건한 유대인인 야손도 주님을 더 알고 싶다는 소망을 품고 안식일이 오기만 손꼽아 기다리다 집회에 참석했다. 데마라는 젊은 친구도 있었다.

그 안식일 아침, 회당에는 60명 정도가 모였다. 바울은 좌중을 사로잡았다. 시간이 갈수록 청중들은 점점 더 바울의 이야기에 빠져들었다. 이번 메시지에서도 바울은 이미 오신 메시아를 소상하게 소개하지 못했다. 하지만 듣는 이들에게 더 많은 진리를 설명해 줄 토대를 단단히 놓는 데 성공했다.

"우리 히브리인들은 메시아가 오시길 오래도록, 정말 오래도록 고대해 왔습니다. 그리고 드디어 여러분들에게 엄청난 소식을 전해 드릴 수 있게 됐습니다." 바울은 메시지를 마치고 자리에 앉았다.

이번에도 회당장이 앞으로 나가서 말했다.

"선택의 여지가 없는 것 같습니다. 안 그렇습니까? 다음 안식일에도 다소에서 온 바울 선생이 들려주는 메시아 이야기를 듣는 게 좋겠습니다."

모임이 끝나자, 야손은 회당 바깥까지 바울을 따라 나왔다. 아리스다고를 비롯해 몇몇 참석자들도 뒤를 따랐다. 아고라로 들어선 바울은 이방신을 섬기는 신전 계단 턱에 걸터앉아서 예수 그리스도가 세상에 오신 전말을 들려주기 시작했다. 그 자리에 함께했던 이들은 하나같이 주님을 믿기로 결단했다.

바울과 실라는 야손의 고집을 꺾지 못하고, 그간의 숙박비만큼은 바울이 직접 계산하는 걸 전제로 여관을 나와 숙소를 옮겼다. 새 거처는 두말할 것도 없이 야손의 집이었다. 그들이 내건 조건을 받아들이고 싶지 않았지만, 야손은 꾹 참고 받아들였다. 그렇게라도 해야 그리스도에 관해 더 많이 배울 수 있을 것 같았다.

다시 다음 안식일이 돌아왔다. 회당은 수많은 이들로 붐볐다. 벽에 기대 선 채 메시지를 듣는 이들도 수두룩했다. 회당장은 전례 없는 조처를 취했다. 예식을 과감히 생략하고 모임을 처음부터 끝까지 바울에게 맡긴 것이다.

개중에는 몇 년 동안 회당 근처에 얼씬도 않던 유대인들까지 여럿 끼어 있었다. 히브리 종교에 깊은 관심을 가지고 하나님을 경외하는 이들도 적지 않았다. 나머지는 구원자가 세상에 왔다는 소문에 호기심을 품고 찾아온 비유대인들이었다.

실라로서는 처음 보는 신기한 광경이었으므로, 벌떡 일어나서 소리 높여 주님을 찬양하고 싶은 마음을 억누르느라 안간힘을 써야 했다.

눈물이 걷잡을 수 없이 쏟아져 내렸다.

그날, 예수님을 믿은 이들도 있고 의구심을 품고 떠난 부류도 있었다. 회당의 장로들은 몹시 당황했다. 리더들 가운데도 주님을 영접하는 사례가 나온 까닭이었다. 하지만 가장 주목해야 할 사실은 바울에게 회당 문을 걸어 잠그지 않았다는 점이다. 그렇게 오랫동안 회당을 찾아다니며 복음을 전해 왔지만, 이런 경우는 처음이었다.

청중들은 십자가 처형과 부활에 얽힌 사연뿐만 아니라, 메시지를 전하는 강사가 앞장서서 교회를 핍박하다가 나중에 그 예수 그리스도와 정면으로 마주친 장본인이라는 사실에 매료됐다. 그건 누구도 부정할 수 없는 증거였다.

바울이 설교를 끝내자 곧바로 야손이 나섰다.

"저는 예수님을 영접했습니다. 주님은 이제 제 안 깊은 곳에 계십니다. 그분은 저를 변화시키셨습니다."

세군도도 일어나서 비슷한 간증을 했다. 아리스다고를 포함해 몇몇이 더 나섰다.

주 예수님이 죽음을 이기고 부활하신 지 21년이 흐른 어느 날, 유대 땅에서 수백 킬로미터 떨어진 그리스 북부 한 마을에서 조그만 모임이 시작됐다. 이들은 대부분 비유대인들로 밤낮으로 야손의 집 거실에 모였다. 동트기 전에 모이기도 하고 해가 진 뒤에 모이기도 했다.

세 달 동안은 다들 기쁨에 겨워 살았다. 적잖은 유대인과 비유대인들이 예수를 믿었다. 대다수는 상인들이었고 나머지는 노예와 노예에서 풀려난 자유인 그리고 가난한 주민들이었다. 이들은 힘닿는 데까지 서로 도왔다. 성도들의 모임이 생긴 곳마다 일어나는 한결같은 현상이다. 이교도의 축일이 돌아올 때마다 그리스도인들은 커다란 방을 빌려서 며칠이고 함께 지냈다. 몸이 아프거나 꼭 해야 할 일이 있는 게 아닌 한, 아무도 모임에 빠지지 않았다.

에클레시아에는 도시를 이끄는 유력자의 아내들도 일곱 명이나 있었다. 그들의 남편들 가운데 몇몇은 아내를 따라 예수를 믿었다. 데살로니가의 그리스도인들은 비유대인 공동체 전체를 통틀어 가장 꾸준한 신자들이 되었다. 하나님이 자비를 베풀어 주신 덕분이었다. 바울이 직접 개입해 세운 모임들 가운데 데살로니가교회는 그 어느 신앙공동체보다도 지역사회의 거부와 핍박을 심하게 당했다. 온 도시가 들고 일어나 끊임없이 구박하는 가운데 살아가는 법을 배웠다. 박해는 한두 해도 아니고 무려 십 년 넘게 계속됐다.

처음부터 실라는 형제자매들에게 시편 찬송을 부르게 하는 한편, 그곳 성도들만의 노래를 짓게 했다. 모임에서 스스로의 마음을 나누는 방법도 지도했다. 마케도니아 지역의 그리스인 그리스도인들에게 온갖 핍박으로 고난을 겪었던 예루살렘교회의 역사를 들려준 것도 실라였다. 히브리인들이 가진 신앙이라든지 예루살렘과 안디옥의 교회, 예수 그리스도에 관한 이야기를 하는 데는 그를 따라올 자가 없었다. 알게 모르게 실라의 가르침은 새로 주님을 영접한 사랑스러운 그리스도인들의 심령을 다독여 장차 다가올 일에 대비하게 했다.

그들의 그처럼 단순한 도움만으로도, 데살로니가교회는 머잖아 닥칠 핍박과 마주할 준비를 갖출 수 있었다.

안디옥교회와 예루살렘교회의 형제자매들이 함께 모이게 된 사연을 실라로부터 들은 뒤로, 데살로니가 모임에는 눈에 띄는 변화가 생겼다. 바울과 실라가 모임에 관여하는 폭이 훨쩍 줄었다. 모임은 현지의 형제자매들의 손으로 온전히 넘어갔다. 저마다 중심에 살아계신 주님을 기억하고 서로 간증했다.

"6년 동안 예루살렘교회에 있었던 일을 기억나는 대로 다 들려주었다네." 실라는 웃으며 말했다.

"그런데도 데살로니가교회 교인들은 뭐 하나라도 더 듣고 싶어 했지."

어느 날 밤, 실라는 권면과 격려, 훈계가 무슨 뜻인지 설명했다. 그러자 예상치도 못했던 반응이 일어났다. 무슨 모임이든, 누군가 일어나 권면하거나, 격려하거나, 훈계하지 않고 넘어가는 법이 없었다. 내용도 방법도 다른 모임들과는 아주 다른 독특한 모습이었다.

유난히 은혜로웠던 어느 아침 모임에 참석하고 난 뒤, 바울은 이렇게 평가했다.

"유대인도 아니고 그리스인, 이른바 이방인들이 저렇게 멋진 나눔을 갖다니! 나로서는 더 바랄 게 없군!"

그날, 바울과 실라는 시장에 일판을 벌였다. 예상했던 대로 생활비를 충당할 만큼 수입이 생기기까지는 한 달이 걸렸다. 야손은 한사코 마다했지만, 그의 집에 머무는 내내 사도들은 숙박비뿐만 아니라 밥값까지 꼬박꼬박 지불했다. 바울도 실라도 당시에는 전혀 짐작하지 못했지만, 그런 태도는 나중에 큰 간증거리가 됐다.

몇 달 뒤, 바울은 데살로니가에서 온 형제들에게 값을 치르지 않고는 어떤 밥상머리에도 앉아 본 적이 없었노라고 당당하게 말했다.

 그리스도를 믿는 이들의 숫자는 나날이 불어났다. 그리스도인들끼리 서로 돕고 보살핀다는 소문을 듣고 놀라서 찾아온 이들이 대부분이었다.

 로마제국의 여느 도시들과 마찬가지로 데살로니가에도 온갖 소문이 떠돌았다. 풍문은 삽시간에 인근 마을과 성읍으로 퍼져나가곤 했다. 웬 이스라엘 남자가 툭하면 시장에서 연설하면서 어떤 신이 죽었다가 다시 살아났다는 이상한 소리를 한다는 얘기도 금방 구석구석까지 전해졌다. 호기심 많은 주민들은 직접 들어 보려고 장터를 찾았다. 그리고 더러 그 말씀을 믿고 그리스도인이 되는 이들이 나타나면서, 소문은 또 다른 소문을 낳았다.

 당시에 데살로니가에 있었다면, 그래서 바울이 일하는 장터의 좌판을 지나쳤다면, 그리스도인과 이교도들이 둘러앉아 그에게 이것저것 묻고, 귀를 기울이고, 웃고, 격려를 주고받는 모습을 볼 수 있었을 것이다. 실라가 전해 준 바에 따르자면, 바울은 장터 한 구석에서 천 조각을 자르고 기우면서 그 어느 때보다 풍성한 메시지를 전했다.

 보통 아침 모임에서는 실라가 설교했지만, 저녁 모임은 바울이 맡았다. 그러고는 동이 트기 전에 장에 나가 좌판을 차리고 손님이 오길 기다렸다. 바울에게는 꼭 필요한 일이었다. 알다시피 장터라는 데가 날이 밝자마자 북적거리게 마련이기 때문이다.

 데살로니가에서 지내는 시간들을 한없이 행복하게 여겼다. 시장일도 좋았고 야손의 집에서 열리는 모임도 그랬다. 주님과 주님의 집을 소유했으니 그보다 더 넉넉할 수가 없노라고 했다. 바울에게 교회는 삶의 목적 그 자체였다.

야손의 집에서 열리는 모임에 참석한다 해도 처음 몇 주 동안은 다들 그리스도가 어떤 분이신지 잘 몰랐다. 글을 읽을 줄 아는 이들도 대여섯 명에 지나지 않았다. 하지만 바울은 방바닥에 앉아서 누구도 들어 보거나 입 밖에 내 본 적이 없는 심오한 진리들을 소개했다. 인간의 지성을 뛰어넘어 죄 사함을 받은 이들 가운데 역사하시는 영을 통해서만 이해할 수 있는 엄청난 역사에 동참하도록 이끌었다. 주로 한 사람 한 사람의 내면에 머무시는 주님과 내주하시는 성령님을 전하는 데 시간을 들였다. 바울은 기가 막힌 방식으로 복음을 선포했다. 어떤 이들은 단순무식한 이들마저도 얼마든지 알아듣고 믿게 하는 경이로운 모습에 혀를 내둘렀다.

어쨌든, 참석자들은 그 진리를 남김없이 이해했다. 형제자매들은 다음 모임에도 어김없이 출석했다. 그리고 바울에게서 배운 내용을 자기 말로 풀이해 나누었다.

그렇게 에클레시아가 출범한지 몇 주 뒤, 빌립보교회 성도들의 소식이 도착했다. 바울과 실라에게는 더없이 기쁜 일이었다.

"인편에 당부하신 대로 누가 선생님은 안디옥으로 돌아가셨습니다." 디모데는 보고했다.

"저마저 이렇게 떠나왔으니, 이제 빌립보교회는 오롯이 그곳 성도들의 손에 맡겨진 셈입니다. 제가 알기론 가장 가까운 안디옥교회마저 4백 킬로미터 가까이 떨어진 곳에 있습니다. 하지만 빌립보교회는 탄탄한 공동체입니다. 형제들은 매주 정기모임을 갖습니다. 자매들도 마찬가지고요. 그밖에도 일주일에 최소한 네다섯 번은 집회를 갖습니다. 모두, 아니 거의 모든 식구들이 참석하죠. 바울 선생님, 빌립보교회 식구들은 더할 나위 없이 잘 모이고 있습니다."

바울의 일생을 통틀어 그만큼 행복한 순간이 또 있었을지 모르겠다. 혹독한 시련을 겪어 온 그에게 그건 치유, 완벽한 치유였다. 하지만 넘치는 기쁨과 더불어 새로운 위기가 코앞까지 와 있었다.

"내 생각으론 말일세." 바울이 입을 열었다.

"빌립보교회는 이곳 마케도니아에 자매 공동체를 얻게 될 성싶으이. 자네도 여기 모임에 직접 참석해 보게. 하나도 빼놓지 말고. 그리고 나서 어떤 느낌이 드는지 말해 주게. 데살로니가 형제자매들과 사귀는 것도 대단히 중요한 일이야."

바울은 숨을 몰아쉬었다.

"특히, 젊은 친구들에게 더 많은 시간을 쏟아 주게. 아직 결혼하지 않은 청년들이 넘쳐난다네. 감수성이 한창 예민할 때지. 그래서 설교를 하면서도 조심스러울 때가 많아. 가끔은 다소 지나치리만치 혈기왕성할 때도 있거든."

"야성적이라고나 할까?" 실라가 토를 달았다.

디모데는 이런저런 면모를 찬찬히 살폈다. 바울은 빌립보에서 했던 이야기를 데살로니가에서도 되풀이하다시피 했다.

"실라 선생과 저는 여기에 오래 머물 수 없을 것 같습니다. 실질적으로 도움이 되는 말씀을 해 드릴 테니 주의 깊게 들어 주십시오. 영적인 힘이 되는 말씀에 귀를 기울여 주십시오. 우린 지금 물리적인 세상에 살고 있지만, 한편으로는 보이지 않는 세계를 한 걸음 한 걸음 걸어가고 있습니다."

바울은 머잖아 이곳 생활이 끝나게 되리라는 걸 잘 알고 있었다. 그러기에 말 한마디라도 허투루 할 수가 없었다.

데살로니가 형제자매들은 깊은 신뢰를 품고 사도들이 전하는 말씀에 빠져 들어갔다. 홀로 남겨진 채 아무런 도움도 받을 수 없으리라는 말을 하는데도, 청중들 사이에는 어떤 만족과 희열 같은 느낌이 가득했다. 장차 어떤 파도가 밀려오리라는 걸 이미 파악하고 있는 분위기였다.

모임에 기쁨이 충만하게 하신 건 바로 주님이었다.

나, 디도는 함께 살고 있는 동료 시민들의 거절과 핍박을 그처럼 기꺼이, 그리고 잘 견뎌 낸 사례를 이전이든 이후로든 본 적이 없다. 데살로니가교회를 방문할 기회가 있다면, 온 식구들이 주님의 훈계를 명심하고 있음을 금방 눈치 채게 될 것이다.

"나 때문에 모욕을 당하고, 박해를 받고, 터무니없는 말로 온갖 비난을 받으면, 복이 있다."

야손의 집에서 열리는 모임은 지금도 계속되고 있다. 들은 대로라면, 집은 다 무너지고 예전대로 남아 있는 건 주방뿐이다. 그런데도 왁자지껄한 웃음과 우스갯소리가 끊이지 않고, 나눔과 찬양이 넘쳐나며, 한 번 시작하면 늦은 밤까지 이어지기 십상이다.

가난하기 짝이 없는 이들임을 잊어서는 안 된다. 야손의 집을 처음 찾은 이들은 놀라서 입을 다물지 못하기 일쑤였다. 아주 소박한 집이었지만, 그나마도 그들에게는 난생처음 보는 근사한 저택이었기 때문이다. 데살로니가에 사는 하나님의 백성들 가운데 상당수는 집이 없었다. 장터라든지 이방신을 모시는 신전이라든지, 어느 대갓집의 계단참이나 문턱에 몸을 눕히고 잠을 청하는 게 고작이었다. 방 한 칸에 수많은 식구가 함께 바글거리며 지내는 경우도 비일비재했다.

바울은 데살로니가에서 주님을 영접한 이들을 가리켜 처음으로 '성도'라는 표현을 사용했다. 나, 디도는 그게 얼마나 축복된 이름인지 자신 있게 말할 수 있다. 들을 때마다 기분이 좋아지는 그 호칭은 로마 제국 안에 있는 온 교회들에 전파됐다. 오늘 아침에도 '안녕하세요, 성도님!' 이라고 인사했다. 예수 그리스도께서 나를 성도로 만들어 주셨다는 사실에 늘 놀라고 또 감사한다.

야손의 집에 들어서면 가난한 이들, 노예와 노예에서 해방된 자유인들, 앞을 거의 또는 완전히 보지 못하는 이들, 얼굴에 온통 원시적인 문신을 한 이들이 발 디딜 틈 없이 들어찬 게 보일 것이다. 옷에서 퀴퀴한 냄새를 풍기는 이들이 수두룩하다. 하도 자주 깁고 때워서 마치 조각보처럼 누덕누덕한 옷을 걸친 이들도 허다하다. 옷 한 벌로 평생을 버텨 온 친구들도 적지 않다.

주름진 얼굴에 가죽처럼 딱딱한 피부를 가진 이들, 질병으로 눈을 잃은 이들, 영양실조로 팔다리가 뒤틀린 이들도 숱하게 눈에 들어올 것이다. 젊은이든 늙은이든, 노예들은 하나같이 수척하다. 주인의 학대를 받은 탓에 얼굴과 등에 찢기고 터진 상처투성이다. 십중팔구는, 심지어 어린 친구들까지 이빨이 엉망이다. 형편없는 음식으로 연명하는 탓에 썩고 상해 성한 치아가 충분히 자라지 못했거나 녹아 없어진 까닭이다. 하지만 여느 노예와 가난한 이들에게서는 좀처럼 볼 수 없는 무언가를 목격하게 될 것이다.

너나없이 야손의 집 방바닥에 앉아서 마음 가득 주님을 향한 사랑을 담아 예수님의 이름을 부르고, 주님에 관한 수다를 떨기 바쁘고, 입만 열면 오로지 그리스도를 높이는 간증과 찬양과 기도와 노래가 쏟아진다. 방안에 모인 심령들은 서로 사랑하고 또 사랑받는다. 가물에 콩 나듯 부유한 시민들도 섞여 있지만, 스스로 방에 있는 어느 누구보다 낫거나 못하다고 생각지 않는다. 오늘도 데살로니가 야손의 집에서는 그런 모임이 열리고 있다.

빌립보에서와 마찬가지로 데살로니가교회에서도 형편이 넉넉한 여성들이 교회 안의 가난한 식구들을 보살피는 일을 떠맡았다. 집에 쉴 곳을 마련하고 가난한 성도들을 초대해 며칠이고 함께 살게 했다. 알다시피, 노예가 너무 늙어서 일을 할 수 없거나 죽어 가면, 주인들은 부양책임을 피하기 위해 종의 신분을 벗겨 내보내는 관습이 있다.

데살로니가교회가 태동한 지 몇 달 뒤, 식구 하나가 주님 곁으로 돌아갔다. 모임을 통틀어 가장 가난한 여인이었다. 장사 지내는 자리는 온통 눈물바다가 됐다. 마치 피붙이를 잃은 듯, 다들 서럽게 울었.

자매들의 연대는 대단히 끈끈했다. 나, 디도는 부유한 이들이 가난한 식구들을 돌보는 장면도 숱하게 보았지만, 더없이 빈한한 성도가 시민들 사이에 명망이 높은 여성들의 건강을 염려하고 보살피는 모습도 그만큼 자주 목격했다. 데살로니가교회에는 빈부의 격차도, 유대인과 비유대인의 구별도 없었다. 그리스도로 맺어진 형제자매가 있을 따름이었다.

또, 빌립보와 마찬가지로 데살로니가교회의 부유한 성도들은 사회적 지위가 반영된 이름을 쓰지 않았다. 이름만으로는 신분을 알 수가 없었다. 지금은 로마제국 안의 모든 교회에 통용되는 관례가 되었다.

데살로니가교회가 처음 시작됐을 무렵, 디모데는 식구들의 노래 실력을 거론하면서 그렇게 형편없는 실력은 보느니 처음이라고 했다. 하지만 시간이 지날수록 발전해서 지금은 천사들 못지않게 아름다운 찬양을 드리게 되었다. 언젠가 데살로니가교회에서 처음부터 끝까지 찬송으로 이어지는 모임에 참석한 적이 있었는데, 단언컨대 그처럼 영광스러운 예배는 다시 만나기 어려울 것이다.

노래가 끝나고 나면 바울과 실라가 메시지를 전했다. 그리스도에 관한 소식이었다.

일꾼으로 채용하는 일도 빈번했다. 예수님을 믿는 아내들은 남편들에게 혹시 장터에 나가 삯꾼을 찾을 일이 있으면, 먼저 그리스도인들을 수소문해서 자리를 주어야 한다고 남편을 설득했다. 그리스도인 여성들은 남편들의 귀에 못이 박이도록 이야기했다.

"다들 정직한 양반들이죠. 온 시내를 다 다녀 봐도 그만큼 열심히 일하는 일꾼은 찾을 수 없을 거예요. 무엇보다 내가 사랑하는 형제자매들이잖아요. 그들을 써 주세요."

하지만 바울과 실라의 데살로니가 생활은 돌연히 막을 내렸다. 바울이 예상했던 그대로였다.

어디서부터 박해가 시작된 것일까? 시기였다. 회당에 나오던 이들 가운데 거의 절반이 걸음을 하지 않게 됐다. 이제는 다들 야손의 집에서 열리는 모임에 참석했다. 딱딱하지 않고 자유스러운 분위기가 매혹적이었다.

시샘의 기운이 갈수록 짙어지는 걸 감지한 바울은 머잖아 문제가 생길지 모른다고 주의를 주었다. 불을 댕긴 건 줄어드는 회당 출석자가 아니라 회당 지도자들에게 날아든 편지 한 통이었다.

누가 그 편지를 썼는지 알고 싶은가?

18
데살로니가에서 추방당하다

블라스티니우스는 예루살렘에서 시리아로 건너왔다. 시리아와 길리기아 전역에 있는 회당을 빠짐없이 찾아다녔다. 화제는 오로지 하나, 바울이었다. 바울이 얼마나 사악하며 유대인의 신앙을 더럽히고 있는지 침이 마르도록 설명했다. 그런 주장을 널리 퍼트리기 위해 갈라디아와 소아시아지역의 회당들에 일일이 편지를 보냈다. 점잖은 내용을 담은 회람이 아니었다. 전문가의 손길로 교묘하게 다듬은 글이었다. 회당 지도자들은 서신을 복제해 북쪽에 있는 다른 회당으로 보냈다. 결국 이 잔인한 편지는 그리스 북부 구석구석까지 전달됐으며 마침내 데살로니가에까지 도달했다.

블라스티니우스는 편지에서 바울을 유대교 신앙을 저버린 배교자라고 지목했다. 노골적으로 혐의를 씌우기도 하고 은밀하게 암시하기도

했다. 모세의 율법을 거부한 변절자이며 로마 관리들로부터도 경멸을 받는 이스라엘의 적이며 황제의 적이자 말썽꾼이라고 헐뜯었다. 블라스티니우스의 편지는 누가 봐도 넘어갈 수밖에 없게끔 정교했다.

어쩌다 이자의 미움은 맹목적인 분노로 발전했는가? 발단은 갈라디아에 보낸 바울의 서신이었다. 그걸 읽은 블라스티니우스는 반드시 바울을 처단하기로 작정했다. '자유'라는 단어 자체가 신성모독이자 모세의 율법을 그리스도의 십자가에 못 박는 짓이었으며, 죽어 마땅한 반역이었다. 폭도보다 더하고 할례 받지 못한 죄인보다 아랫길이었다.

블라스티니우스가 맹세를 하고 이방 세계로 길을 떠난 까닭은 오직 하나 바울을 철저하게 파괴하기 위해서였다. 직접 가 본 적도 없는 곳에 편지를 내기로 작정한 건 시리아에 들어서면서부터였다. 편지는 시간을 앞질러 날아가서 무언가 역할을 해 줄 듯했다. 땅에 발붙이고 사는 유대인치고 로마가 유대 땅을 점령하고 있다는 사실에 치를 떨지 않는 이는 단 한 명도 없었다. 그래서 그 어느 때보다도 철저하게 유대 전통을 지켰다. 블라스티니우스가 바울을 극악무도한 범죄자로 몰아가는 데 온힘을 다하는 데는 그런 이유가 있었다.

블라스티니우스의 편지를 읽은 데살로니가 회당 장로들은 몸서리를 쳤다. 그때까지는 그저 데살로니가라는 제한된 지역에서 일시적으로 소란을 피우다 말겠거니 생각했다. 그런데 알고 보니, 바울은 세상을 뒤집어엎을 만한 위험인물이었다.

무슨 수를 써서라도 화근을 뿌리 뽑아야 했다. 당장 대책 마련에 들어갔다. 유대인들은 시장을 돌아다니며 사람들을 모아 놓고 시내에 머물면서 장에 나와 일하는 낯선 얼굴들을 조심하라고 일렀다.

"시저에 맞서 반란을 꿈꾸는 자들이올시다! 아예 대놓고 클라우디우스 말고 다른 임금이 있다고들 한다더군요. 황제와 제국을 엎어 버리려는 거죠." 시장에 말이 돌기 시작했다.

데살로니가 주민들은 로마를 두려워했다. 로마군대가 거리를 행진하는 꼴을 더는 보고 싶지 않았다. 자기 보호 본능이 꿈틀거렸다. 다소에서 온 바울이라는 자를 데살로니가에서 내쫓아야 할 것만 같았다. 회당 지도자들은 며칠 안에 무리를 만들어서 주민들을 선동하기로 했다.

때마침 바울과 실라는 건강이 몹시 나빠진 나이 많은 형제 하나를 심방하고 있었다. 장거리에서 바울을 찾지 못한 패거리는 야손의 집에 들이닥쳤다. 그러고는 목이 터져라 외쳤다.

"데살로니가는 자유 도시! 로마는 우방! 반역자를 처단하라!"

찾는 인물들이 집 안에 없는 걸 알고 잔뜩 독이 오른 무리는 대신 야손의 멱살을 움켜잡았다. 아리스다고와 세군도를 비롯한 몇몇 형제자매들은 겁에 질린 눈으로 폭도들이 야손을 질질 끌고 행정관들을 만나러 가는 모습을 지켜보았다.

군중들 틈에서 누군가가 소리쳤다.

"세상을 뒤엎으려는 자들이 여기 있소!"

행정관들은 어떻게 돌아가는 심산인지 알 길이 없었지만, 그 말 한마디만 가지고도 사지가 떨렸다. 하지만 얼마간 시간이 지나자 혐의를 받고 있는 인물들이 현장에 없음을 알아차렸다. 피투성이가 된 야손이 끌려왔을 따름이었다.

행정관들 사이에 이야기가 오갔다. 질문과 지적, 반박이 수없이 엇갈린 끝에 행정관 하나가 군중을 진정시키고 결론을 내렸다.

"야손! 그대는 보증금을 내시오. 액수는 은화 일곱 냥이오. 말썽을 피우는 인물들이 이곳을 완전히 떠났다는 게 확인되고 난 뒤에 돌려주겠소. 책임지고 그자들을 몰아내시오. 그전까지는 어림도 없소. 어찌할지는 당신이 알아서 하시오."

그날 밤, 에클레시아 식구들이 야손의 집에 모두 모였다. 그 모든 시선은 바울을 향했다. 사도는 자리에서 일어나 그날의 사건을 일목요연하게 정리했다.

"오늘 아고라에서 난동이 벌어졌습니다. 회당의 장로들이 부추긴 거죠. 소아시아 지역, 멀리는 마케도니아에까지 뿌려진 편지 때문에 빚어진 사단임에 틀림없습니다. 저와 실라 형제 때문에 공연히 야손 형제만 거리에서 조리돌림을 당하고 행정관에게 끌려가 험한 꼴을 보았습니다."

"전 아무렇지도 않아요!" 야손이 끼어들었다.

"주님을 위해 수치를 당할 수 있다니, 도리어 기뻐해야 할 일이죠!"

"야손 형제, 저자들은 엄청난 돈을 가져갔어요." 바울은 다른 형제자매들 쪽을 돌아보며 말했다.

"제가 당장 떠나지 않으면, 절대로 돌려받지 못할 거예요. 법적으로 추방령이 떨어진 셈이니 이제 범죄자 신분이 된 거죠. 실라와 함께 오늘 밤 안으로 길을 나서겠습니다. 당국에서 이러니저러니 할 여지를 주지 않겠어요. 언제, 어떻게 마음이 변할지 모르는 판국이니까요. 모임을 마치면 곧 떠나겠습니다."

불만과 실망이 섞인 탄식이 터져 나왔다.

"아쉬운 일입니다. 디모데 말고는 영구 추방을 당했으니까요."

바울은 말을 이었다. "합법적으로는 여러분에게 되돌아올 길이 없습니다."

몇몇 식구들은 벌써 훌쩍거리고 있었다. 다른 이들도 이렇게 갑자기 모두의 삶에 커다란 변화가 생겼다는 사실을 차마 받아들이지 못하고 고개만 절레절레 내저었다.

아리스다고가 그날 연단위에서 벌어진 일을 재연해서 설명했다. 어려운 가운데도 유머를 잃지 않으려고 안간힘을 쓰는 모습이었다. 바울은 형제의 재주가 놀랍고 또 인상적이었다. 언제는가 실라는 당시를 회상하며 내게 말했다.

"그 일은 데살로니가에 사는 하나님의 백성들이 가진 힘을 보여 주는 첫 번째 사례였다네. 아울러 그때까지 감춰져 있던 아리스다고라는 젊은이의 가능성이 드러난 순간이기도 했지."

밤늦게까지 바울과 실라는 식구들을 권면하고 격려했다. 일찌감치, 아니, 처음부터 이런 날이 오리라고 미리 일러두었음을 상기시켰다. 시간이 갈수록 두려움은 사라지고 열정과 기쁨이 불타올랐다.

"실라 선생님, 훗날 예루살렘으로 돌아가시거든 여기 데살로니가에서 있었던 일들을 잘 전해 주세요."

세군도였다. 목소리가 잠겨 있었다.

"그리고 예루살렘교회 앞에 간증할 수 있게 된 걸 감사하더라고, 오늘 우리가 그리스도를 위해 고난을 받는 걸 특권으로 여기더라고 해 주세요."

환호와 함께 "아멘!" 소리가 여기저기서 터져 나왔다.

여태 하나님의 백성들이 모인 공동체를 여럿 지나왔지만, 이토록 기꺼이 고난을 받고자 하는 이들이 또 있었던가? 어려움이 닥치자마자 기뻐하는 이들이 있었던가?

실라는 기도하기를 제안했다. 모두 무릎을 꿇었다. 하나같이 눈물을 흘렸다. 여기저기서 하나씩 둘씩 서로를 끌어안았다.

야손의 집을 나서려던 바울은 갑자기 발길을 돌려 주인장을 한쪽으로 불러냈다.

"오늘 빌립보에 편지를 보내주시면 좋겠어요. 여기서 일어난 일을 알리고 기도를 요청하세요. 빌립보에서 벌어졌던 사단보다 훨씬 더 심각한 상황이 벌어졌다고 쓰세요. 시민들의 눈에 살기가 배어 있는 걸 보셨잖아요? 야손의 집에 모이는 사람들은 누구나 반역자로 여기는 것 같았어요. 그리고 편지를 받는 즉시 복사해서 갈라디아와 안디옥을 비롯해 네 교회에 보내 달라고 해 주세요. 다른 교회들도 여기서 어떤 역사가 일어났는지 알아야 하니까요."

세 사람이 거리로 나서자, 온 교회 식구들이 함께 따라 나왔다. 행렬은 바르다르 문(Vardar Gate, 서문)을 거쳐 에그나티아 대로로 이어졌다. 거기부터는 악시우스(Axius) 강을 따라 걸었다. 강만 건너면 바울과 실라는 안전했다. 출입금지구역은 거기서 끝났다. 강가를 걷던 형제자매들은 노래를 부르고 소리쳐 하나님을 찬양하기 시작했다.

"이런 모습은 처음이야." 실라는 중얼거렸다.

"예루살렘교회가 이 얘길 들으면 얼마나 뿌듯해들 할까?"

지평선 너머로 동이 트고 있었다. 일행은 악시우스 강을 오가는 여객선 부두에 도착했다. 다들 찬양을 부르며 첫 배가 도착하길 기다렸다. 바울이 몇 마디 권면을 더하고 난 뒤에 한 번 더 다 같이 무릎을 꿇고 기도했다. 그제야 뱃일을 돕는 일꾼이 놀란 토끼눈을 하고 나타났다.

바울과 실라, 디모데가 뱃전으로 다가가자 선장이 앞을 막으며 이 많은 사람이 다 탈 수는 없다고 했다.

"걱정 마세요. 셋만 탈 터이니!" 바울이 안심시켰다.

객선은 곧 움직이기 시작했다. 모두 숙연해졌다. 경건한 분위기였다. 하지만 배가 건너편에 닿자 찬양과 외침이 다시 일었다. 실라가 마주 고함을 쳤다. 디모데도 뒤를 따랐다. 배가 나루에 닿자 양쪽에서 격려의 함성이 솟았다.

"다음 도시는 베뢰아올시다." 선장이 먼 산을 가리키며 말했다.

"여기서 한 65킬로미터쯤 더 가야 하죠. 저렇게 많은 이들이 강가까지 나와서 배웅하는 걸 보면 댁들은 대단히 중요한 분들인가 봅니다."

순간, 바울의 머릿속으로 빌립보에서 채찍질을 당하고 데살로니가에서 추방 명령을 받은 일, 그리고 자신이 그리스도의 제자라는 생각이 스쳐 지나갔다. 중요한 인물이라고? 그럼, 그렇고말고!

실라는 양편을 다 언급했다.

"하늘나라에서는 우리를 대단히 중요한 인물로 여겨 주는 이들이 있을 거야. 하지만 땅에서는, 글쎄… 뭐라 말하기 어렵군."

그 말과 함께 셋은 남쪽으로 방향을 잡았다. 마음에는 같은 의문을 품고 있었다. 블라스티니우스의 편지가 베뢰아에도 갔을까 하는 것이었다. 그렇다면 피해 가야 할 테고, 그렇지 않으면 그곳 회당을 찾아 그리스도를 선포해야 할 터였다.

"그분의 길은 내 길과 달라." 바울은 골똘히 무언가를 곱씹는 표정으로 말했다.

"난 늘 서쪽으로 가고 싶었지. 여기서도 곧장 일루리곤으로 넘어가면 좋겠어. 거기서 아드리아 해를 건너가면 이탈리아의 항구도시 부룬디시움(Brundisium)이 나올 거야."

"그러니까, 브룬디시움 항에서 곧바로 로마로 가겠단 말씀이시구먼!" 실라가 말했다.

"클라우디우스라는 친구가 내 소망을 꺾네그려. 그렇지 않은가? 주님은 에베소로 가려는 걸 막으셨네. 비두니아로도 못 가게 하시고 결국 그리스로 보내셨네. 내 뜻대로 결정할 수 있다면, 당장이라도 로마로 방향을 잡고 북쪽으로 올라가겠네. 일루리곤으로 말이야. 그런데 실제로 가고 있는 곳은 산골짜기의 조그만 성읍이 아닌가! 한여름 땡볕을 피해 쉬러 가는 도시지. 휴양지 말이야."

바울은 서쪽을 바라보며 수심에 찬 목소리로 웅얼거렸다.

"클라우디우스, 도대체 내게 무슨 짓을 한 건가?"

이번에는 하늘로 시선을 옮기며 탄식했다.

"주님, 이 모든 일과 관련해 어떤 계획을 가지고 계십니까?"

그러고는 데살로니가 쪽으로 몸을 돌리며 말했다.

"블라스티니우스여, 날 완전히 파멸시켜서 교회를 세우지 못하게 하고 싶은가? 그렇다고 그토록 혐오하는 로마정부를 사주해 날 핍박할 수는 없었을 게야. 그건 상상도 못할 일이지. 하지만 회당이라면 달랐겠지. 회당이라면 어디나 쉽게 접근할 수 있을 테니까 말일세. 자네는 생각보다 훨씬 더 똑똑한 친구야."

"이렇게 생각해 보게, 바울 형제!" 실라가 끼어들었다.

"안디옥을 떠나서 곧장 로마로 갔더라면, 지금쯤 보따리를 꾸려서 제국의 수도에서 도망치는 신세가 됐을 걸세."

"로마와 베뢰아는 완전히 다른 얘기죠!" 디모데도 맞장구를 쳤다.

"희망을 가져 보세나." 실라가 말을 이었다.

"이런 궁벽한 산골동네까지는 블라스티니우스의 편지가 당도하지 않았을 걸세. 아무리 생각해도 그럴 것 같지는 않아."

실제로 그랬다. 베뢰아에는 서신이 닿지 않았다. 하지만 보내지 않은 건 아니었다. 그저 당도하지 않았을 따름이었다.

데살로니가 전도여행은 이렇게 갑자기 막을 내렸다. 이제, 베뢰아 대탐험이 시작되고 있었다.

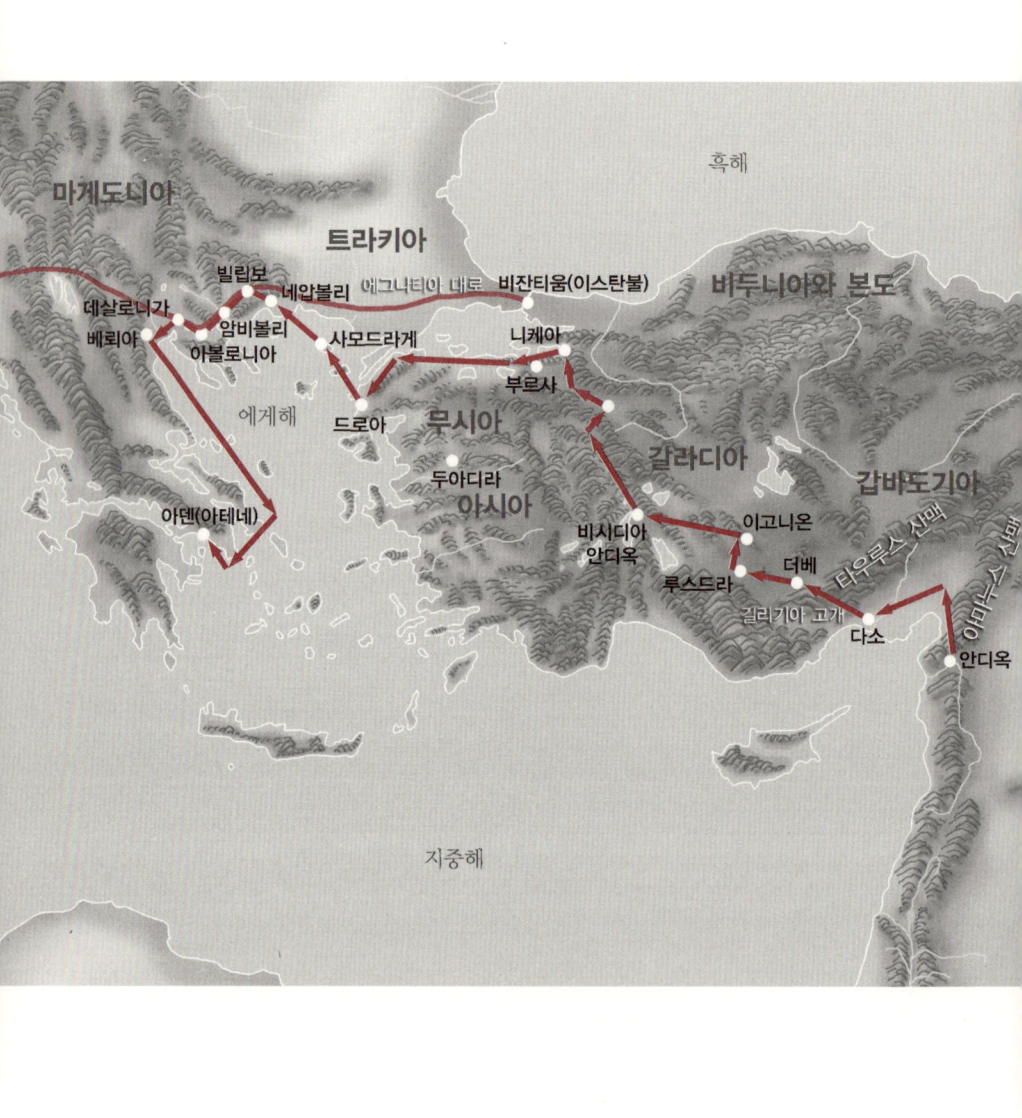

19

베뢰아에서 아테네로 가는 길

금요일 오후였다. 몇 시간 뒤면, 안식일이 시작될 참이었다.

"도착 날짜 한번 잘 잡았네. 그래도 어쨌든 숙소부터 빨리 잡아야겠는 걸?" 농담 반 진담 반, 바울은 베뢰아에 들어서며 말했다.

"디모데 형제, 쓸 만한 여관을 수소문해 주게. 그리고 나서 회당 앞에서 만나세. 문간에서 너무 오래 기다리진 않았으면 좋겠네. 미리 알아봐야 할 일들이 좀 있을지도 몰라서 말일세."

얼마 후, 셋은 회당 계단 앞에 서 있었다. 아무도 쉬 입을 열지 않았다. 저마다 스스로의 생각과 소망, 두려움을 속으로 하나님께 아뢰기에 바빴다. 디모데가 침묵을 깨고 두 사도를 여관으로 안내했다. 새 짚이 깔린 깨끗한 방이었다. 나그네들이 묵어 가기에는 그럭저럭 괜찮은 방이었다. 동네 또한 여태 다녀 본 곳 가운데 가장 깔끔했다. 뒷길도 무척 넓었다. 그처럼 쾌적한 도시는 그야말로 전무후무했다.

다음 날 아침, 바울은 여느 때처럼 배낭에서 특별한 옷을 꺼내 입었다. 바리새인다운 옷차림이었다.

"루디아 자매에게 고마운 줄 아시게. 신수가 아주 훤해 보이시는군!"

"데살로니가 회당에서 설교할 때보다는 조금 푼푼해진 느낌이 드네그려." 바울이 대꾸했다.

길을 걸어 동족들의 모임에 참석하러 가는 바울의 머릿속은 그 어느 때보다 복잡했다. 도무지 확신이 서지 않았다. 속으로 묻고 또 물었다.

'내 얘길 들었을까? 블라스티니우스의 편지가 벌써 당도한 건 아닐까? 그렇다면 요란한 아침이 되겠군.'

"디모데 형제!" 바울은 장난기 가득한 목소리로 은근히 불렀다.

"여태 한 번도 이런 소릴 하지 않았는데 말일세. 자네는 아무리 봐도 유대인이라기보다 그리스인처럼 생겼거든."

디모데는 말없이 웃었다. 실라는 짐짓 놀라는 시늉을 해 보였다.

"그래서 말인데, 오늘은 유대인 자리가 아니라 하나님을 섬기는 비유대인 자리에 앉으면 안 되겠나? 이방인을 유대인 자리에 앉혀서 모세의 율법을 일부러 무시하는 듯한 인상을 주고 싶지 않아서 그러네. 어떤가?"

디모데는 연기하듯 비장한 몸짓을 하며 말했다.

"아, 오늘 이 몸은 부정한 인간이 되고 말았구나!"

"으이그, 넉살은! 실라 선생이 멀쩡한 젊은이 하나를 다 버려 놨네."

셋은 숨을 깊이 들이쉬곤 회당으로 들어가 자리를 잡았다. 채 몇 분도 지나기 전에, 디모데는 자꾸만 감기는 눈꺼풀을 들어 올리느라 안간힘을 썼다. 졸리고 피곤했다. 실내 공기는 무겁고 답답했다. 의식은 말할 수 없이 지루했다. 결국 예식이 끝나갈 무렵, 두 사람이 나서서 나누고 싶은 얘기가 있는데, 시간을 줄 수 있겠느냐고 물었다.

강단에 선 건 실라였다. 청중들은 메시지에 큰 관심을 보였다. 바울은 잠자코 앉아 있었다. 아직은 정체가 드러나지 않은 상태였다. 모임은 그렇게 끝났다. 관심을 보이는 이들이 많지 않았지만, 적대적인 낌새는 전혀 감지되지 않았다. 온화한 반응으로 미루어 최소한 일주일은 안심해도 좋을 것 같았다. 회당 지도자들에게 바울에 대한 경고 편지가 아직 도착하지 않았음에 틀림없었다. 좋게 해석하자면, 다소의 바울이라는 인물에 대해 들어 본 적이 없는 것 같았다.

또 한 주가 흘렀다. 셋은 다시 회당으로 갔다. 이번에는 바울이 메시지를 전했다. 베뢰아 회당을 들락거릴 날도 얼마 남지 않았다는 걸 알고 있었으므로 곧장 본론으로 들어갔다.

"메시아가 세상에 오셨습니다. 바로 예수님입니다. 십자가에 못 박히셨다가 죽음을 이기고 살아나셨습니다."

이번에는 따듯한 환영과 함께 다음 주에도 와서 말씀을 전해 달라는 초대가 이어졌다. 베뢰아 회당은 바울에게 더없이 친절했다. 그토록 갈구하던 환대를 마침내 받게 된 셈이었다.

다음 안식일에 다시 회당을 찾았을 때는 방 한복판에 상이 차려져 있었다. 나무 시렁에서 꺼내 온 이사야서 두루마리가 펼쳐져 있었다.

회당은 백이면 백, 그런 나무 시렁을 갖추고 있었다. 거기다가 두루마리를 올려놓고 푸른 색 장막을 쳐 두었다.

회당장은 사도를 인도해 상 앞에 앉혔다. 말씀을 전하면서 두루마리 내용을 인용할 수 있도록 한 배려였다. 바울의 말씀 인용이 늘 정확한 건 아니었다. 그럼에도 불구하고 이사야서에 관한 지식은 그야말로 해박했다. 회당의 장로들마저 혀를 내두를 정도였다.

모임이 끝나갈 무렵에는 참석한 이들 가운데 대다수는 예수를 자신의 메시아로 받아들이는 것처럼 보였다. 많은 이들이 그리스도를 믿었다. 바울이 강제로 도시에서 추방되기 전까지, 그날 함께한 이들 가운데 적어도 절반 남짓은 진심으로 예수 그리스도를 주님으로 고백했다. 바울이 베뢰아에 머문 기간이 기껏해야 한 달도 안 된다는 점을 감안할 때, 놀라운 일이 아닐 수 없다.

베뢰아에서 지내는 동안, 바울은 날마다 시장거리로 나가서 복음을 전했다. 보통은 아침 늦게, 점심을 먹기 위해 잠시 시장을 닫기 직전에 메시지를 전했다. 그리고 잠시 쉬었다가 식사를 마친 이들이 아고라로 돌아올 무렵에 다시 활동을 재개했다. 사람들을 모아 놓고 열변을 토하는 바울의 목소리에는 긴박감이 배어 있었다. 베뢰아에 머물 날이 길지 않음을 직감하는 듯했다. 안타깝게도 회당에서와 달리 장마당의 반응은 신통치 않았다.

그럼에도 불구하고 두 번째 주가 끝나갈 즈음에는 새로운 형제자매들이 생겼고 피루스(Phirhus)의 집에서 모이기 시작했다. 공간은 협소했지만, 참석자 역시 많지 않아서 좁다는 느낌은 들지 않았다.

한편, 회당에서는 좀처럼 보기 드문 일이 벌어지고 있었다. 다음 안식일, 오후 내내 회당 문은 활짝 열려 있었다. 유대인과 하나님을 두려워하는 비유대인들이 회당에 모여 함께 두루마리 성경을 읽었다. 십중팔구는 그렇게 가까이서 주님의 말씀이 적힌 두루마리를 대해 본 적이 없는 이들이었다. 그때까지는 장로들 말고는 아무도 손을 댈 수 없는 물건이었기 때문이다. 두루마리 성경은 공적인 자리에서 낭독할 때만 쓰였다. 글을 아는 장로들이 돌아가면서, 내용을 찬찬히 살피다가 바울이 언급한 대목이 나오면 큰 소리로 읽었다. 지금은 거의 쓰이지 않는 고대어로 적힌 탓에, 유대인들 가운데도 무슨 소리를 하는지 도통 알아듣지 못하는 이들이 수두룩했다. 그래서 장로들은 고대어로 한 번 읽고 나서 요즘 쓰이는 히브리어로 다시 한 번 낭송했다.

낭독이 끝난 뒤에는 토론이 이어졌다. 언젠가도 이야기한 적이 있지만, 아무도 바울의 이야기를 반박하지 못했다. 더 나아가 방금 읽은 두루마리의 말씀을 고대로 옮겨 전하는 것만 같은 느낌을 받았다. 아직까지는 환영받고 있었지만, 그런 베뢰아의 분위기가 변하리라는 건 불보듯 뻔한 일이었다.

예상했던 대로 문제가 불거졌다. 베뢰아에서 비롯된 게 아니라 데살로니가에서 건너왔다. 그렇다. 블라스티니우스가 일으킨 파장이 밀어닥친 것이다.

데살로니가 회당 지도자들의 귀에 추방당한 바울이 베뢰아로 갔다는 얘기가 들어간 모양이었다. 소식을 접한 즉시, 장로들은 더 이상 영향을 미치지 못하도록 데살로니가에서와 똑같은 조처를 취하기로 결정했다. 경건한 유대교도로 사절을 꾸려 급파한 것이다.

베뢰아에 도착한 데살로니가 유대인들은 현지에 사는 동족들의 마음을 바울에게 적대적인 방향으로 돌려놓았다. 그러고는 도시를 이끄는 지도자들에게 달려가서 기괴하고 뒤틀린 이야기들로 바울을 헐뜯었다. 심지어 블라스티니우스가 보낸 편지를 낭독하기까지 했다. 그뿐이 아니었다. 다음 안식일, 회당으로 몰려든 데살로니가 유대인들은 바울에게 공개적으로 도전했다.

이튿날, 이들은 다시 행정관을 찾아가서 그럴듯한 얘기로 바울이 데살로니가에 얼마나 큰 해악을 끼쳤는지 설명하면서 베뢰아에도 큰 혼란이 올 것이라며 겁을 주었다.

"순진한 이들을 선동해서 폭도를 만들었다니까요. 시저를 비난하더군요. 황제의 적인 셈이죠."

경고를 받은 행정관들은 당장 행동에 들어갔다. 데살로니가 당국이 추방해 마땅한 인물로 규정했다면, 베뢰아라고 다를 이유가 없었다. 이곳도 자유도시고 로마에 밉보이고 싶지 않았다. 시장에서 폭동이나 소동이 일어난다는 생각만 해도 소름이 끼쳤다.

그런데 희한하게도 실라의 이름은 단 한 번도 입에 오르지 않았다. 오로지 바울만 줄창 온갖 혐의를 뒤집어쓰고 있었다. 바울은 이런 일들이 벌어지고 있는 걸 알아채지 못했다. 그렇지만 어쩔 수 없이 떠나야 할 날이 올 줄 짐작하고 계획을 세웠다.

"베뢰아와는 이제 작별을 해야겠네." 바울은 실라와 디모데에게 말했다.

"저자들이 상상도 못할 일을 벌이려 하네. 데살로니가로 돌아가겠다는 말씀이지. 그곳 형제자매들이 지금 아주 어려운 처지에 빠져 있기도 하고, 빌립보로 돌아갈 길을 찾아보고 싶은 마음도 있고."

실라와 디모데는 물론이고 베뢰아 형제자매들의 반응도 완강했다.
"말도 안 됩니다!"

간다느니 못 간다느니 입씨름이 한창이던 참에 데살로니가 형제자매들이 바울에게 보낸 편지 한 통이 도착했다. 서신을 낼 수밖에 없었던 온갖 사연들이 다 들어 있었다.

어느 날, 시장에서 젊은 형제 하나가 황제를 심하게 몰아세우는 발언을 한 모양이었다.

"클라우디우스는 사악하고 악독한 인물입니다! 나라를 다스리면서 법 위에 군림하고 있습니다!"

황제에게 아주 우호적이면서 지역의 그리스도인들에게 대단히 적대적인 이들이 그 소리를 들었다.

사실 젊은이는 바울의 이야기를 그대로 옮겼을 뿐이었다. 그 점이 바울을 더 초조하게 만들었다. 데살로니가를 떠나기 직전, 그러니까 폭도들이 난입하기 바로 전에, 에클레시아 식구들과 이야기를 나누면서 클라우디우스 황제를 향해 대단히 강렬하고 직선적인 비판의 화살을 날리곤 했다. 메시지를 전하는 도중에도 더러 그런 일이 있었다. 누군가 바울에게 주 예수 그리스도께서 언제 재림하시는지 물었다. 바울의 답을 듣고 방 안에 있던 이들은 너나없이 환호했다.

"주님은 곧 오십니다!"

이어 벌어진 토론에서, 바울은 황제에 대한 부정적인 감정을 그대로 토로했다.

"제국에서 공화정을 끝낸 것만 보아도, 시저가 법 위에 군림하고 있다는 사실을 알 수 있습니다. 그토록 법을 무시하고 국가를 통치한 인물은 다시없을 겁니다. 클라우디우스처럼 큰 죄를 지은 황제도 없습니다."

새로 주님을 믿고 가슴이 뜨거워진 형제가 바울의 이야기를 시장거리에서 고스란히, 그리고 자신의 이야기를 몇 마디 더 덧붙여서 외친 건 자연스러운 일이었다. 청년이 독설을 퍼부었다는 소식은 금방 온 시내로 퍼져 나갔다. 결국 시민 전체가 에클레시아에 완전히 등을 돌리게 되었다. 그리스도인들이 환영받는 곳이라고는 다른 형제자매의 집뿐이었다. 그 밖에 자리에서는 어디를 가든 시민들의 손가락질과 모욕을 받았다.

편지를 읽은 바울은 말을 잃었다. 중얼중얼 혼잣말을 내뱉었는데, 대충 이런 뜻인 것 같았다.

"이래가지고서야 어디 말 한마디인들 편히 할 수 있겠나."

그렇잖아도 데살로니가에 대한 걱정이 깊던 바울이었다. 이제 그리로 돌아가야겠다는 생각은 확고한 결심이 되었다. 하지만 디모데와 실라는 절대로 돌아갈 수 없다고 우겼다. 마침내 바울의 입장이 누그러졌다. 대신 가능한 한 빨리 길을 떠나 그리스 남부, 아가야(Achaia)로 가서 실라가 보내주는 베뢰아와 데살로니가 소식을 기다리기로 했다. 바울을 제외한 두 사람은 그대로 머물다가 묘수가 생기는 대로 디모데가 데살로니가를 방문할 심산이었다. 바울이 떠나기 전에 베뢰아 에클레시아 식구들이 한자리에 모였다.

"빌립보 때와는 형편이 다릅니다. 새로 그리스도를 영접한 여러분과 교회를 버려두고 가는 게 절대로 아닙니다. 실라와 디모데가 힘닿는 데까지 오래도록 함께 있을 겁니다. 한 달이 될지 두 달이 될지는 알 수 없습니다. 그런 다음에야 앞으로 어찌할지 결론을 낼 작정입니다. 그럴 만한 상황이 되면 반드시 돌아오겠습니다."

두 달 전 데살로니아에서와 마찬가지로 이별은 서글프면서도 소망에 넘쳤다. 형제자매들은 밤새도록 바울과 함께 걸어서 디움(Dium) 시의 포구까지 배웅했다. 디움에 이르자, 바울은 멀리 아테네의 도시들로 가는 배를 기다리며 간단한 메시지를 전했다. 다정하고 눈물겨운 인사를 나눈 뒤에 사도는 배에 올랐다.

"아테네에서도 그리스도를 전해 주세요!" 누군가 소리쳤다.

"하나님이 정해 두신 때가 되면, 꼭 돌아오세요!" 또 다른 외침이 이어졌다.

결국 형제 몇 명은 아테네까지 함께 가기로 마음먹고 막 떠나려는 배에 올라탔다.

바울은 실라와 디모데에게 따뜻한 작별인사를 나누었다. 계획에 특별한 차질이 생기지 않는 한, 둘은 베뢰아에 남아 아직 어린 교회를 계속 도울 것이다. 동시에 데살로니가교회와도 계속 연락을 취하기로 했다. 셋은 최대한 자주 서신이든 인편이든 주고받기로 약속했다.

"주님이 그 사이에 재림하신다면 모르거니와, 그게 아니라면 실라 선생이나 디모데 형제가 올 때까지 아테네에 꼼짝 않고 기다릴 작정일세. 그러니 드문드문, 아니 자주 편지를 보내주시게. 그리고 디모데 형제! 자네는 실라 선생이나 나처럼 데살로니가에서 추방당한 신세가 아닐세. 그러니 서둘러 그리로 돌아가 주시게! 현지에 도착하거든 히브리인 냄새를 풍기지 말고 최대한 그리스 사람인 척하시고."

이 대목에서 바울은 빙그레 웃었다.

대화는 거기까지였다.

돛이 올라갔다. 잠시 후, 배는 디움 항을 떠나 항해를 시작했다. 바울 일행은 갑판에 서서 바닷가의 형제자매들에게 힘내서 잘해 보자는 말을 끊임없이 외쳐 댔다. 배는 아테네의 항구도시, 피레우스(Piraeus) 바닷가를 끼고 남으로 내려갔다. 그리스 문화권에서 성장한 유대인인 바울은 그리스-로마 문명의 모태이자 문화적으로 고향과도 같은 세계, 여신 아테나의 도시로 들어가는 느낌이 들었다.

"아테네로 가는구나! 그리로 갈 줄은 꿈에도 생각지 않았는데…."
바울이 중얼거렸다.

수많은 신들의 도시인 아테네는 과연 예수 그리스도의 복음에 어떻게 반응할까?

20
아테네에서

 전설적인 도시 피레우스! 그리스를 집어삼키려는 적국의 함선들이 새카맣게 정박했던 팔풍받이 항구, 피레우스! 바울은 코끝을 스치는 온갖 내음을 하나도 놓치지 않으려는 듯 가슴 깊이 들이마셨다.
 가 보면 알겠지만, 피레우스에서 아테네까지는 고작 5킬로미터 남짓에 지나지 않는다. 마르스의 언덕에 서 있는 아테나 여신상은 부둣가에서도 또렷하게 보였다. 비록 황금기는 4백 년 전에 지나갔지만, 아테네는 여전히 수천 년 역사를 간직한 매력적인 고도(古都)였다. 2백여 년 전, 로마의 군홧발에 짓밟히기 전까지는 누구에게도 정복당한 적이 없는 도시였다. 뿐만 아니라, 헤아릴 수 없이 많은 신들의 도시이기도 했다. 피레우스와 아테네에서 바울은 그게 헛말이 아님을 확인했다. 어느 골목, 어느 거리를 가든 신상이 버티고 서 있었다.

"아테네까지 5킬로미터에 이르는 길이 신상과 제단의 연속이구만. 없는 신이 없어. '알 수 없는 신에게'라는 명판이 붙은 것도 있을 정도니. 하긴, 아테네 주민들이 듣도 보도 못한 신이 있긴 하지. 살아계신 참 하나님 말이야."

함께했던 일행 가운데 하나가 우연히 엿듣고 나중에 베뢰아교회에 알려 준 바울의 소감이었다.

물론, 사도는 편지로도 현지 상황을 자세히 설명했다.

"아테네를 얼마쯤 앞두고 우리는 품질 좋은 도자기 생산단지로 명성이 자자한 케라미코스(Keramikos)를 지나쳤습니다. 길 양쪽으로 3백 년 전에 세워진 옛 성벽이 높다랗게 늘어서 있었습니다."

도자기 공장들을 지나고 얼마 가지 않아, 바울은 걸음을 멈추고 위쪽을 가리키며 일행들에게 말했다.

"저게 바로 아크로폴리스일세. 시내에서 150미터쯤 더 올라간 데다 전쟁의 신 아레스를 기념해 세운 신전이지."

바울과 베뢰아 형제들은 흔히들 겹문이라고 불리는 아테네의 서쪽 성문을 지나 시내로 들어갔다.

"각지에서 올라오는 중요한 물자는 다 이 문을 통과해서 들어가겠어." 바울은 문을 지나며 말했다.

"고린도에서 오는 길, 피레우스에서 오는 길, 악티움에서 오는 길이 모두 여기서 끝나잖아." 그러고는 슬며시 덧붙였다.

"모든 길은 아테네로 통한다! 혹시, 로마가 이 말을 듣고 표절을 한 건 아닐까?"

누구라도 아테네를 찾는다면, 대충 이런 길을 따라가게 될 성싶다.

일단, 겹문을 지나면 곧바로 데메테르(Demeter, 농업과 결혼의 신-역주) 신전이 나타난다. 처음에는 장관에 넋을 빼앗기겠지만, 금방 도시 분위기에 익숙해지게 마련이다. 그만한 신전은 시내 어딜 가나 볼 수 있기 때문이다. 그렇게 웅장한 신전이 그처럼 수두룩한 도시가 세상에 또 있을까?

데메테르 신전 뒤로 넘어가면, 포세이돈이 두 다리를 쩍 벌리고 말에 올라탄 형상의 거대한 신상이 보인다. 포세이돈이 손에 쥔 삼지창, 그러니까 살이 세 갈래로 갈라진 창은 옛 무기이지만 지금도 전쟁터에서 흔히 쓰인다. 제우스, 아폴로, 헤르메스, 아테나…. 신상은 끝도 없이 이어진다. 죄다 포세이돈 상 근처에 자리를 잡고 위세를 뽐낸다. 거기서 더 나가면 디오니소스를 기리는 신전이 막아선다.

시내 한복판으로 들어가면, 로마제국 곳곳에서 철학을 공부하러 온 젊은이들로 넘쳐난다. 어디를 가나 이런 유학생들이 눈에 띈다. 이윽고 그리스인들의 장거리가 나타난다. 페리클레스 대극장(Odeion of Pericles) 바로 옆이다.

그리스 광장을 통과하면 열주에 이르고 거기에는 더 많은 신상들이 있다. 신상과 신상 사이에는 수많은 옛 영웅들의 조상이 서 있는데, 상당수는 중요도가 낮아서 지금은 누가 누구인지조차 불분명했다.

바울이 방을 잡은 곳은 그리스 시장이었다. 베뢰아에서 온 형제들은 그렇게 거처가 정해지는 것까지 확인하고 나서 작별인사를 나누고 집으로 돌아갔다. 바울의 숙소에 관한 정확한 정보, 그리고 데살로니가와 베뢰아교회에 무슨 일이 생기거든 곧장 알려 달라는 사도의 부탁은 머리에 고이 간직했다.

일행이 떠나고 나자 외로움이 밀려들었다. 안식일까지는 특별히 할 일도 없었다. 바울은 시내를 어슬렁거리며 근사한 경치와 유구한 역사를 감상했다. 로마에서 유대인들을 몰아내려는 움직임이 정점에 이르렀다는 소문도 들을 수 있었다. 적잖은 난민들이 유대 땅으로 돌아가거나 아테네에서 얼마 떨어지지 않은 고린도로 몰리는 듯했다. 지금 고린도는 히브리 혈통의 로마인들로 북새통이라고들 했다. 바울의 관심을 불러일으키기에 충분한 소식이었다.

"아직 승부가 끝났다고 보기에는 이를지 몰라. 로마에서 온 유대인들이 여기서 멀지도 않은 그리스 도시에 모여들고 있단 말씀이지." 바울은 남모르게 중얼거렸다.

아테네로 말하자면 상상할 수 있는 온갖 신들이 총망라된 공간이었다. 겸손에게 바치는 제단이 있는가 하면, 충동에 헌정된 신단(神壇)도 있었다. 심지어 풍문도 섬김의 대상으로 삼았다. 그중에서도 으뜸으로 인상적인 건 웅장한 프톨레마이오스의 동상이었다. 그리스 시장 남쪽(로마 광장)에는 올림피아 제우스(Olympian Zeus) 신전이 자리 잡았다. 광장 남쪽 끝에도 피시움(Pythium) 신전이 있었다. 그리스 시장과 로마 시장 사이의 아고라 광장에는 헤파이스토스 신전이 있었다.

지상에서 아테네만큼 우상숭배가 극성을 부리는 지역이 또 있을까? 바울이 디모데가 도착하길 기다리며 지내기에는 최선의 장소가 될 수도, 최악의 자리가 될 수도 있었다. 그 밖에도 바울 안에 감춰진 그리스적인 면모로는 관심을 가질 만하지만, 유대인의 풍모로는 격분해 마땅한 일들이 사방에 널려 있었다.

"안식일까지 까마득하게 긴 세월이 남은 것만 같더군." 언젠가 바울은 당시를 회상하며 말했다.

"마침내 그날이 왔을 때, 난 무척 궁금했다네. 모든 걸 다 끌어안는 아테네의 수용력이 혹시 히브리인들이 예배를 드리는 공간에까지 영향을 미치지는 않았을까 싶어서 말일세."

정말 그랬다.

"설령 회당에 서서 '오늘 정오에 세상이 망할 것'이라고 외쳤더라도 뉘 집 개가 짖느냐는 듯 쳐다보지도 않았을 걸세."

회당의 관례에 따라, 바울은 한 말씀 해 달라는 부탁을 받았다. 사도는 자리에서 일어나 주님을 선포했지만 상황은 절망적이었다. 나, 디도가 알기로는 그날 딱 한 사람, 다마리스(Damaris)만이 복음을 받아들이고 그리스도 안에서 자매가 되었다.

다마리스가 나중에 이야기한 바에 따르면, 그날 바울이 전한 메시지는 너무도 감동적이고 멋졌다. 특히 메시아가 이미 오셨다고 선포할 때는 눈을 깜짝거릴 수도, 손가락을 까딱할 수도 없었다고 했다.

"인류의 정신에 들어온 무언가 가운데, 또는 지구상에서 일어난 사건 가운데 그 무엇이라도 회당의 분위기를 바꿔 놓을 만한 게 있었을까?"

바울은 혀를 내두르며 혼잣말을 했다.

"차라리 거부를 당했더라면 이렇게 참담하지는 않았을 거야. 정작 마주친 건 철저한 무관심이었어. 퀭한 눈길보다는 거부가 낫지, 낫고 말고."

그날 아침, 회당을 나서는 바울에게 남은 보람이라고는 먼저 유대인에게 가길 바라는 주님의 뜻에 따랐다는 사실 하나뿐이었다. 하지만 아테네에 사는 비유대인들에게 다가갈 수 있다는 전망마저 점점 더 나빠지고 있었다.

바울은 아테네 곳곳에서 몇몇 사람들이 모여 진지한 토론을 벌이는 모습을 지켜보았다. 심오한 주장들이 오가는 것 같지만, 잘 들어 보면 포장만 그럴싸한 얘기를 가식적이고 추상적인 방식으로 나눌 따름이었다.

"안식일 다음날부터 오랜 고심 끝에 소크라테스의 전례를 따르기로 했다네. 몇몇 모임에 끼어들어 일련의 질문들을 던졌어. 그러다 보니 스스로 던진 질문에 답을 할 기회도 생기더군. 그럼에도 불구하고 내가 하는 말에 관심을 보이는 이가 하나도 없더군. 아테네 사람들은 옛날 고릿적부터 죽음을 논해 왔지만 죄다 무의미한 소리뿐이었어. 일부러 아나스타시스(anastasis, 부활)라는 주제를 꺼내들었지만, 그들의 마음은 갈수록 어두워질 따름이었어. 사실 아테네인들은 오래전에 구축된 복잡한 부활철학을 가지고 있다네. 그런데 예수 그리스도의 부활 사상이 그 철학을 완전히 포위하고 봉쇄해서 무용지물로 만들어 버린 거지. 그런 설명을 들으면서도 그들은 그저 무기력하게 웃거나 미소를 지을 뿐이었어. 다소나마 희망을 품게 된 건 좀 배웠다는 이들을 뒤로하고 장거리에 들어서는 순간부터였어. 길가에 서서 입을 열기가 무섭게 사람들이 모여들더군. 하지만 얼마 지나기도 전에 군중들 가운데 누군가가 소리를 지르더라고."

"말쟁이야, 말쟁이!"

"여기서 이런 가르침을 조금 얻어듣고, 또 저기 가서 저런 철학을 조금 얻어다가 이리저리 짜 맞춰서 잘 알지도 못하는 소리를 마치 도사나 된 듯 떠벌리고 다니는 사기꾼들을 아테네사람들은 그렇게 부른다네. 여기저기서 낱말 몇 개씩을 쪼아 모으는 참새쯤으로 여기는 거지. 게다가 말일세…."

바울은 잠깐 뜸을 들였다가 순순히 인정했다.

"억양 탓도 적지 않았다네. 아테네 사람들은 아름답고 고전적인 말투에 익숙한데 내 말투는 길리기아 사투리에다 히브리어 악센트까지 섞였으니, 웬 무식한 농투성이가 더듬거리나 했을 거야."

그래도 아주 헛수고는 아니었다. 몇몇 에피쿠로스와 스토아학파에 속한 친구들이 다가와 말을 걸었다.

"알고 계시는지 모르겠습니다만, 선생은 법을 위반하고 있소이다."

바울로서는 무슨 소리인지 도통 알아들을 수가 없었다.

"아테네에서는 누구를 가르치기 전에, 먼저 시 당국에 가서 강연 허가를 받아야 합니다. 관계자들이 먼저 들어 보고 로마에 반역하도록 사주하는 따위의 위험천만한 주장을 하는지 심사하는 거죠."

"아테네 같은 도시에서 수용하지 못할 주장이라는 게 과연 있을지 모르겠군!"

바울은 입 속말을 했다. 장구한 세월이 지나면서 이곳에서 무얼 가르친다는 건 그저 우스꽝스러운 놀음으로 변질되고 말았다는 생각이 들었다.

바울은 즉시 아레오바고에서 열리는 아테네 지도자들 앞에 서게 해 달라는 청원을 냈다.

"남쪽에서 아크로폴리스로 가는 길을 따라 아레스 언덕을 향해 걸었다네. 그러고는 아레오바고로 이어지는 16개의 널따란 계단을 올라갔지. 팔라스 아테나(Pallas Athena) 법정이 기다리고 있더군. 심판관들은 나를 '수치의 돌'(Stone of Shame) 앞에 세웠다네. 재판정에서 자신을 방어하고자 하는 이들이 앉는 자리지. 그렇게 해서 소크라테스, 플라톤, 아리스토텔레스, 제논, 그리고 에우리피데스의 자손들 앞에서 그리스도의 복음을 선포하게 된 셈일세. 고작 몇 발짝 떨어진 곳에 어마어마하게 큰 아테나 여신의 신상이 서 있었어."

검찰관은 '긍지의 돌'(Stone of Pride)이라는 자리로 걸어 나왔다. 그리스인들이 침이 마르도록 떠들어 대는 이른바 관용이라는 게 허울뿐임을 바울은 금세 눈치 챘다. 관리는 경멸과 조롱이 가득 담긴 목소리로 격식을 갖추어 바울에게 말했다.

"자, 말해 보게! 그대가 외지에서 와서 아고라에 자리를 잡고 선포한다는 그 가르침이라는 게 무언가?"

바울은 마치 존재의 가장 깊은 중심까지 들어가서 젊은 날 다소에서 받았던 정통 그리스 교육의 정수를 끄집어내려는 듯, 숨을 깊이 들이마셨다. 그리스 세계가 결코 자신에게 낯선 무대가 아님을 제대로 알려 줄 참이었다.

고발당한 인물이 단순한 '말쟁이'가 아니라는 사실은 금방 드러났다. 바울은 아이스킬로스의 비극 〈에우메니데스〉(The Eumenides) 가운데 아테나 여신이 아크로폴리스의 기원을 설명하는 대목을 인용했다. 이어서 플라톤의 열 번째 책, 「국가」에서 '우주의 위대한 설계자'와 관련된 내용을 뽑아 읊었다. 그러고는 곧바로 크레타의 시인 에피메니데스의 난해한 작품 가운데 한 구절을 그대로 옮겼다. 글깨나 읽었다는 청중들도 놀라서 입을 다물지 못했다. 바울은 거기서 멈추지 않고 철학자 아라투스(Aratus)까지 끌어냈다. 「파에노메나」(Phenomenon)를 비롯해 여러 저서를 남긴 3백여 년 전 인물이었다. 바울이 인용한 구절은 '우리도 그의 자손이다'라고 한 대목이었다.

사도의 말이 이어지는 동안 고개를 끄덕이는 청중의 숫자는 점점 늘어 갔다. 모양새는 아가야 주 당국에 불려가 가르침의 유해성 여부를 심사받는 형국이었지만, 실제로는 상세한 설명으로 당국자들의 궁금증을 채워 주는 꼴이 되었다.

바울에게 많은 관심을 보이기는 했지만, 부활을 화제로 삼자 심리위원들은 코웃음을 치기 시작했다. 위원 하나는 아예 손사래를 치면서 말을 막았다.

"다른 얘길 좀 더 들었으면 싶소이다."

아테네식으로 공손하게 표현했을 뿐, 속내는 "그만하면 됐으니 이제 집어치우시오!"에 가까웠다.

바울은 아레오바고를 떠났다. 머릿속에는 한 가지 생각뿐이었다. '더는 여기에 매달릴 필요가 없겠어. 고린도로 가야지. 디모데에게 거

기서 만나자고 편지를 써야겠다.'

바로 그때, 누군가 어깨를 붙들었다. 바울은 얼른 몸을 돌이켰다. 심리위원 가운데 한 명이었다.

"제 이름은 디오니시우스올시다. 변호사로 일하고 있죠."

둘은 영원한 삶을 화제로 저녁이 다 될 때까지 이야기를 나누었다. 해질녘이 가까울 무렵, 디오니시우스는 마침내 예수 그리스도의 손에 삶을 맡겼다. 디오니시우스와 다마리스 말고도 바울이 아테네에 머무는 동안 예수 그리스도를 믿은 이들이 몇 명 더 있었다.

아테네 사람들에게는 아주 오랫동안 서로 수많은 대화를 나누는 성향이 있지만, 말은 이미 그 능력을 상실한 상태였다. 새롭고 중요한 일에 관한 이야기를 듣게 되리라는 기대마저 없었다. 그래서 다들 복음에 귀를 기울이지 않았던 것이다. 하지만 서글프게도 아테네 주민들이 들으려 들지 않았던 이야기는 지상 최대의 희소식이었다!

몇 년 뒤, 아테네에도 에클레시아가 생겼다. 하지만 신자들의 대다수는 그리스의 다른 도시들에서 아테네로 흘러들어온 이들이었다.

고린도로 오라고 주문하는 쪽지를 여관에 막 남기려던 참에, 디모데가 도착했다. 바울이 교회를 얼마나 걱정하는지 잘 아는 디모데는 인사마저 생략하고 다짜고짜 데살로니가와 베뢰아교회 소식부터 전했다. 후자 쪽 얘기가 훨씬 더 많았다. 바울이 아테네로 떠난 뒤로 줄곧 거기에 머물다 온 까닭이었다. 데살로니가의 경우, 에클레시아에 대한 시민들의 박해가 조금도 수그러들지 않고 계속되고 있다는 게 디모데가 가져온 정보의 핵심이었다.

"베뢰아에 사는 소시바더라는 형제가 데살로니가교회를 방문했습니다. 주님을 믿은 지 얼마 되지 않는 형제지만, 데살로니가 에클레시아 식구들에게 메시지를 전했습니다. 그게 데살로니가의 그리스도인들에게 큰 격려가 되었던 모양입니다."

"아, 그 형제라면 나도 잘 알지!" 바울이 반갑게 대꾸했다.

디모데로서는 아직 그 소시바더가 평생지기가 될 줄은 모르고 있었다.

신경 쓸 일이 많았지만, 이튿날부터 이틀 동안 바울은 디모데를 데리고 아테네 시내를 두루 돌아다녔다. 여기저기 구경을 시켜 주면서도 빌미가 있을 때마다 뭐든지 다 받아들인다는 아테네인의 문화에 대한 진한 아쉬움을 토로했다. 요즘 고린도로 유대인들이 밀물처럼 밀려들고 있다는 소식도 전해 주었다.

"머잖아 로마에서 밀려온 유대인들로 포화상태가 될 거야. 그래서 그쪽으로 가 보려 하네."

아테네에서 보내는 마지막 날이 왔다. 한편으로는 바울이 디모데라는 청년에게 평생 잊지 못할 기억을 남긴 날이기도 했다. 젊은이로서는 꿈에도 생각지 못한 일이었다.

"실라 선생은 데살로니가에 다시 들어갈 수 없네. 나도 마찬가지고. 베뢰아라면 실라 선생도 갈 수 있겠지. 물론, 나는 거기도 갈 수 없게 됐고. 하지만 자네는 달라. 얼마든지 데살로니가에 들어갈 수 있지. 자네가 그래 주었으면 좋겠네. 그곳 에클레시아 식구들하고 함께 지내 주게. 하나하나 만나 주고 보살펴 주게. 격려하고 권면하게. 그렇게 몇 주쯤 머물다가 고린도로 오게나. 그때는 실라 선생도 함께 오시게. 이제 갓 태어난 두 교회 소식을 듣고 싶으이."

바울은 잠시 말을 끊었다가 다시 입을 열었다.

"고린도에서 만나세. 반드시 좋은 소식을 듣고 오게나."

디모데는 선뜻 답을 하지 못했다.

"그냥 가 보라는 게 아니시군요. 가서 목자처럼 돌보라는 말씀인데, 그건 두 분 선생님께서 하실 일이죠. 그러기에는 제가 너무 젊지 않은가요? 경험도 없고요."

"아니, 아니야. 내 분명히 말하지만, 자네만 한 적임자는 없네. 아예 일을 망칠 작정을 하고 가게나. 그럼 어떤 결과가 나오든 그보다는 낫다고 생각하고 영광을 돌릴 수 있을 게야. 형제, 경험이 없다는 걸 무시하지 않으면 절대로 준비를 갖추거나 경험을 쌓을 길이 없는 법이라네."

그렇게 해서 디모데는 난생처음, 남의 도움 없이 주님의 사역이라는 짐을 홀로 진다는 게 무얼 의미하는지 실감하게 되었다. 아직 스물다섯이 안 된 젊은 나이였다.

그로부터 6년 뒤, 바울은 젊은이 여섯 명을 택해 훈련을 시키기 시작했다. 나중에는 두 명이 더 합류해 8명이 되었다. 디모데와 나, 디도도 거기에 이름을 올렸다. 특히 디모데는 훈련생들 가운데 처음으로 부름을 받고 어린 교회 가운데 하나를 맡아 돌보는 책임을 걸머진 인물로 영원히 기억될 것이다.

바울은 새로운 사명을 떠맡기를 여전히 마다하는 디모데에게 고린도에서 실라와 더불어 셋이 만날 여관의 이름을 알려 주었다.

"진즉부터 이럴 작정이셨군요. 그렇지 않은가요?" 젊은이는 다그쳐 물었다.

"고린도에 묵을 여관 이름까지 알아놓으셨잖아요."

"그뿐이 아닐세. 아테네에서 고린도로 가는 배편까지 수배해 두었지. 내일이 출항 날짜라네."

디모데는 졌다는 듯 한숨을 푹 내쉬었다.

"할 수 없죠. 정 그러시다니 데살로니가에 가서 죽을 쒀 보죠, 뭐. 조금이라도 괜찮은 결과가 나오면 그건 영광 정도가 아니라 기적인 줄 아세요, 기적!"

다음날, 디모데는 데살로니가로 돌아갔다. 바울 역시 아테네를 떠나 고린도를 향해 남쪽으로 방향을 잡았다. 속으로는 콧노래를 불렀다.

'날고 긴다는 블라스티니우스도 내가 그렇게 먼 데까지 갈 줄은 모를 걸?'

정말 그랬다. 하지만 바울도 그동안 세우고 도왔던 숱한 교회들 가운데 가장 독특한 교회가 고린도에서 태어나게 되리라는 사실만큼은 새카맣게 모르고 있었다.

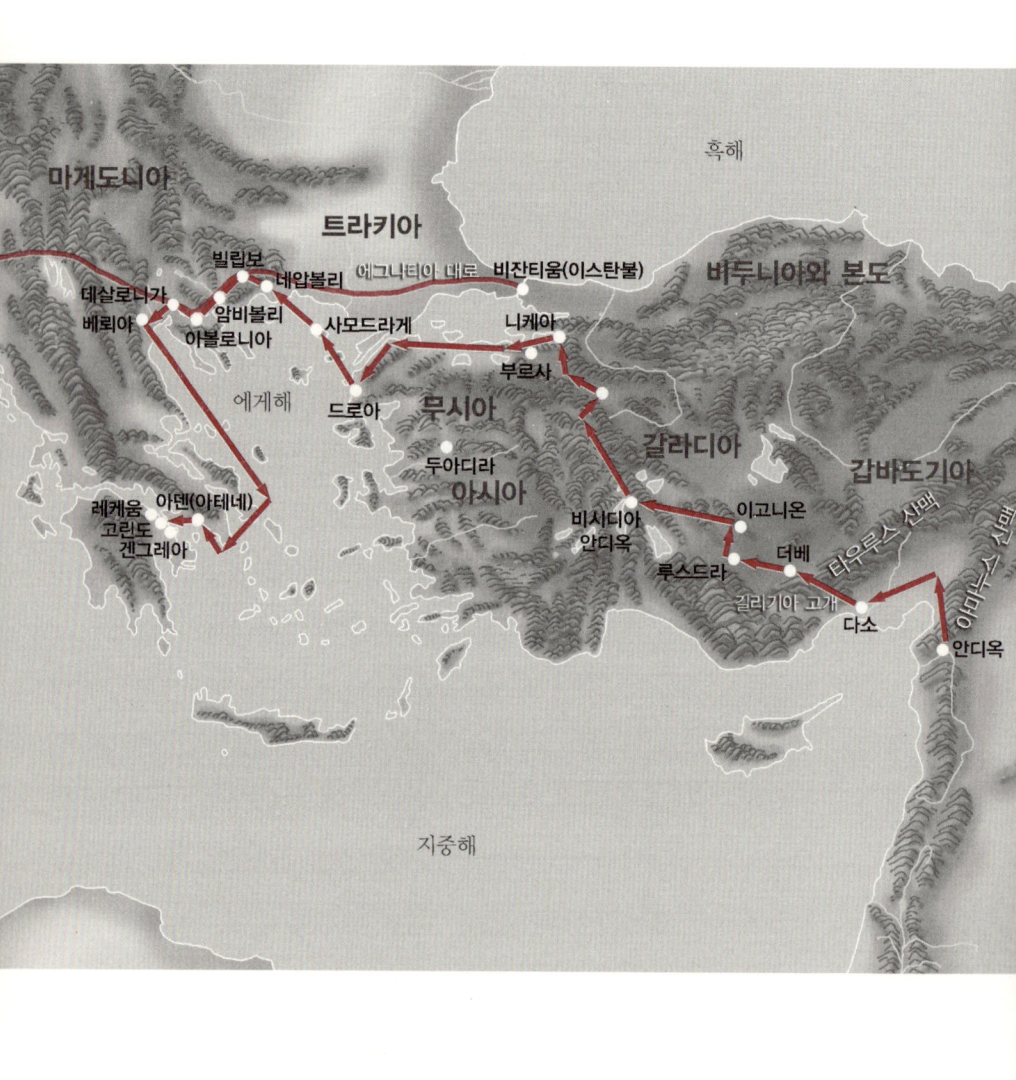

21
고린도에서 (1)
: 아굴라와 브리스길라 부부를 만나다

 "바울이라고 합니다. 저도 댁처럼 천막을 만들고 깁는 일을 하죠. 궁금한 게 있는데….'"
 상대는 갑자기 말을 막고 끼어들었다.
 "그렇다면 혹시 다소의 바울 선생이신가요?"
 오만가지 생각이 머리를 스쳐 갔다. 유대 땅에서 멀리 떨어진 이곳 고린도에 이름을 아는 이가 있을 리 없었다.
 "블라스티니우스의 편지가 여기까지 흘러들어온 걸까? 그게 아니라면 어떻게 이 친구가 나를 알지?"
 망설이던 바울이 대답했다. "그렇습니다. 내가 다소의 바울입니다."
 상대는 천막 깁는 틀을 한쪽으로 밀쳐 버리며 벌떡 일어서더니 다시 물었다.

"여전히 예수 그리스도를 따르는 제자이시고요?"

바울은 무슨 조홧속인지 가늠할 길이 없었다.

"그렇소이다만, 선생은 날 어찌 아시는지?"

채 물음이 끝나기도 전에 상대는 바울을 와락 끌어안았다.

"저는 본도에서 온 아굴라라고 합니다. 소아시아 북쪽 끝, 흑해와 붙어 있는 도시죠."

"본도라. 그래요, 나도 거길 압니다. 우린 둘 다 고향을 멀리 떠나온 처지군요."

"저는 유일한 길이 되시는 분을 따릅니다. 제 아내도 마찬가지고요. 예루살렘교회에 관해서 여러 이야기들을 들었습니다. 선생님을 포함해 몇 분들은 놀라운 체험을 하고 나서 주님을 믿었더군요. 저희는 최근에 로마에서 이리 넘어왔습니다."

"아, 로마!" 바울의 입에서 탄식 비슷한 소리가 새어나왔다.

이번에는 바울 쪽에서 아굴라를 끌어안았다. 사도의 마음에는 금방 질문들이 꼬리를 물고 샘솟듯 솟아났다.

"로마라!"

바울은 연신 같은 말을 되풀이했다.

"그런데 댁은 예수님을 믿는단 말씀이죠? 로마에도 그리스도인들이 있습니까? 듣기로는 거기에는 그리스도의 제자가 단 한 명도 없다던데?"

"맞습니다. 로마에는 이제 주님을 좇는 이들이 없어요. 하지만 지난달까지만 해도 더러 믿음의 식구들이 있었답니다."

"그래요? 몇이나 됐죠? 비유대인들은 얼마나 되고요?"

"예닐곱쯤 됐고, 모두 유대인들이었어요. 제 아내만 빼고요."

"그런데 지금은 없어졌다는 말씀이군요."

"말하자면 그렇습니다. 사실 예전에도 많지는 않았어요. 도시 규모에 비하면 극소수라고 해도 좋을 만큼 중인들의 숫자가 적었죠. 하지만 이제는 그나마도 다 사라졌어요."

질문과 대답은 끊임없이 이어졌다.

"그래, 어쩌다 고린도까지 오게 되셨소?"

묻고 나서 생각하니 이상한 느낌이 들었던지 둘은 서로 마주보고 껄껄 웃었다.

"제가 먼저 말씀드리죠." 아굴라가 말했다.

"황제는 유대인들을 로마에서 내쫓았어요. 어디로든 가야 했죠. 아내와 저는 다른 동포들을 따라서 고린도를 택했어요. 다행히 집이 빨리 팔려서 가장 먼저 이곳에 자리를 잡은 축이에요. 로마에서 멀지 않으면서 유대인들에게 적대적이지 않은 도시를 찾다 보니 이리 오게 된 거죠. 아내는 제국의 수도에서 태어났어요. 거기가 고향이죠. 그래서 추방령이 풀리면 언제라도 돌아가고 싶어해요.

처음 왔을 때는 그나마 매물로 나온 집들이 몇 채 있었어요. 우리 부부는 시민권 소유자로 재산을 사고 팔 권리가 있어서 아내가 마지막으로 남아 있던 집들 가운데 한 채를 적절한 가격에 구입했죠. 지금은 거래되는 주택이 거의 없고 있다손 치더라도 어마어마한 값을 치러야 해요. 이스라엘 말고는 유대인들이 가장 많이 몰리는 도시가 고린도거든요."

"아테네에 있을 때 나도 그런 얘기를 들은 적이 있어요."

"자, 이제 선생님 이야기를 좀 해 보세요. 어쩌다 고린도까지 오게 되셨어요?"

바울은 어찌 대답해야 할지 몰라 한참을 머뭇거렸다.

"친구 둘을 기다리고 있어요. 여기서 만나기로 했죠. 지금 베뢰아와 데살로니가에 있는데 곧 올 겁니다. 그건 그렇고, 고린도의 그리스도인들은 어디서 모이죠? 혹시 알고 있으면 알려 주시겠어요?"

"여긴 그런 모임이 없어요. 제가 알기로는 구주를 따르는 이는 우리 부부뿐이죠. 저도 똑같은 걸 묻고 싶네요. 베뢰아와 데살로니가에는 그런 모임이 있습니까?"

바울은 자신도 모르게 한숨을 내쉬었다.

"양쪽 다 있기는 합니다. 적어도 없는 건 아니죠. 부디 지금도 그렇기를 바랄 뿐입니다만…. 어려움이 이만저만 큰 게 아니거든요. 특히 데살로니가는 형편이 아주 나빠요. 박해의 진수를 맛보고 있는 셈이죠."

"그렇군요." 아굴라는 주섬주섬 가게를 정리하며 대답했다.

"하지만 부디 하나님이 자비를 베풀어 주셔서 모임이 꾸준히 이어지면 좋겠습니다. 아내도 무척 기뻐할 겁니다. 이런 사실을 알면 하루빨리 가 보고 싶어 할 겁니다. 유대인 회당에 나가는 걸 끔찍이도 싫어하거든요. 선생님, 아내를 한 번 만나 주세요. 이름이 브리스길라인데 주님을 뜨겁게 사랑하죠."

그러고는 한 눈을 찡긋해 보이면서 덧붙였다.

"아주 독특한 여자랍니다."

"벌써 문을 닫으시게요? 손님이 가장 붐비는 이 시간에요?"

"선량한 히브리인다운 처신은 아니죠, 그렇죠? 하지만 염려 마세요. 장사가 그럭저럭 되는 편이어서 열 식구 정도는 너끈히 먹고 살 만하니까요. 로마에서 새로 도착하는 동포들은 어김없이 제 손이 필요하거든요. 그래도 지금 저에게는 선생님을 만난 게 장사보다 훨씬 더 중요해요."

바울은 새삼스럽게 아굴라의 가게를 훑어보았다. 온갖 재료들이 차곡차곡 쌓여 있었다.

"천막 수선하는 일을 오래 해왔지만, 이렇게 일감이 밀려 있는 가게는 처음 봅니다."

"로마에서 밀려드는 히브리인들은 숫자를 헤아리기 어려울 정도예요. 마땅히 깃들 데가 없으니, 천막이라도 없으면 수백 명이 당장 길바닥에 나앉을 처지죠. 무슨 말씀인지 아시겠지요?"

"일감에 치이시겠구려."

"그렇습니다."

"저도 천막을 만지니 똑같은 업종인 셈이지만, 경쟁할 뜻은 없으니 걱정 마세요."

"경쟁이라고요? 선생님이 천막을 짓는 분이라는 게 기뻐서 어쩔 줄 모르겠는걸요? 제발 제 일거리 좀 떼어서 가져가 주세요."

바울은 손을 내밀어 아굴라가 햇빛가리개와 수선 틀, 온갖 도구 따위를 챙기는 걸 도왔다. 이렇게 해서 바울은 일생일대의 환희와 절망을 동시에 맛보게 될 고린도에 터를 잡게 되었다.

점점 집이 가까워 오자, 바울은 진지한 표정으로 누군가의 집에서 끼니를 해결하게 되면 반드시 값을 치르는 게 자신의 생활 방식이라고 설명했다. 하지만 그도 때와 장소를 가려야 하는 법, 이번에는 상황에 꼭 들어맞는 것 같지는 않았다.

집에 도착하자마자 아굴라는 바울을 버려두고 집 안으로 쏜살같이 사라졌다. 대문을 들어서는 순간부터 목소리는 한껏 부풀어 올랐다.

"여보, 반가운 손님이 오셨어요. 명성이 자자한 형제님이지. 다소의 바울 선생님이 오셨어요."

말이 떨어지기가 무섭게 브리스길라는 버선발로 길까지 쫓아 나왔다. 등경만 해진 눈만 봐도 얼마나 흥분했는지 짐작이 가고도 남았다.

"얼른 안으로 들어가세요."

인사와 소개가 오가고 나자 여인은 서둘러 부엌으로 달려갔다. 그러고는 삽시간에 진수성찬을 한 상 가득 차려 냈다.

바울은 브리스길라의 됨됨이를 금세 파악했다. 제 뜻을 똑 부러지게 밝힐 줄 알고 사리분별이 분명한 여성이었다. 성품도 구김이 없고 밝았다. 로마의 형편을 어쩌면 그렇게 정확하게 꿰뚫고 있는지 혀를 내두를 지경이었다. 무얼 물어도 막힘이 없이 답했다. 어디서도 들어 볼 수 없는 통찰력 있는 답변이었다.

"트라스테베레(Trastevere) 지역은 말 그대로 적막강산이 됐습니다. 주택들 가운데 적어도 절반은 빈집일 거예요. 앞으로 150년 정도만 흐르면 거기가 유대인 집단 거주 지역이었다는 사실조차 잊히고 말 겁니다. 압력을 견디지 못하고 헐값에 집을 팔아넘기는 이들이 수두룩해요. 돈 한 푼 안 받고 남에게 빌려 주는 이들도 숱하게 많아요. 다행히 저랑 남편은 아웬티누스(Aventine) 지구에 살았어요. 덕분에 집을 쉽게 팔 수 있었어요. 값도 제대로 쳐서 받았고요.

하지만 그처럼 서글픈 일이 벌어지는 가운데서도, 남편의 동포들은 소망을 버리지 않았어요. '클라우디우스가 죽기만 하면 곧 돌아갈 수 있을 거야'라는 얘기를 어디 가나 들을 수 있었죠. 사실, 황제가 칙령에 정식으로 서명을 한 것도 아니에요. 해묵은 규정을 다시 살려 냈을 뿐이죠. 법적으로는 티베리우스 황제 때부터 유대인들은 로마 시내에 영구적으로 살 수 없게 되어 있죠. 하지만 클라우디우스가 그 규정을 꺼내들기 전까지는 누가 신경이나 썼답디까? 황제가 옛 칙령을 되살리려 한다는 얘기를 듣자마자 집을 내놓고 임자를 찾았어요. 실은, 클라우디우스 집안이랑 가까운 친구들을 몇 알고 있거든요. 덕분에 남들보다 먼저 황제의 계획을 감지할 수 있었던 거예요."

"사전에 알았다고요?" 바울은 화들짝 놀라며 되물었다.

"예, 그런 일들이 종종 있어요. 고위층에 선이 닿는 친구들이 제법 있는 편이죠."

"바울 선생님." 아굴라가 알아듣기 쉽게 설명했다.

"저는 평범한 이방인이 아니라 똑똑한 여인과 결혼을 했어요. 아내에게는 밑바닥 인생부터 황실에 이르기까지 친구가 무척 많아요. 로마가 고향이니까요. 말만이 아니라 진짜 고향이요."

브리스길라가 끼어들었다.

"남편과 저는 시장에서 만났어요. 한눈에 사랑에 빠져서 금방 결혼했죠. 그때는 아브라함이 저이의 조상인 줄도 몰랐어요. 믿어지세요? 그때 로마에는 주님을 믿는 이들 예닐곱이 모여서 모임을 갖고 있었거든요. 그런데 저이가 이방인이랑 결혼을 한다니까, 저를 모임에 들여야 할지 말아야 할지를 가지고 한참이나 갑론을박을 벌였대요."

"그래서 어떻게 결론이 났나요?"

"안 된다고 하대요. 하지만 그건 그쪽 사정이죠!" 브리스길라는 단호하게 말했다.

"무조건 쳐들어가서, 자리를 잡고 앉아서 말했죠. 신경 쓰이면 강제로 끌어내 보시라고!"

"음, 대단한 브리스길라!" 대견히 여기는 느낌이 뚝뚝 묻어나는 말투로 아굴라가 말했다.

바울은 화제를 다시 로마로 돌렸다. "회당 사정은 어때요?"

"씨가 말랐죠, 뭐."

문득, 바울의 뇌리에 추방령이 떨어지기까지 하나님의 손길이 작용한 게 아닌가 하는 생각이 떠올랐다. 여태 단 한 번도 해 본 적이 없는 가정이었다.

"회당이 없다?" 바울의 말은 입 속을 맴돌았다.

브리스길라도 바울도 빨리 묻고 금방 답할 사안이 아니었다. 어느새 서로가 서로를 편안하게 여기게 되었음을 셋 다 감지하고 있었다. 바울이 눈을 감는 순간까지 이어질 우정이 시작되고 있었다.

자리를 파하고 일어서던 바울은 브리스길라를 향해 돌아서며 머뭇머뭇 말했다.

"사랑하는 자매님, 지금부터 하는 말을 오해하지 말고 들어 주세요. 개인적인 약속과 관련된 얘기예요. 실은, 어디 가서 밥을 먹든 반드시 값을 치르는 게 내 신념이거든요."

브리스길라는 깔깔거리며 웃기 시작했다.

"설마, 설마 했더니 소문이 사실이었군요."

나중에 아굴라에게 들은 얘기지만, 바울의 얼굴이 빨갛게 달아올랐다.

"소문이라고요? 무슨 소문이죠?"

"제가 들은 얘기를 해 드릴까요?" 여인은 재미있어 죽겠다는 듯, 가볍게 받아넘겼다.

"선생님이 모세를 십자가에 못 박았다고들 하더군요." 브리스길라의 웃음보가 다시 터졌다.

웃음은 곧바로 전염되었다. 아굴라가 먼저 웃어댔고 바울이 새빨갛게 달아오른 얼굴로 그 뒤를 따랐다.

브리스길라가 우스갯소리를 이어 갔다.

"613조에 이르는 유대 율법을 모세와 함께 십자가에 매달아 버렸다고 했어요. 이방인으로서 한 말씀 드리자면, '참 잘하셨습니다!' 이제는 회당 모임에 가서도 뭐든 다 살 수 있게 됐어요."

"그런 얘길 도대체 어디서 들은 거죠?"

"예루살렘에서 남편의 동포들이 수시로 찾아오거든요. 그들에게서 선생님이 선포하시는 구원이라는 게 뭔지, 바나바 선생님과 함께 열두 사도들을 만나러 갔을 때 어땠는지 하는 얘길 듣죠. 그분들과 맞서셨다면서요? 그 뒤에 이러저러하게 정리되었다는 소문까지 다 들었어요. 저처럼 유대인이 아닌 이들과 밥상머리에 함께 앉아 식사를 하고 부정한 이방인에게까지 그리스도를 선포하신다는 말도 돌았어요. 히브리인들이 상종조차 않으려 드는 우리 이방인들을 위해 열두 제자 분들을 심하게 몰아세우셨다는 게 정말인가요?"

"사실입니다. 전부 다는 아니고요." 바울이 대답했다.

"결국 그 열두 사도들도 나와 바나바에게 편지를 보내서 이방인들에게 가서 복음 전하길 당부했으니까요."

"당연히 그랬어야죠!" 브리스길라는 그녀만의 독특한 방식으로 씩씩거리며 분을 삭였다.

"바울 선생님, 실제로 그 소식을 처음 들었을 때는 아내도 나도, 소름이 돋았어요. 우린 늘 이방인에게 주님을 알려야 한다는 마음의 부담을 지고 살았거든요."

"그럼 예수 그리스도를 믿는 친구들 가운데 이곳, 고린도로 온 이들도 있겠군요."

"아닙니다. 다들 유대 땅으로 돌아갔어요." 아굴라가 대답했다.

브리스길라는 정색을 하고 말했다.

"바울 선생님, 여기에는 그리스도인이 하나도 없는 것 같아요. 눈을 씻고 찾아봐도 보이지 않아요. 딱 저희 둘뿐입니다. 그래서 얼마나 외로운지 몰라요. 다른 그리스도인들과 어울리고 싶어요. 특히 저처럼 유대인이 아니면서 예수님을 믿는 이들하고요."

그러고는 거침없이 한마디 덧붙였다.

"토요일마다 예배를 드리러 회당에 가는 게 끔찍하게 싫어요."

"고린도에는 회당이 몇 개나 있습니까?"

"하나뿐입니다. 하지만 아주 커요. 요즘은 로마에서 온 유대인들이 차고 넘치죠." 아굴라가 설명했다.

"꽉 찰 뿐만 아니라 덥고, 답답하고, 지겹기까지 하답니다." 브리스길라는 투덜댔다.

바울은 조심스럽게 물었다. 두 부부는 물론이고 스스로에게도 놀라운 질문이었다.

"회당 지도자들에게 복음을 선포하고 싶은데, 좋은 방법이 없겠습니까?"

아굴라는 반색을 했다.

"제게 무슨 아이디어가 있겠습니까? 과연 가능할까 하는 생각뿐이지요. 여긴 예루살렘에서 아주 멀리 떨어진 곳입니다. 그래도 저이들이 선생님 말씀에 귀를 기울여 주면 좋겠습니다. 듣기로는 어느 도시를 가든지 먼저 아브라함의 자손들에게 복음을 전하는 게 선생님의 원칙이라더군요."

바울은 기가 막힌다는 듯 고개를 절레절레 흔들었다.

"도대체 바울이라는 인간에 대해 모르는 게 뭡니까?"

대화가 끝나 가고 있었다. 아니, 바울만 그렇게 생각했는지도 모른다. 사도는 다시 한 번 밥값을 치르는 문제를 꺼냈다. 브리스길라는 들은 척도 않고 도리어 질문을 던졌다.

"그런데 선생님, 오늘 밤은 어디서 묵을 예정이세요?"

"어느 여관에 들겠지요."

말은 그렇게 했지만, 바울은 마음에 점찍어 둔 여관에는 빈방이 없다는 걸 이미 알고 있었다.

"음…, 아실지 모르겠습니다만, 이래 봬도 제가 고린도에서 둘째가라면 서러워할 만한 요리사입니다. 그러니 밥값이 어마어마할 수밖에요. 그야말로 부르는 게 값이거든요." 브리스길라는 괜한 어깃장을 놓았다.

"괜히 하는 말이 아닙니다. 적어도 요리에 관해서는 다 사실입니다." 아굴라도 거들었다.

"선생님은 밥값을 내실 수 없을 거예요. 오랫동안 그럴 겁니다. 그리고 지금 나가시면 들판에 누우실 수밖에 없어요."

브리스길라는 잠깐 뜸을 들였다가 다시 말을 이어 갔다.

"그러니까 여기서 주무세요. 그리스도로 말미암아 형제자매가 된 사이잖아요. 음식과 잠자리는 공짜입니다. 다른 옵션은 없어요."

바울은 브리스길라를 한참 쳐다보고 나서 한마디 했다.

"댁을 보니, 빌립보교회의 어느 자매님이 생각나는군요. 루디아라는 여인이죠."

브리스길라는 호탕하게 웃어젖혔다.

"그럼 더할 나위 없이 멋진 분이시겠군요."

"참으로 너그러운 말씀이지만, 제 입장에서는 쉽게 그러마고 대답하기가 어려워요."

"어쩌면 남편에게 이 매듭을 풀 묘수가 있을지도 몰라요."

"맞아요. 아까 아내가 부엌에서 속삭속삭 훈수를 두더군요." 아굴라는 말했다.

"저와 함께 천막을 짓고 고치는 일을 하지 않으시겠어요?"

바울은 몹시 놀랐지만 서둘러 답을 주었다.

"함께 일하면 좋지요. 하지만 월급에서 식비와 숙박비를 제하는 걸 조건으로 한다면 말이죠."

브리스길라가 참견했다.

"장부정리는 제 몫이에요. 값도 제가 정해요. 그러니 선생님도 제가 내린 결정에 대해서는 이러니저러니 하시면 안 돼요."

아굴라도 말을 보탰다. "함께 일하고 수입과 지출도 함께 나누는 게 좋겠어요."

"그게 말이 돼요? 나더러 댁들에게 업혀 지내라고요?" 바울은 고집을 부렸다.

"바울 선생님, 내일이라도 장터에 나가서 '천막 만들어 줍니다!' 하고 소리쳐 보세요. 아마 수많은 이들이 몰려들걸요? 더구나 유대인 기술자라는 게 알려지면…. 선생님도 우리 동포들 기질이 어떤지 잘 아시죠? 밀려드는 일감에 깔려 옴짝달싹 못하는 신세가 되실 겁니다."

아굴라는 잠깐 숨을 멈췄다가 단정적으로 말했다. "바울 선생님, 제발 좀 도와주세요!"

"아, 그리고 미리 말해 두어야겠는데, 아굴라 형제, 날마다 잠깐 일손을 거두고 어딜 좀 갔다 와야겠어요. 친구들과 만나기로 약속해 둔 여관이 있거든요. 수많은 인파가 북적대는 걸 보면 정신이 하나도 없을 겁니다. 그러니 도착했을 때 기다리고 있는 게 중요하죠."

"반드시 친구 분들을 만날 수 있을 테니 걱정 마세요." 아굴라가 안심시켰다.

"그리고 바울 선생님!" 브리스길라가 말했다.

"친구 분들도 시내에서 머물 곳을 찾기 어려울 겁니다. 그러니 저희 집으로 함께 오세요. 같이 먹고, 자고 하면 되잖아요."

그러고는 절박한 눈빛으로 물었다.

"마지막으로 한 가지만 더 여쭐게요. 베뢰아 말씀인데요, 그곳 에클레시아에는 저처럼 유대인이 아닌 이들도 있나요?"

"대다수가 유대인이 아니에요. 자매님처럼 말이죠. 빌립보교회는 온 교인이 이방인이죠."

"그렇다면 한 번 꼭 가 보고 싶어요. 부디 하나님이 도우셔서 이곳 고린도에도 그런 영혼들이 많이 늘어났으면 좋겠어요."

"그건 아마 제가 회당에서 어떤 대접을 받느냐에 크게 좌우될 겁니다."

"환영을 받으실 게 틀림없어요. 저는 그렇게 믿습니다." 아굴라가 단언했다.

"안식일이 코앞이니 곧 알게 되겠죠."

22
고린도에서 (2)

: 고린도 에클레시아의 시작

 "아굴라 형제, 회당에서 이렇게 따뜻한 대접을 받아 보긴 난생처음입니다. 형제가 그럴 거라더니 빈말이 아니었어요. 회당 책임자 그리스보는 극진한 환영의 표시로 거리까지 따라 나왔잖아요. 회당장이 복음에 대해 그토록 호의적인 경우는 본 적이 없어요."
 바울, 그리고 아굴라와 브리스길라 부부는 그런 이야기를 하며 집을 향해 걸었다.
 "일이 이렇게 돌아가는 데는 아내가 부지런히 신용을 쌓은 것도 적잖이 영향을 주었을 거예요. 고린도에 도착하자마자 아내는 회당에 출석하는 이들과 친구가 되려고 무던히 노력했거든요. 아마 여기 출석하는 이들 치고 우리 집에 식사 초대를 받지 못한 이는 거의 없을 거예요. 특별히 하나님을 두려워하는 이방인들과 가까이 지내는 데 신경을 많이 썼어요." 아굴라가 말했다.

브리스길라도 한마디 보탰다.

"욥바에 있는 고넬료의 집에서 베드로에게 어떤 사건이 벌어졌는지 소문을 들어서 알고 있어요. 복음이 이방인들에게도 활짝 열려 있다는 걸 알고 얼마나 짜릿했는지 몰라요. 그때부터 비유대인들에게 그리스도를 알리려는 마음이 간절해졌어요. 하나님이 세상에 오시다니 그처럼 고마운 일이 또 있을까요?

바울 선생님! 여섯 명 남짓이 모이던 로마 모임은 참담했어요. 이방인의 도시에 사는 비유대인들에게 유대인처럼 살기를 요구하다니, 그건 에클레시아라는 이름을 붙일 수 없는 모임이었다고요."

"바나바도 자매님 의견에 백번 동의할 겁니다." 바울은 연신 고개를 끄덕였다.

"때마침 안디옥교회가 이만저만하다는 얘길 들었어요. 유대인이 아닌 그리스도인들이 방 안을 가득 채우는 걸 하루 빨리 보고 싶어서 그야말로 안달이 나더군요."

바울은 브리스길라만큼 정직한 품성을 가진 이를 본 적이 없었다.

"유대인들이 죄다 자매님처럼 회당을 지긋지긋하게 여기길 바랄 따름입니다." 바울은 말했다.

"바울 선생님, 꼭 말씀드려야 할 게 있어요." 아굴라가 입을 열었다.

"안디옥교회에 가 보고 싶지만 그럴 수는 없어요. 하지만 베뢰아는 가까워요. 데살로니가도 그렇고요. 아내와 함께 그곳 성도들의 모임에 가 보고 싶은 마음이 굴뚝같습니다."

"그곳 식구들에게도 힘이 될 겁니다. 두 분에게도 격려가 될 테고요. 얻어맞고, 갇히고, 성 밖으로 쫓겨나는 사태가 어느 정도 가라앉으면 꼭 한 번 가 보셨으면 좋겠습니다."

"선생님도 마케도니아에서 그처럼 험한 일을 당하셨나요?"

"그렇습니다." 바울이 대답했다.

"바나바와 실라 선생도 매한가지였어요. 갈라디아에서든 그리스 북부지방에서든 다를 게 없었습니다. 시리아와 구브로도 그랬고요. 때로는 유대인의 손에 시달렸고, 더러는 이방인들에게 휘둘렸습니다."

"오늘 회당에서 말씀하시면서, 어째서 유대인 형제들에게 메시아가 오셨다는 얘길 꺼내지 않으셨습니까? 그동안 회당에서 겪었던 말 못할 고초들이 떠올라 망설이신 건가요?"

"다시 초대를 받으려면, 첫 만남에서 본론을 꺼내는 건 바람직하지 않겠다는 판단이 들어서요. 베뢰아 말고는 이렇게 열렬한 환영을 받은 적이 없었어요. 우리 주님과 두 분께 감사합니다."

"아까 보니까 참석자들 가운데 적어도 절반은 주님을 아는 데 관심을 가진 것 같았어요. 분명히 반응을 보이는 이들이 있을 겁니다." 브리스길라가 말했다.

"다음 안식일에도 오실 거죠?"

"물론이죠!"

"그리고 고린도에 계시면서 에클레시아가 세워지는 걸 도우실 생각이시고요."

"그럴 심산이긴 한데, 아직 주님이 확답을 주시지 않는군요. 일주일이 될지, 한 달이 될지, 일 년이 될지 저로서는 알 수가 없습니다. 주변 여건과 하나님의 뜻에 따라 움직일 뿐이죠."

그 뒤로, 안식일마다 바울은 회당에 갔다. 그때마다 입속으로 웅얼거렸다.

"평생 이런 일은 처음이야, 처음이고말고."

바울은 그 어느 곳보다 고린도 회당에서 더 오랫동안 말씀을 전했다. 그럴 수 있도록 가장 크게 힘을 보태 준 인물은 다름 아닌 회당장, 그리스보였다. 그렇잖아도 안식일마다 북적이던 회당은 이제는 차고 넘칠 지경이 됐다. 복도까지 바울의 메시지를 들으려는 이들이 빼곡하게 들어찼다. 예상치 못한 사태가 벌어진 건 바울이 회당을 출입한 지 세 번째가 되는 안식일이었다.

모임 말미에 회당장이 벌떡 일어서더니 청천벽력 같은 소릴 쏟아 냈다.

"무슨 일이 일어났는지 여러분께 말씀드려야겠습니다. 바로 이 안에서 말입니다."

그리스보는 자신의 심장이 있는 쪽을 가리켜 보이며 말했다.

"회당 안에 있는 어느 분의 얘기가 아니라 바로 제 이야기입니다. 저는 바울 선생의 말씀이 진실이라는 걸 알았습니다. 성경에 그렇게 적혀 있거나, 바울 선생이 그렇게 가르쳐서가 아닙니다. 내 안에 있는 무언가가 사실이라고 말하기 때문에 그렇게 믿습니다."

그 안식일은 바울의 회당 사역에 정점을 찍는 날이었다.

마침내 회당 장로들이 찾아와, 더 이상 회당에 오지 말아 달라고 통고하는 날이 오고야 말았다. 완곡한 거절이었다. 바울은 유대교 지도자들의 지극히 너그러운 면모를 보았다고 생각했다.

바울이 더 이상 회당에서 메시지를 전하지 않는다는 사실을 알게 된 디도 유스도(바울의 첫 회심자들 가운데 하나)는 사도에게 다가와 아주 합리적인 대안을 내놓았다.

"계속 말씀을 전해 주세요. 저희 집을 모임 장소로 쓰시면 됩니다. 고린도를 떠나지 말아 주세요."

"진심입니까?" 바울은 거듭 되물었다.

"무슨 뜻인지 알고 하시는 말씀인가요?"

"물론입니다. 다소 애매한 자리에 있긴 하지만, 분명히 제 집이니까요."

아이러니컬한 상황에 바울은 폭소를 터트렸다.

"그렇군요. 에클레시아 모임을 회당 바로 옆집에서 열게 생겼군요."

관심을 가지고 있던 이들과 믿음을 가진 이들 사이로 말이 돌았다.

"유스도의 집에서 그리스도인들이 모인다는군요!"

첫 모임은 말 그대로 '정원 초과'였다. 아침과 저녁, 오후에 한 번씩 모임을 열어야 참석을 원하는 이들에게 고루 기회를 줄 수 있을 성싶었다. 바울은 유스도의 집으로 들어가서 모임에 빠짐없이 참석했다. 집회가 끝난 뒤에는 새로 예수 그리스도를 믿은 이들과 시간을 보냈다.

하루 종일 고되게 일하다가 시장이 문을 닫으면, 바울은 모임 장소로 달려가 이런저런 질문에 답을 주었다. 그렇게 여러 차례 집회를 여는데도 유스도의 집 거실은 더 이상 발 딛을 틈이 없을 정도였다. 그래도 거기서 멈출 수는 없었다. 쉬지 않고 모임을 열어도 지금의 공간으로는 원하는 이들을 다 받아들일 수 없음이 분명했다.

"안식일에도 여기서 모임을 갖겠습니다." 바울은 뜻을 분명히 했다.

"회당에서 예식이 열리는 것과 똑같은 시간에 말입니다."

나, 디도가 전해들은 바에 따르면, 형제자매들이 우렁차게 찬양을 부르면, 그 소리는 유스도의 집 벽을 타고 회당 안에까지 들렸다.

어느 날, 브리스길라는 행복에 겨운 얼굴로 그날의 상황을 한마디로 정리해 주었다.

"생명이 있는 곳으로 나오라는 찬양 초대장인 셈이었어요."

이처럼 교회의 성장 속도가 빨랐는데도, 바울의 머릿속에는 늘 데살로니가 생각이 떠나지 않았다. 하나님이 주시는 은총을 만끽하는 가운데도 몇 번이나 당장 짐을 싸서 그리로 돌아갈 궁리를 했다. 마음이 몹시 심란했다.

다음날, 바울은 마음을 추스르고 시장으로 나갔다. 복음을 전하고 싶은 마음을 주체할 수가 없었다. 전에 없던 일이었다. 장터에는 수많은 손님들이 북적이고 있었다. 누가 귀를 기울이고 누가 무심히 지나치는지조차 분간할 수 없었다. 하지만 일단 메시지를 듣고 주님을 믿기로 작정하는 이들은 곧바로 모임에 참석하기 시작했다.

애초부터 고린도 모임은 소란스럽고 열성적이었다. 직접 가 보면, 고린도 사람들이 얼마나 거침없는 성품을 가진 이들인지 금방 알아차릴 수 있을 것이다. 그들에게는 모임을 하나 굴리는 건 일도 아니었다. 때로는 너무 쉽게 여기는 게 문제가 되었다.

고린도의 에클레시아는 아주 흥미로운 혼합체다. 도시 자체가 하나도 아니고 둘도 아니기 때문이다. 고린도는 세 지역의 연합체였다. 그러니 인종과 문화가 이루 말할 수 없이 다채로운 건 당연한 노릇이었다. 그처럼 끝없이 다양한 구성원들을 제대로 이끌자면 바울의 지혜로운 안내가 꼭 필요했다. 사도가 힘닿는 데까지 지혜롭게 모임을 이끌었지만, 워낙 가지각색인 문화와 사람들이 뒤섞이다 보니 그리스도인들 가운데서도 문제가 터졌다.

나, 디도는 몇 차례 고린도교회를 방문한 적이 있었다. 사실, 도시를 제대로 이해하고 나서야 비로소 거기서 모이는 교회를 정확하게 파악할 수 있는 법이다. 그렇지 않으면 눈앞에 펼쳐지는 일들에 시선을 빼앗길 수밖에 없다. 실라와 바울이 처음 고린도 성내에 들어섰을 때 그랬던 것처럼 말이다.

23
고린도에서 (3)

실라와 디모데는 여행이라면 이골이 난 나그네들이었지만, 고린도 근처에서 마주친 것과 같은 광경은 처음이었다. 성문에 가까이 다가서자 도시의 정식 명칭 '라우스 주리아 코린티엔시스'(LAUS JULIA KORINTHIENSIS)를 커다랗게 새겨 놓은 게 보였다. 디모데는 성내로 들어가기 전에 먼저 사방 들판을 돌아보았다. 눈길이 닿는 데마다 남자와 여자, 아이들이 수없이 북적이고 있었다. 변변한 집도 없이 구릉 중턱에 기대어 사는 가족도 허다했다. 낮에 일하고 밤에 자는 이들이 있는가 하면, 해가 지면 일하러 나갔다가 동이 트면 돌아오는 이들도 있었다. 어느 쪽이든 들판에 불을 피우고 밥을 지었다. 밥이라고 해 봐야 하루치 품삯으로 받은 낱알 한 줌을 솥에 넣고 끓이는 게 전부였다. 온갖 형상과 색깔, 크기의 천막들이 벌판에 점점이 박혀 있었다.

"수천, 수만 명이 저기서 저렇게 사는군요." 디모데는 어깨를 으쓱해 보이며 말했다.

성 안 풍경도 별반 다를 게 없었다. 로마에서 피난 나온 유대인들이 거리마다 메지고 터졌다. 그야말로 입추의 여지가 없어서 한 몸 들이밀 공간조차 보이지 않았다. 저마다 샌들 한쪽, 말라비틀어진 과일쪼가리 몇 점까지 죄다 들고 나와서 손님을 부르며 팔고 있었다.

"저 많은 이들이 도대체 어디 가서 잠자리를 찾는 거지?" 실라는 그들의 초췌한 얼굴을 쳐다보고 귀청이 따가울 만큼 시끄러운 소음을 들으며 물었다.

"그러게요. 어디서 자는 걸까요?" 디모데도 똑같은 말을 했다.

"장터와 골목은 물론이고, 심지어 남의 집 현관 앞에도 사람들이 바글거리잖아요. 그리고 저 위를 좀 보세요. 지붕에도 천막이랑 캐노피들이 꽉꽉 들어찼어요."

"장거리에 모닥불이 깔리다시피 하고 연기가 치솟는 광경은 이 나이를 먹도록 본 적이 없어." 실라가 대꾸했다.

"지붕 위에 올라가 들판이랑 장터를 내려다보면 이런 데서 어떻게 지내며, 무얼 먹고 사는지 정말 의아해질 것 같아요."

바로 그때, 시신을 가득 실은 수레가 지나갔다. 디모데는 놀라서 신음소리를 냈다. 실라는 지독한 냄새를 피하느라 손으로 입과 코를 가렸다.

"누군가 '고린도에 간다고 다 사는 게 아니다'라고 해서 무슨 뜻인가 했더니, 이제 알겠네. 저렇게 참혹한 꼴은 난생처음일세." 반쯤 넋이 나간 목소리로 실라가 중얼거렸다.

"다시는 보고 싶지 않아요." 디모데도 맞장구를 쳤다.

"다들 미쳐 가고 있는 게 아닐까?"

"저기 늘어선 술집들 좀 보게."

"저쪽에 사창가도 있어요."

"저기 저 사람들 좀 보게나. 통 시끄러워서…."

"너무 시끄러워서 무슨 말씀인지 잘 들리지 않아요." 디모데는 고함을 쳤다.

"소음이 대단하다고 했네! 나도 자네 말이 잘 안 들려!"

"이렇게 많은 외지인들이 들끓는 걸 본 적이 있으세요?"

"토박이를 보기가 더 어려운 것 같으이. 여기저기서 실랑이를 벌이고, 고함을 지르고…. 도대체 왜들 그러는 거지?"

바울이 알려 준 여관을 찾아가며 실라는 중얼거렸다.

"천막과 관련된 일판을 벌이기에는 안성맞춤이군."

"바울 선생님이 어디 계시는지 도무지 짐작이 가질 않아요. 말씀하신 여관에는 방이 있을 것 같지 않아요. 무슨 메시지라도 남겨 두셨으면 좋겠는데…."

둘은 계속 장거리를 헤집고 나갔다. 그리고 오랜 고생 끝에 마침내 찾던 여관에 도착했다.

순간, 누군가 둘을 향해 소리쳤다.

"유대인이슈?"

실라는 그 사내를 돌아보았다. 해코지할 인상은 아니었다.

"그렇소이다만!" 그러고는 건조하지만 장난기를 주체하지 못하는 말투로 덧붙였다.

"내 친구가 여기 묵고 있나요? 여태 마음을 못 정하고 고민 중인 건 아니겠죠?"

"그럼, 이편이 예루살렘에서 온 실라 님이고 그쪽은 루스드라에서 온 디모데 님이겠구려."

둘은 동시에 고개를 끄덕였다.

"날마다 여기 와서 두 분이 도착하기만 기다렸습니다. 바로 이 자리에, 딱 앉았기를 몇 주씩이나 했죠. 갑시다. 친구 분께 데려다 드리겠소."

디모데는 두리번두리번 장터를 돌아보며 말했다.

"선생님! 우리도 바울 선생님에게 할 얘기가 많겠지만, 그분도 하고 싶은 말씀이 산더미 같겠어요."

24
고린도에서 (4)
: 도시의 이모저모

  이제 나, 디도는 앞으로 펼쳐질 사건들을 더 잘 이해할 수 있도록 고린도에 관한 몇 가지 이야기를 더 해 두려고 한다.
  디모데와 실라가 목격한 장면들은 로마제국을 통틀어 전례가 없던 일이었다. 너무도 혼란스럽고 당황스러워서 아무도 가닥을 잡지 못했다. 고린도의 다양성은 파악은커녕 가늠조차 불가능한 형국이었다.
  도시 서쪽에 사는 이들은 로마인들이었다. 동쪽에는 동방에서 온 이들이 자리를 잡았다. 시내 한복판에 터를 다진 이들은 토박이 그리스인들이었다. 지역마다 고유한 문화적 특성과 저만의 관습, 그리고 언어가 있었다. 동쪽 지역의 경우에는 여럿이 있었다. 이러한 사실들은 도시와 에클레시아, 양쪽에 큰 혼란을 불러 왔다. 온갖 문화와 관습, 세계관이 유스도의 집에서 만난 셈이었다.

고린도교회가 초기에 겪었던 엄청난 어려움을 이해하려면, 우선 이 도시의 속성을 제대로 알아야 한다. 고린도는 바다와 바다 사이에 자리 잡은 이른바 지협(바다가 양쪽을 파고들어 잘록해진 지형-역주)이다. 고린도 양편의 바다를 직선으로 연결하면 고작 8킬로미터 남짓이다. 그 좁은 틈바구니에 세워진 도시가 바로 고린도다. 에게 바다와 맞닿은 동쪽에는 겐그레아 포구가 있으며, 아드리아 해와 마주하는 서쪽은 레케움(Lechaeum) 항이 있는데, 그 틈새가 바로 남부 그리스의 중심도시 고린도인 셈이다.

날마다 서쪽에서 수많은 배들이 레케움에 들어왔다. 이탈리아 브룬디시움에서 출항한 선편들이었다. 동쪽에서 오는 배들은 겐그레아에 닻을 내렸다. 두 항구 사이에 선 도시 고린도에 시장이 발달한 건 당연한 노릇이었다. 온갖 상품과 물자, 문화가 고린도에서 뒤엉켰다. 하루 스물네 시간 동안 거래가 끊이지 않았다. 성 안에는 헤아리기 어려울 만큼 다채로운 언어와 인종, 관습이 존재했다. 말 그대로 동방과 서방이라는 두 세계가 교차하는 지점이었다.

이처럼 뜨거운 분위기에는 레케움과 겐그레아를 잇는 트롤리도 단단히 한몫했다. 노예들이 육지에 깔린 선로를 따라 배를 끌었다. 아드리아해에서 에게해로, 에게해에서 아드리아 해로 배를 옮겼다. 고린도는 커다란 장삿배가 육지를 오가는 걸 볼 수 있는 세계에 하나뿐인 도시였다. 다소 원시적인 운송 방식이긴 했지만, 위험천만한 말레아 곶(Cape of Malea)을 지나는 것보다 한결 빠르고 안전했다.

고린도가 혼란스럽고 방탕하다는 소문은 세상 방방곡곡에 두루 알려졌다. 물건을 사고팔며 속고 속이는 다툼이 일상이 되다시피 했다. 결국 분쟁과 소송이 꼬리를 물고 일어났다. 그처럼 온갖 언어와 법의식이 뒤엉켜 있으니 당연한 노릇이었다.

고린도를 찾는 떠돌이들 가운데 대다수는 멀리서 왔다가, 고작 사나흘 머물고 떠나는 게 보통이었다. 나그네들은 노독을 푼답시고 술에 취해 흥청망청 떠들어 대기 일쑤였다. 고린도가 악명을 떨치게 된 데는, 그런 볼썽사나운 모습도 적잖이 힘을 보탰다.

양쪽 항구로 들어온 배가 부두에 내린 짐은 대부분 고린도로 들어갔다. 거래와 중개는 금방 끝났다. 노예들을 사납게 몰아쳐 가며 내지르는 고함과 채찍이 허공을 가르는 소리가 뒤를 따랐다. 물주들은 노예들을 사납게 몰아쳐 가며 배를 육지로 끌어올렸다.

밤이든 낮이든, 수레에 이런 저런 물건을 가득 싣고 고린도 성 안팎으로 나르는 이들을 볼 수 있었다. 때로는 당나귀가, 때로는 노예들이 짐차를 끌었다. 로마제국의 노예가 종살이를 하는 기간은 25년 남짓이었다. 사실, 풀려난다 해도 그들의 삶은 조금도 나아질 게 없었으며, 못해지지 않으면 그나마 다행이었다. 매매와 거래에 관심이 많은 도시에서 그들의 생활 조건은 척박하기 짝이 없었다. 주인들은 노예를 가혹하게 다뤘다. 풀려난 종들이 받는 대접도 다르지 않았다.

겐그레아는 로마를 제외하고 세상에서 가장 시끄러운 동네일지 모른다. 실라와 디모데가 처음 발을 디딘 곳이 바로 거기였다. 둘은 이른바 발라카이온 대로(Valachaion Way)를 따라 고린도까지 걸었다. 고작 몇 킬로미터에 지나지 않는 길이었지만, 당장 발길을 돌려 베뢰아로 가야 하는 게 아닐까 심각하게 고민했다.

고린도 시내에 들어서면, 수많은 인파가 도무지 알아들을 수 없는 갖가지 언어로 왁자지껄 떠드는 소리에 정신을 잃을 지경이 된다. 그리스어, 라틴어, 히브리어와 이집트어가 주종을 이루지만, 그 밖에도 이루 꼽기 어려울 만큼 다양한 언어가 쓰였다. 듣도 보도 못한 말을 하는 이들도 있었다. 결국, 장사치들마저도 통역을 세우고 물건을 팔기에 이르렀다. 말이 통하지 않는 손님이나 상인들이 지천이었기 때문이다. 목화 뭉치, 과일 더미, 각종 채소, 옷감을 비롯한 상품들이 가는 곳마다 산더미 같이 쌓여 있었다.

고린도는 온 그리스를 통틀어 빼어난 건축물로도 명성이 높았다. 아고라의 규모는 어마어마했지만, 그 한 해에 갑자기 엄청난 인파가 몰려든 탓에 장터를 가로지르기가 여간 어렵지 않았다. 시장 뒤에는 가난뱅이 중의 가난뱅이들이 모여 사는 구역이 있었다. 로마 외에는 그처럼 참담하게 가난한 이들을 본 적이 없다.

헤아리기 어려울 만큼 많은 이들이 아고라에서 잠을 청했다. 돌이 깔린 길바닥에 그냥 눕기도 하고 남의 집 문간이나 들판에 나가 잠을 청하기도 했다. 집이라는 건 생각조차 할 수 없는 신세들이었다. 곳곳에 피워 놓은 조그만 모닥불들은 밤낮없이 타올랐다. 거지나 다름없는 가난뱅이들이 몸을 녹이고 몇 술 안 되는 끼니거리를 덥히는 불이었다. 다들 음식을 넉넉하게 챙기고 싶어 했다. 음식을 구하기가 어려운 겨울이나 일감을 찾지 못하는 날에 대비해서, 얼마쯤이라도 떼어놓으려 안간힘을 썼다. 이런 이들이 입은 옷은 옷이라고 말하기가 어려웠다. 낡은 천 조각을 누덕누덕 기워 붙인 데 지나지 않았다. 여분의 의복을 지녀 본 적이 없이, 평생 한 벌로 버티는 단벌인생이 대다수였다. 날마다 밤새 숨진 이들을 거둬다가 들녘에서 불태웠다. 헐벗고, 병에 걸리고, 굶어서 죽은 가난뱅이의 몸뚱이들이었다.

성 안에 들어서는 나그네들이 가장 놀라워하는 대목은 무려 30-40개씩이나 되는 포도주가게들이 줄지어 늘어서 있는 광경이다. 상점의 주고객은 며칠 머물고 떠나는 떠돌이들이다. 하지만 거의 모든 이들이 술에 취한 것처럼 보인다. 고린도가 '술독에 빠진 도시'라는 오명을 뒤집어쓰게 된 까닭이 거기에 있다. 잠시 거쳐 가는 장사치와 뱃사람들이 고린도를 성매매의 도시로 만들었다는 점도 짚고 넘어가야겠다. 나, 디도가 시리아의 안디옥에서 자라던 시절, 어른들이 몸 파는 젊은 여성들을 일컬어 '고린도 아가씨'라고 부르던 기억이 난다. 그만큼 고린도가 방탕한 도시였다는 뜻이리라.

고린도는 우상숭배의 근거지이기도 하다. 시장 북쪽, 공회당 바로 옆에 아폴로 신전이 있다. 그 밖에도 곳곳에 헤르메스, 헤라클레스, 포세이돈, 비너스 포르투나, 아테나 같은 신들을 기리는 사원들이 있었다. 시에서는 시장 서쪽 끝에 판테온을 세워서 수없이 많은 신들을 한꺼번에 기렸다.

북쪽에는 치료의 신 아스클레피오스에게 바치는 신전이 있다. 제국 전역에서 수많은 이들이 찾아와 고질병을 낫게 해 달라고 빌었다. 고린도에는 로마와 아테네 정도를 빼고는 세상 어느 도시보다 많은 우상들과 신에게 바치는 제단이 있었다. 하루에도 수없이 많은 제사가 드려졌으므로 제물로 올라오는 고기를 다 처리할 수 없을 지경이었다. 결국, 신관들은 돈을 받고 남아도는 육류들을 규모가 큰 푸줏간에 넘겼다. 그렇게 흘러나온 고기들은 다시 시장에서 팔려나갔다.

날씨가 나빠지면, 사람들은 장터에 군데군데 피워 놓은 모닥불 가까이에 다닥다닥 붙어 앉아 서로의 체온으로 몸을 녹였다. 일기가 며칠씩 불순해도 가난뱅이들은 비바람을 고스란히 맞으면서도 꼼짝 않고 자리를 지켰다. 평균 수명이 어느 도시보다 짧았다. 물론, 로마를 제외하고.

이처럼 인구가 몰리다 보니 로마에서처럼 여염집 지붕에까지 천막이 들어서기 시작했다. 그리고 채 일 년이 지나기도 전에, 어느 집 지붕이 무너져 수많은 이들이 죽고 다쳤다는 소문이 들렸다.

나, 디도는 거리를 뒤덮다시피 한 쓰레기와 오물에서 풍겨 나와 종일 시내를 떠돌던 독한 냄새들도 결코 잊을 수가 없다.

소음 또한 견디기 어려울 정도였다. 누구든 고린도에 갔다가 시장 근처에 숙소를 잡았다면 밤새 한 잠도 이루지 못할 게 뻔하다. 동쪽 항구에서 서쪽 포구로 양과 염소, 소떼가 하루 스물네 시간, 쉴 새 없이 몰려다닌다. 수천 명의 노예들이 등에 짐을 잔뜩 지고 지협 이편에서 저편으로 나르는 고함소리도 끊이질 않는다. 거기다 밭은기침소리까지 끊임없이 이어진다고 생각해 보라.

2년에 한 번씩 열려, 한 달 넘게 이어지는 이른바 '이스미안 게임*' (Isthmian Games, 고린도지협경기대회)만 없었더라도, 고린도가 그렇게까지 참담한 도시로 소문이 나지는 않았을 것이다. 이때가 되면 사방에서 찾아오는 구경꾼으로 온 시내가 미어터진다.

마지막으로, 옛 그리스의 수사학적 전통이 그대로 남은 덕에, 고린도는 웅변가들을 사랑하는 도시가 되었다. 연설에 능한 이들은 영웅 대접을 받았다. 대중의 인기와 엄청난 칭찬을 한꺼번에 끌어 모았다.

그러므로 고린도교회의 병폐를 꼬집고 비판하기 전에 우선 한 번 방문해 보라. 그런 문제들이 벌어진 게 더는 이상스럽게 보이지 않을 것이다. 오히려 그 속에서 에클레시아를 만들고 지켜낸 걸 대단하게 여기게 될지도 모른다.

고린도의 실상을 이만큼 설명했으니, 이제 디모데와 실라가 바울과 만나는 자리로 돌아가 보자.

---

* **이스미안 게임(Isthmian Game)**
바다의 신 포세이돈(Poseidon)을 기념하기 위해, 2년에 한 차례 고린도의 이스미안에서 개최된 고대 종합경기. 당시의 경기는 달리기, 높이뛰기, 원반던지기, 투창, 레슬링 등 5종목이었으며, 경기에서 우승한 자들에게는 올리브 잎이나 종려나무 잎으로 만든 화관(花冠)이 수여되었다.

25
고린도에서 (5)
: 실라와 디모데와의 재상봉

"선생님!"

바울은 튀어 오르듯 자리에서 일어났다. 바늘이며 실 따위가 사방으로 흩어졌다.

"디모데!" 외마디 소리와 함께 바울은 사람들을 헤집고 달려 나가 젊은 친구를 꼭 끌어안았다.

"실라 선생도 오셨구려!"

사도의 입에서 튀어나온 다음 말은 예상했던 그대로였다.

"디모데 형제, 데살로니가교회는 어떤가?"

"멀쩡해요. 아니, 대단하다고 해야죠. 드릴 말씀이 한두 가지가 아녜요."

"어서 말해 보게. 아차! 여기는 그리스도 안에서 형제가 된 아굴라일세. 로마에서 온 양반이지." 바울이 소개했다.

이어 손으로 시장 전체를 훑듯이 가리키며 말했다.

"여기 있는 이들 가운데 절반이 그렇다네."

실라는 머리를 절레절레 흔들었다.

"이런 건 처음 보네그려. 온 천지에 동포들뿐인 것 같아. 여관까지 꽉꽉 찼더군. 사방에 천막이고 그나마도 없어서 몸 붙일 데가 없는 이들도 수두룩해."

"아굴라 형제는 로마에서 처음 이곳으로 넘어온 초기 이주자 가운데 하나라네. 덕분에 집을 장만할 수 있었다더군."

"오, 집까지!" 디모데와 실라는 동시에 소리쳤다.

"금방 가 보게 될 걸세. 그건 그렇고, 어서 얘기해 보게. 데살로니가 모임은 어떻게 됐나, 디모데 형제? 그리고 실라 선생, 거기 교회는 괜찮은가? 베뢰아 말일세."

"베뢰아의 그리스도인들도 썩 잘해 나가고 있다네. 인사와 아울러 사랑한다고 전해 달라더군."

"블라스티…." 바울은 헛기침을 몇 번이나 하고서야 비로소 말을 맺었다.

"신경 쓰이는 손님은 없던가?"

"전혀 없었습니다." 디모데가 재빠르게 대답했.

"비슷한 인물이 얼쩡거린다는 얘기도 들은 바 없고요."

"저기…." 아굴라가 인기척을 냈다.

세 사람이 하도 반갑고 진지한 이야기를 나눠서 감히 끼어들기가 어려웠던 모양이었다.

"집으로 가셔서 말씀을 더 나누시죠. 아내가 여러분들을 위해 밥을 지었답니다."

"형제!" 바울이 디모데를 불렀다.

"이분 댁에 가면 또 다른 루디아를 만나게 될 걸세. 어쩌면 정도가 더 심할지 모르지."

"로마제국 안에 그렇게 씩씩한 여성이 또 있다고요?" 디모데는 웃음을 터트렸다.

몇 분 뒤, 셋은 아굴라의 집에 들어섰다. 실라가 바울에게 지난 몇 달 동안 일어난 일을 설명하고 있던 참에 안주인이 나타났다. 바울이 뭐라 말하기도 전에 브리스길라가 큰 소리로 외쳤다.

"어서 오세요! 그러니까 이편이 실라 선생님이고, 젊은 친구가 디모데로군요. 저희 집에 머무세요. 오, 미리 말씀드려 둬야 할 게 있어요. 숙박비가 엄청 비싸답니다. 돈깨나 깨지실 거예요."

브리스길라는 두 팔을 활짝 벌려 보이며 말했다.

"두 분이 가진 돈보다 이마-안큼은 더 준비하셔야 할 걸요?"

말을 마치자마자 등장할 때만큼이나 빠르게 부엌 쪽으로 사라져 버렸다.

바울은 손으로 이마를 짚으며 말끝을 흐렸다.

"루디아랑 비슷하지 않…."

디모데와 실라는 때굴때굴 구르며 웃었다.

"드디어 바울 선생이 적수를 만났군!"

"웬걸? 난 상대가 안 되네. 깜냥이 안 돼!" 바울은 진지하게 말했다.

"저 여인을 알면 알수록 정말 귀한 분이라는 걸 깨닫게 될 걸세. 저렇게 온갖 정보를 다 알고 있는 사람은 여태 본 적이 없네."

잠시 후, 브리스길라가 다시 얼굴을 내밀었다.

"물을 좀 가져왔어요. 음식도 금방 내오겠습니다. 댁이 디모데고, 음…, 이쪽이 실라 선생이죠. 물을 드리기 전에 우선 돈부터 받아야겠습니다만!"

여인은 반짝거리는 눈으로 주전자의 크기를 면밀히 가늠하는 시늉을 하더니 말을 이었다.

"음, 5데나리온이면 되겠네요. 아니, 아니! 6데나리온은 받아야겠어요. 아니, 그보다 더 불러야 할까?"

그러고는 물주전자를 조심스럽게 내려놓고 부엌으로 돌아갔다.

"사람들이 저 로마 여인을 두고 하는 말이 틀림없는 사실이라는 걸 알게 됐네. 그러고 나서는 정말 로마에 가야 할지 망설이게 됐네. 로마 여자들은 호머의 시에 나오는 아마존 여인들과 아주 흡사할 것 같아서 말이야."

"여기 과일을 가져왔습니다. 하지만 선생님들이 과연 값을 치르실 수 있을지 심히 의문스럽군요." 브리스길라가 끼어들었다.

"그러니까 그냥 눈으로 구경만 하세요. 물은 마셔도 좋지만, 값은 주전자 옆에 놓아두시고요."

재미있어 죽겠다는 눈치였다. 여인은 다시 종종걸음을 치며 사라졌다.

브리스길라를 만난 이들이 다 그렇듯, 두 형제들도 완전히 매료되고 말았다.

여인이 다시 등장했다. 이번에는 먹음직스러운 음식들과 함께였다.

"생각이 달라졌어요. 바울 선생님이 친구 분들 밥값까지 대신 내는 걸로 하죠. 숙박비도요."

둘은 깔깔대며 웃었다. 실라가 "이렇게 고마울 수가! 바울 형제, 난 이 집에서 가장 좋은 방을 내주게!"라고 너스레를 떠는 사이에 디모데는 냉큼 팔을 뻗어 물 잔을 집어 들었다.

모두가 자리를 잡고 앉자, 브리스길라는 디모데를 돌아보며 말했다.

"젊은이, 자네는 저 방에서 지내시게. 그리고 실라 선생님은 아래층 방을 쓰세요. 바울 선생님이 기도하는 아주 괜찮은 방이죠."

그러고는 눈을 가늘게 뜨고 쐐기를 박았다.

"다시 한 번만 돈 얘길 꺼냈다간 다들 들판에서 주무시게 될 줄 아세요! 아침은 동 트기 전에 드시도록 준비할게요. 씻고 나오시면 바로 드실 수 있을 거예요. 그리고 점심은, 에 또…, 점심은 정오에 먹지요. 매일 같은 시간에요. 거기에 맞춰서 오세요. 식사를 못할 형편이면 적어도 한 시간 전에는 미리 알려 주세요. 그렇지 않으면 바울 선생이 값을 곱빼기로 치러야 할 겁니다."

여인은 잠시 숨을 돌리더니, 손가락으로 고양이 발톱 모양을 해 보이며 덧붙였다.

"다시 말하지만, 또 돈 얘길 꺼내면 알아서들 하세요!"

디모데는 마냥 행복한 표정으로 상황을 즐겼다.

"디모데, 자네도 마찬가지야! 한마디만 더 하면 당장 장에 내다 팔아 버리겠어!" 바울은 브리스길라 흉내를 냈다.

디모데와 실라는 또 한 번 요란스레 웃음을 터트렸다. 바울은 웃다 못해 얼굴까지 빨갛게 달아올랐다. 입에서 토해낸 말이라고는 "브리스길라 마마를 상대해 이길 자신이 있으면, 제발 그렇게 해 주게!"뿐이었다.

"브리스길라 마마라고 했나?" 실라가 물었다.

"그렇다네. 나에게는 자세히 이야기해 주지 않지만, 실제로 로마 귀족 가문들과 적잖은 연관을 가지고 있다네.

하지만 오해는 말게. 브리스길라와 아굴라 부부는 온 마음을 다해 주님을 사랑한다네. 뿐만 아니라 유대인 공동체로부터도 존경을 받고 있지. 모임에 참석하는 형제자매들로부터는 더 말할 것도 없고. 고린도 에클레시아 자체가 처음부터 저 두 분의 집에서 시작됐거든."

"고린도에도 모임이 생겼단 말씀이신가?" 실라가 화들짝 놀라며 물었다.

"그렇게나 빨리?"

"그렇다네. 하지만 그 사연은 나중에 들려줌세. 지금은 두 사람 얘길 먼저 들어야겠네. 형제들에게 듣고 싶은 게 너무나 많다네."

식사를 마친 일행은 바울의 방으로 자리를 옮겼다. 그렇게 시작된 대화는 밤늦도록 이어졌다.

바울은 우선 디모데에게 물었다.

"데살로니가교회의 형편부터 얘기해 보게. 어떻게들 지내고 있는

가?"

"선생님, 아까 드린 말씀 그대로입니다. 다들 멀쩡해요. 좋은 소식이죠. 그렇기는 해도 온 교회가 극심한 핍박을 견뎌 나가고 있어요. 도시 전체가 일삼아 형제자매들을 들볶고 있어요. 하지만 아마 데살로니가교회 식구들만큼 제 문제에 신경을 쓰지 않는 이들은 다시없을 겁니다. 선생님이 가르쳐 주신 대로 범사에 기뻐하고 있어요. 함께 둘러앉아 오늘 무슨 험한 일들이 벌어졌는지 나누는 걸 좋아해요. 다들 하고 싶은 얘기가 많아서 앞을 다툴 정도라니까요. 무슨 사연을 나누든 사이사이에 왁자지껄 웃음이 터지곤 하죠. 말이 끊어지고 함께 즐거워하고…. 하지만 그게 전부가 아니에요."

"좋은 쪽으로, 아니면 나쁜 쪽으로?" 바울은 근심스레 물었다.

"당연히 좋은 일이죠. 조금 미숙한 것 말고는요."

"잠시 후에 계속하기로 하지. 일단 베뢰아 쪽 상황을 먼저 듣고 나서 말이야."

"베뢰아도 좋아." 실라가 대꾸했다.

"데살로니가교회에 큰 힘과 격려를 줄 정도라네."

"참말인가? 베뢰아교회 식구들이 데살로니가를 찾아갔다고?" 바울은 숨이 멎기라도 하듯 다급하게 소리쳤다.

"그렇다네. 온 교회가 자주 데살로니가교회에 다녀온다네. 바울 선생이 떠난 뒤로 지금까지 이교도들의 축제 기간이 두 번 있었는데, 그때마다 모임에 나오는 식구들이 다 같이 데살로니가까지 걸어가서 하루 밤낮을 함께 지냈지."

바울은 눈물을 쏟으며 흐느끼기 시작했다.

디모데도 감격에 겨워 허공에 연신 주먹질을 해대며 말했다.

"그게 전부가 아니에요. 실라 선생님, 어서 그 얘기도 해 드리세요. 좀처럼 믿으려 들지 않으실 것 같지만 말예요."

"그래, 그러세. 바울 형제, 혹시 빌립보교회 성도들에게 편지를 보내 달라고 했던 걸 기억하나? 디모데 형제와 함께 자네가 시킨 대로 했다네. 데살로니가교회의 암울한 형편을 알리고, 아직 어린 공동체여서 많은 도움이 필요함에도 불구하고 도리어 엄청난 박해를 받고 있음을 전했지. 마치 빌립보교회는 어리지 않다는 투로 썼다네. 그런데 글쎄, 빌립보에 사는 형제자매들이 뜻을 모아서 그 먼 거리를 걸어 데살로니가로 찾아온 게 아니겠나! 어떻게 그런 마음들을 먹었는지! 그들도 아까 말한 명절을 택해 길을 나섰던 거야. 그러니 어찌 됐겠나? 베뢰아와 빌립보 모임에서 온 형제자매들이 데살로니가의 그리스도인들과 한자리에서 만나는 영광스러운 사건이 벌어진 걸세. 베뢰아 식구들은 기쁨을 주체하지 못하더군. 빌립보에서 온 그리스도인들은 새로운 기운이 샘솟는 표정들이었어. 데살로니가 식구들은 감동에 휩싸였어. 모두에게 물밀 듯 기쁨이 밀려들었어."

바울의 얼굴은 기쁨으로 빛이 났다. 오랫동안 볼 수 없었던 모습이었다.

"교회들끼리 서로 돌본 셈이군!" 바울이 한마디 한마디에 힘을 주어 말했다.

"맞아. 서로를 더없이 아름답게 보살핀 거지." 실라가 화답했다.

바울은 눈물을 멈추지 못했다. 실라와 디모데는 기쁨과 안도의 눈물을 쏟는 사도를 오랫동안 지켜보았다. 온갖 두려움이 한순간에 사라져 버린 듯했다.

"바울 선생님!" 디모데의 목소리가 은근했다.

"더 좋은 소식을 알려 드릴 테니 이제 그만 우세요."

바울은 울고 웃기를 되풀이했다. "더 좋은 소식이라고?"

평정심을 되찾으려 안간힘을 쓰지만 뜻대로 되지 않는 눈치였다.

"울고 싶으면 우세요. 그래도 얘기는 해 드릴게요. 누가 선생님이 고향 안디옥으로 돌아가신 건 아시죠? 그런데 빌립보를 떠나기 전에 안디옥교회에 편지를 내신 모양에요. 듣자 하니 데살로니가의 사정이 이만저만 하다는 얘길 적으신 거죠. 누가 선생님이 안디옥에 도착해 보니, 형제자매 몇 명을 데살로니가교회에 보내기로 결정을 해놨더래요. 뿐만 아니라 갈라디아 지방의 교회 네 곳에 서신을 보내서 안디옥교회의 그리스도인들과 함께 빌립보와 데살로니가교회에 심방하러 갈 뜻이 있는지 물었대요."

바울은 완전히 허물어졌다. 팔을 내밀어 실라를, 그리고 다시 디모데를 끌어안았다. 그리고 두 팔을 하늘을 향해 들어올렸다. 하지만 차마 말이 나오지 않는 듯 한참이나 침묵을 지켰다. 눈물은 감격을 표현하는 여러 통로 가운데 하나일 따름이었다.

디모데의 보고는 계속 이어졌다.

"갈라디아에 있는 네 교회는 가이오를 비롯해 몇몇을 그리스에 보내기로 결정했어요. 그렇게 해서 안디옥과 갈라디아에서 온 그리스도인들이 한 곳에서 만나 다섯 교회의 대표 자격으로 그리스를 향해 출발한 거죠. 일행은 우선 빌립보에 들렀다가 데살로니가로 갔어요. 그 만남은 지금도 진행 중입니다."

바울은 듣고도 믿을 수 없어서 몇 번이고 확인했다.

"더베의 가이오와 갈라디아에서 온 형제자매들이 안디옥교회의 그리스도인들과 만나서 모두 함께 그리스 땅 데살로니가로 갔다, 그런 얘긴가?"

"갈라디아를 출발한 가이오 일행은 중간에 안디옥교회 식구들과 합류해 배편으로 빌립보로 갔어요. 거기서 정말 멋진 시간을 가졌다고 하더군요. 그 다음에는 걸어서 데살로니가로 간 거죠. 가이오는 고향으로 돌아가 갈라디아의 네 교회를 두루 돌아다니며 심방 결과를 보고할 거예요. 갈라디아 식구들도 데살로니가교회의 형편을 잘 알게 되겠죠. 머잖아 못 말리는 데살로니가 형제자매들 이야기를 하면서 다들 기뻐하게 될 겁니다."

이번에는 실라가 말을 이어 갔다.

"여기 가이오가 보낸 편지가 있네. 우리가 이리 오기 직전에 쓴 것 같더군. 고향 갈라디아로 돌아가서 네 교회에 보고할 내용을 적었더라고.

바울 형제, 혹시 갈라디아에 다시 가더라도 데살로니가교회에 관해 따로 얘기할 필요는 없을 성싶네. 가이오의 보고만으로도 그곳 식구들은 마치 데살로니가 현장에 있는 느낌이 들 걸세."

바울은 두 형제의 이야기를 듣고 나서도 좀처럼 전모를 파악하기가 어려웠고, 격해진 감정을 억누르지 못했다.

"빌립보라고 했나? 거기 식구들이 다른 교회를 심방했고, 또 심방을 받기도 했다는 얘기지? 갈라디아에 있는 비유대인 교회들이 그리스를 찾아가고? 안디옥에도 갔다는 말인가? 하지만 어려움을 겪는 건 빌립보교회가 아니잖은가?"

"빌립보는 이제 도시 전체가 에클레시아에 대해 아주 우호적인 입장을 보이게 됐죠. 무엇보다 수없이 많은 이들이 치유를 받았고 귀신이 쫓겨나갔으니까요. 누가 선생님은 의술을 통해서 주민들의 호의를 얻었고, 그렇게 살 토대를 든든히 다져 놓았어요. 그리고 지진이 바울 선생님을 향한 시선을 크게 바뀌었다는 사실도 빼놓을 수 없죠. 덕분에 빌립보의 그리스도인들은 아무런 박해도 겪지 않고 있습니다.

선생님! 빌립보를 떠나면서, 아무든 찾아오는 이가 있으면 불러서 메시지를 전하게 하라고 하셨잖아요? 블라스티니우스를 염두에 두시고요. 누가 선생님이 빌립보교회에 마지막으로 남기신 당부도 그 얘기였어요. 설령 낯선 인물이라 해도 모임에서 이야기하는 걸 막지 말라고요. 제가 장담하지만, 빌립보교회 성도들은 정확한 내막을 알지는 못했을 거예요. 하지만 어디서 누가 찾아오든 안디옥과 갈라디아에서 온 형제자매들에게처럼 열렬히 환영하리라는 것만큼은 분명해요."

바울은 끙 하고 신음소리를 냈다.

"블라스티니우스는 임금님 대접을 받게 되겠군."

그러나 금방 그 생각을 털어버리고 디모데를 재촉했다.

"자, 데살로니가교회 이야기나 더 해 보게."

"도시 전체가 성도들에게 분노를 쏟아 붓기로 작정했다는 점은 두말할 필요 없이 확실한 것 같습니다."

"좀 전에, 무슨 '미숙한' 부분이 있는 것처럼 말하지 않았던가?"

디모데는 인상을 잔뜩 찌푸렸다. 맞춤한 단어를 떠올리려 용을 쓰는 듯했다.

"그러니까, 말하자면 이런 겁니다. 어린 형제 하나가 다소 지혜롭지 못한 짓을 했습니다. 선생님이 그곳 형제자매들과 헤어지기 전에 마지막 모임 자리에서 하셨던 말씀과도 관련이 있습니다. 혹시 생각나세요? 그때 누군가가 클라우디우스를 어떻게 생각하느냐고 물었잖아요."

바울은 잠시 기억을 더듬더니 미간을 찡그리며 말했다.

"오, 안 돼!"

"저는 그 자리에 없었어요." 디모데가 말을 이었다.

"그래서 무슨 말씀을 하셨는지 모릅니다. 선생님의 뜻과 상관없이 실제로 벌어진 사태는 이겁니다. 몇 주 전, 한 그리스도인 청년이 아고라에서 몇몇 논쟁에 휩쓸렸어요. 그리고 그 자리에서 클라우디우스 황제에 대해 경솔한 말을 해 버린 거죠. 젊은이는 선생님의 말씀을 마음에 두고 그런 소릴 한 것 같아요.

어쨌든, 사법 당국에서 사람을 보내 그 친구를 체포했어요. 하지만 너무 어리고 미숙하다는 걸 참작해서 훈방 조처를 취했지요. 그럼에도 불구하고 젊은이의 말과 행실에 관한 얘기가 온 시내에 퍼져 나갔어요. 그 여파로 몇몇 형제들은 일터에서 쫓겨났어요. 지금은 그리스도인이라는 사실이 알려지면 시장에서조차 일자리를 얻지 못해요. 사소한 사건이었지만 심각한 타격을 입히고 있는 거죠. 그때마다 눈물을 쏟곤 하지만 금방 또 마음을 잡더라고요. 무슨 일이 벌어져도 항상 그 끝은 기쁨이죠."

바울은 고개를 가로저었다.

"난 그저 누군가의 질문에 답을 한 것뿐일세. 어린 형제가 그걸 시장에서 그대로 옮기고, 지금은 온 교회와 도시가 아우성이라니! 아, 이것 참!"

디모데는 바울의 마음을 누그러뜨려 주려고 슬쩍 화제를 돌렸다.

"데살로니가에 있는 형제자매들의 편지를 가져왔습니다. 궁금한 일들이 있나 보더라고요. 원래 그리스 사람들은 뭐든지 묻기를 좋아하잖아요. 대부분 부활과 관련된 질문들이더군요."

"뭐라고? 부활?"

"예. 예수님이 어떻게 부활하셔서 하나님 우편에 앉으셨는지를 묻는 게 아니던데요? 식구들은 자기 육신의 부활에 관해 알고 싶어 했어요. 주님이 다시 오시고 죽은 이들이 되살아난다는 게 어떤 상황이고, 어떤 모습일지 같은 거요. 야손의 집에서 난동이 벌어질 때, 두 분 선생님이 가서 기도해 주셨던 어르신을 기억하세요? 몇 주 전에 주님 안에서 영원히 잠드셨어요. 나이 많은 여성 한 분도요. 두 차례 장례를 치르면서 부활에 대한 궁금증이 많아졌나 봐요."

바울은 사뭇 진지했다.

"무슨 말인지 알겠네. 궁금해 할 수도 있겠지. 부활을 자세히 설명하지 않은 건 사실이야. 그렇지 않은가? 그리스도 안에서 육신이 죽고 나면 무슨 일이 벌어지는지 이야기해 본 기억이 없어. 두 어른의 죽음 앞에서 데살로니가 식구들이 이런 질문을 던지는 건 아주 지당한 일이지."

바울은 디모데를 지긋이 바라보며 채근했다. "그게 전부인가?"

젊은이는 활짝 웃으며 답했다.

"무슨 일이 벌어지든, 데살로니가에 있는 주님의 신부는 잘 이겨 내고 있습니다. 다른 지역 그리스도인들의 지지와 위로를 받으며 힘을 내고 있어요. 이보다 더 훌륭할 수 있을까 하는 생각이 들 정도입니다. 그곳 식구들이 원하는 게 있다면, 선생님이 직접 보내주시는 격려뿐일 겁니다."

이번에는 바울 쪽에서 궁금한 것들을 물었다. 특히 데살로니가의 그리스도인들이 서로 깊이 사랑하고 있는지 간절히 알고 싶어 했다. 빌립보와 베뢰아의 형제자매들이 먼 길을 무릅쓰고 데살로니가까지 가서 식구들을 세워 준 데 대해서는 거듭 고맙고 기쁜 마음을 드러냈다.

"그렇습니다. 이제는 멀리 갈라디아 지방에서도 데살로니가교회의 믿음과 인내를 알게 되었습니다. 안디옥뿐만 아니라 시리아와 길리기아 역시 사연을 듣게 되었고요. 교회들은 예루살렘교회를 비롯해 여러 공동체에 이러한 사실을 알리고 있습니다."

바울은 다시 눈물을 흘렸다. 타고난 울보였다.

잠시 뜸을 들였다가 디모데는 다소 중요성이 덜해 보이는 사연들도 꺼내 놓기 시작했다.

"데살로니가의 형제자매들은 서로 사랑하고 돌아보기를 꾸준히 하고 있습니다. 누가 일자리를 잃으면 에클레시아의 다른 식구들이 나서서 보살펴 줍니다. 오랫동안 벌이가 없어서 정말 어렵게 사는 형제들도 한둘쯤 있어요. 따듯한 대접이 끊이지 않고 먹을거리를 가져다주는 손길도 넘치고 하니까…, 달리 말하자면, 뭐랄까, 새벽부터 장터에 나가 일감을 찾는 게 힘들어서 궁핍하게 지낸다고 할까? 그들만 나타나면 있던 일거리도 감쪽같이 사라지는 모양이에요."

바울의 귀에는 디모데가 차마 말하지 못한 이야기까지 다 들렸다.

"거 참 이상하지 않은가? 주님 앞에 나온 뒤로 더 부지런해지는 이가 있는가 하면, 다소 게을러지는 쪽도 있으니 말일세."

"중요한 관심사는 아닙니다." 디모데가 말했다.

"하지만 아리스다고나 세군도를 비롯해 몇몇 형제들이 가끔씩 만성적인 실업 상태로 지내는 총각 형제들에게 다소 불만스러운 속내를 내비치는 건 사실입니다."

이튿날 낮에도 대화는 계속 이어졌다. 지난날을 추억하고, 새로운 이야기를 들려주고, 웃고, 기도하는 과정이 수없이 되풀이됐다. 그러다 문득, 바울의 표정이 심각해졌다.

"데살로니가에 있을 때 '내가 사는 걸 잘 지켜보고 내가 하는 대로 하라'고 귀에 못이 박이도록 얘기했는데, 날이면 날마다 내가 동도 트지 않은 이른 아침에, 시장에 나가서 부지런히 손을 놀려 가며 일하는 모습을 봤을 텐데? 그렇게 생활비를 벌어서 한 끼를 먹더라도 반드시 밥값을 냈던 걸 다 잊어버린 모양이지?"

그렇게 오래도록 대화가 지속되면서, 셋은 차츰 서로에게 일어난 중요한 일들을 자세히 알고 공유하게 되었다. 이야기를 나누는 데 정신이 팔린 세 사람은 문을 두드리는 소리가 날 때까지 밤이 온 줄도 몰랐다. 문 밖에 브리스길라가 서 있었다. 푸짐한 밥상을 차려 놓고 부르러 온 것이다.

브리스길라 자매는 접대의 달인이었다. 로마에서 나고 자란 여성들은 타지의 여인들과 달랐다. 남자와 다를 게 없다고 믿고 모든 면에서 남성들과 동등하게 생각했다. 브리스길라는 한 자리에 앉아 대화에 귀를 기울이고 더러 지혜로운 생각과 의견을 내놓기도 했다. 하나같이 유익하고 꼭 필요한 것들이었다. 누구든 이 여인을 한번 만나 보면, 뛰어난 위트와 매력적인 성품은 물론이고 그 지성과 문제를 파악하는 능력, 관찰력, 가볍게 내놓은 반응에 반하게 마련이다. 그날 밤도 그랬고 지금도 마찬가지다.

그날 저녁 밥상머리에서, 브리스길라는 디모데와 실라에게 자신이 어떻게 그리스도와 부닥쳤는지, 그리고 어떻게 남편 아굴라와 만나 사랑하게 되었는지 이야기했다. 로마의 사정을 묻자, 그 누구보다 풍부한 정보를 쏟아냈다. 아무도 방값, 밥값 얘길 꺼내지 않았다. 루디아가 그랬던 것처럼, 그 문제에 관한한 브리스길라가 최종 승자였다.

저녁식사가 끝났다. 이번에는 실라가 베뢰아교회 사정을 보고할 차례였다.

"다 좋아. 형제들은 교회의 방향을 잡는 법을 배워 가고 있네. 아내와 미혼 자매들의 필요를 채우는 데, 많은 관심을 쏟고 있지. 반대로 여성들은 슬기로운 통찰로 남성들을 이끌어간다네. 무심코 지나치거나 무시하는 부분을 족집게처럼 찾아서 정확하게 알려주는 거야. 자매들의 결속력은 정말 대단하더군. 서로에게 온전히 헌신하고 있어."

디모데가 그랬듯 실라도 소시바더 얘기를 꺼냈다.

"독특한 친구야. 세월이 지나 보면 분명히 알게 되겠지만, 틀림없이 주님이 일을 맡기시려고 부르신 것 같아. 예수님을 사랑하고 그분과 동행하려는 열성이 대단하다네."

바울은 동료의 판단을 반신반의하는 눈치였다.

"이제 길고 긴 이 밤을 마무리할 시간이네. 내일은 데살로니가교회에 편지를 써야겠어. 자네들이 힘을 보태 주면 좋겠네."

바울의 마지막 한마디와 함께 마침내 상봉과 보고 절차가 모두 다 끝났다.

26
고린도에서 (6)

: 데살로니가교회에 첫 번째 편지를 쓰다

다음날, 바울은 주인 내외에 대한 이야기로 하루를 시작했다.

"브리스길라와 아굴라가 그리스 북부에 있는 교회들을 돌아볼 수 있으면 좋겠네. 부부 가운데 아무도 비유대인 교회를 본 적이 없거든. 특히 안주인은 회당 옆에서 형제자매들이 모임을 갖는 상황을 조심스러워하고 있어. 자네들도 브리스길라가 회당에서 안식일을 지내는 걸 얼마나 싫어하는지 알게 될 걸세."

"신실한 유대인이 아닌 것만큼은 분명하군요." 디모데는 거침없이 말했다.

"브리스길라와 아굴라가 묻더군. 자신들이 다른 교회들을 찾아가는 걸 어떻게 생각하느냐고. 나는 그렇게 해 보라고 격려해 주었네. 로마에 세워진 그리스도의 몸을 보고 싶다는 브리스길라의 꿈이 언젠가 이뤄지길 나도 간절히 바란다네.

자, 이제 편지를 써야 하는데, 마지막으로 한 가지 물어볼 게 있네. 데살로니가나 베뢰아의 형제자매들이 혹시 자네들에게 이런저런 비용을 대준 적이 있나?"

디모데는 잠시 망설이다 고개를 가로저었다.

"없네." 실라도 같은 대답이었다.

"그럴 이유가 없었다네. 사랑하는 빌립보 성도들이 보내준 돈을 꺼내 쓰고 있었으니까. 어린 교회들이 다 그렇듯이 베뢰아와 데살로니가 교회도 그런 문제는 생각조차 해 본 적이 없을 거야."

"하지만 여전히 미심쩍은 구석이 있어…." 바울이 말꼬리를 흐렸.

"바울 형제, 개인적으로는 말일세, 우리가 직접 벌어서 생활하는 원칙을 지키는 까닭에 교회들로서는 그 문제를 깊이 생각하지 못하는 것 같네."

"동감이네." 바울도 고개를 끄덕였다.

"하지만 자네들이 데살로니가와 베뢰아에 머무는 동안은 손수 일해서 먹고 사는 게 불가능하지 않았나? 거기까지 가야 했고, 식구들을 돌봐야 했고, 다시 이리로 와야 했으니 말일세. 황제나 천사장이 생활비를 대 주지도 않았을 테고. 안 그런가?

그렇다면, 한 교회에 장기간 머무는 동안에는 늘 하던 대로 직접 일해서 생활비를 버는 게 좋겠어. 하지만 한 공동체에서 다른 공동체로 여행을 하거나 무슨 일로든 이동을 해야 하는 경우에는 마땅히 교회가 보살펴야 할 것 같네. 새로운 성읍에 들어가서 교회를 일굴 때도 그래야겠지. 다른 교회들에도 서둘러 자네들을 도우라고 연락해야겠어.”

“선생님 편지에는 그런 얘길 적지 말아 주셨으면 합니다.” 디모데가 막아섰다.

“마치 실라 선생님과 제가 그렇게 해 달라고 사주한 것 같잖아요.”

“그럼 편지를 받는 이들은 물론이고, 자네들도 내가 무슨 소릴 하는지 못 알아듣도록 모호하게 써 볼까나?”

바울은 빙그레 웃으며 말했다.

“그게 아니라면, 디모데 형제가 한 번 말씀해 보시게. 밥벌이를 하지 않고 빈둥대는 형제들의 문제가 심각하지 않단 말인가?”

“물론 심각하죠. 하지만 한두 형제들만 꾸준히 문제가 될 뿐, 다 그런 건 아닙니다.”

“알겠네. 아주 사소한 얘기인 듯 한두 마디만 하지. 내 경우를 본보기로 내세우면 될 거야. 하나님이 그러하시듯, 에클레시아도 내 삶을 잘 들여다보고 똑똑히 기억해 주면 좋겠네. 누구에게든 이래라저래라 하기 싫거든.

자, 그럼 편지를 써 보세. 누가 대필을 좀 해 줬으면 좋겠는데…. 디모데, 자네가 좀 맡아 주겠나? 남에게 맡기면 큰 비용을 치러야 하지만, 자네는 아니지 않은가?”

“전문가를 고용하지 않는 이유가 그뿐인가요? 공짜로 하고 싶어서요?” 디모데는 장난스럽게 물고 늘어졌다.

“음, 전문가를 부를 수도 있지. 자네가 원한다면 말일세. 하지만 굳이 그럴 필요가 있을까? 자네도 글을 읽고 쓸 줄 알잖나? 물론, 실라 형제랑 나도 있지만, 이젠 늙어서 그만하고 싶네그려. 자네도 알다시피, 로마제국을 통틀어 사십 줄이 다 된 이들 가운데 아직 읽고 쓸 만큼 시력이 좋은 이가 몇이나 되겠나?"

바울은 이쯤에서 헛기침을 두어 번 하고 다시 말했다.

"실라 형제랑 나는 둘 다 진즉에 40살을 넘겼네. 자네 혹시 모르고 있었던 거 아닌가? 반면에 자네는 깨알 같은 글씨도 다 볼 수 있지 않나. 뭐, 그래도 자네가 꼭 그래야겠다면야."

"제가 하겠습니다." 디모데가 웃으며 말했다.

"잘 생각했네! 그럼 우선 소식을 듣고 얼마나 격려를 받고 뿌듯했는지 형제자매들에게 알리는 말부터 쓰는 게 좋겠네. 오래도록 시련을 겪으면서도 계속해서 서로 사랑하는 데 대해 깊이 감사하고 있다는 얘기도 하지. 자 시작하세."

바울은 잠시 말을 멈추고 기다렸다.

디모데는 양피지를 펼치고 펜을 집어 들었다.

"바울과 실라, 디모데가 보내는 편지입니다."

이것이 사도의 입에서 나온 첫 마디였다.

디모데는 바울을 쳐다보며 물었다. "제 이름까지 넣으시게요?"

"자네가 데살로니가 성도들의 삶에서 중요한 역할을 하고 있기 때문이지."

"조금 당황스럽네요." 디모데는 토를 달았다.

젊은이의 꿍얼거림 따위는 무시해 버리고, 바울은 혼자 첫 구절을 몇 번 되풀이해 읽었다. 그러고는 이내 데살로니가교회에 보내는 첫

26 고린도에서 (6)

번째 편지를 시작했다. 그리스도인들의 공동체 전체를 향해 서신을 내는 건 이번이 딱 두 번째였다. 처음은 갈라디아에 보낸 편지였다.

> 바울과 실라, 디모데가 보내는 편지입니다.
> 하나님 아버지와 주 예수 그리스도께 속한

데살로니가교회의 그리스도인 여러분에게 보내는 글입니다.
은혜와 평화가 여러분에게 있기를 빕니다.
우리는 여러분 모두를 두고 늘 하나님께 감사하며 끊임없이 기도를 드립니다. 하나님 아버지께 여러분에 관해 이야기할 때, 그 신실한 수고와, 사랑이 넘치는 행동, 우리 주 예수 그리스도가 다시 오시길 기다리는 한결같은 기대를 떠올립니다.
우리는 하나님이 귀한 형제자매님들을 사랑하시며, 그분 자신의 백성으로 선택하셨음을 알고 있습니다. 여러분께 복음을 전할 때 말뿐만 아니라 우리가 하는 말이 사실임을 성령님께서 온전히 확신하게 해 주신 덕에 권능으로도 그리하였습니다. 우리가 여러분들 가운데서 어떻게 살았는지 여러분들은 잘 알고 있으며, 그것이야말로 우리의 메시지가 진리임을 말해 주는 더 큰 증거입니다. 그러므로 여러분은 밀어닥친 고난에도 불구하고 성령님이 주시는 기쁨으로 그 메시지를 받아들였습니다. 그렇게 해서 여러분은 우리와 주님을 본받는 이들이 되었습니다.

바울은 갑자기 손을 번쩍 들며 말했다.
"잠깐! 마케도니아와 아가야를 비롯해 그리스의 여러 지역에 사는 형제자매들이 데살로니가의 에클레시아를 격려하기 위해 찾아갔다가 준 것보다 더 큰 용기를 얻고 돌아왔다는 건 참으로 놀라운 일일세. 길리기아와 시리아는 물론이고 안디옥교회, 이제는 예루살렘교회까지! 오래전에 한 차례 박해를 받았을 뿐인 7살배기 예루살렘교회와 달리, 데살로니가교회는 그리스도의 이름으로 모이기 시작한 지 고작 몇 달밖에 안 된 어린 교회가 아닌가! 그런데도 혹독한 박해를 꿋꿋이 견뎌 나가는 놀라운 이야기에 다들 큰 도전을 받고 있어. 그렇다면….”

바울은 디모데에게 손짓으로 다시 시작하자는 신호를 보냈다.

결국, 여러분은 그리스에 있는 온 그리스도인들의 본보기가 되었습니다. 그리고 이제 주님의 말씀이 여러분으로부터 방방곡곡으로, 그리스 너머까지 퍼져 나갔습니다. 그래서 어디를 가든지 사람들이 하나님을 향한 여러분의 믿음에 관해 이야기합니다. 우리가 따로 이야기할 필요가 없습니다. 그들 스스로 여러분이 우리를 얼마나 근사하게 환영해 주었는지, 어떻게 우상을 버리고 살아계신 참 하나님을 섬기게 되었는지 계속해서 이야기해 왔기 때문입니다. 그리고 여러분이 어떻게 하늘로부터 오실 하나님의 아들, 하나님이 죽음에서 일으키신 예수를 고대하고 있는지 이야기합니다. 그분은 다가올 심판의 공포에서 우리를 구해 주신 분입니다.

바울은 다시 한번 잠시 쉬었다 가자는 신호를 디모데에게 보냈다.

"바울 형제!" 실라가 끼어들었다.

"얼마나 간절히 데살로니가로 돌아가려고 애쓰는지도 얘기해 주면 어떨까?"

"맞아!" 바울이 대답했다.

"하지만 먼저 상기시키고 싶네. 뭐랄까, 우리가 어떻게 거기에 갔고, 도착하기 전에 무슨 일이 있었으며, 얼마나 후한 대접을 받았으며, 그리스의 허다한 우상들을 버렸는지 추억을 휘저어 일깨운다고나 할까?"

바울은 잠시 옛일을 되짚어보고 나서 말했다.

"그리고 거기서 지낼 때 우리 생활을 어떻게 이끌어 나갔는지 이야기하는 게 좋겠어."

사랑하는 형제자매 여러분, 우리가 여러분을 찾아간 게 헛일이 아님을 그대들은 알고 있습니다. 여러분에게 가기 전에 빌립보에서 얼마나 끔찍한 대접을 받았는지, 얼마나 많은 고난을 당했는지 알 겁니다. 하지만 우리 하나님은 수많은 반대자들에게 에워싸인 상황에서도 여러분들에게 담대하게 복음을 전할 용기를 주셨습니다. 그러므로 우리가 거짓이나 불순한 목적, 속임수로 전하고 있는 게 아님을 알 수 있습니다. 복음을 맡겨 주신 하나님의 인정을 받은 메신저로서 말하기 때문입니다. 우리의 목적은 스스로의 마음이 아니라 하나님을 기쁘시게 해 드리는 것입니다. 여러분이 잘 알다시피, 아첨으로 여러분의 마음을 얻으려 한 적이 단 한 번도 없습니다. 그저 시늉으로만 친구인 척해서 여러분의 돈을 긁어내려 한 일이 없음에 대해서는 하나님이 우리의 증인이십니다. 칭찬으로 말하자면, 여러분은 물론이고 그 누구에게도 추구한 바 없습니다.

그리스도의 사도들로서 무언가를 요구할 권리가 있지만, 우리는 친자식들을 먹이고 돌보는 어미의 심정으로 여러분을 자상하게 대하였습니다. 여러분을 너무도 사랑한 나머지 복음뿐만 아니라 우리의 생명도 내어주었습니다.

사랑하는 형제자매 여러분, 우리가 여러분 가운데서 얼마나 열심히 일했는지 기억하지 못하십니까? 밤낮없이 부지런하게 손을 놀려 생활비를 벌었습니다. 여러분 가운데서 복음을 전하는 동안 우리의 씀씀이가 아무에게도 부담이 되지 않게 하려는 뜻이었습니다. 주님을 믿는 여러분 모두에게 우리가 순수하고, 정직하며, 흠이 없었음은 하나님과 아울러 여러분 자신이 증인입니다. 우리가 여러분을 아비가 자식들을 대하듯 함을 잘 알 겁니다. 여러분이 하나님 보시기에 가치 있는 방법으로 삶을 살아가기를 당부하고, 권면하고, 요구합니다. 하나님은 영광을 함께하시려고 여러분을 그분의 나라로 부르셨기 때문입니다.

우리가 주님의 메시지를 전할 때, 여러분은 그 말을 그저 인간의 이야기로 받아들이지 않았다는 점에 대해 하나님께 끊임없이 감사를 드립니다. 우리가 하는 이야기를 여러분은 사실 그대로, 하나님 자신의 말씀으로 받았습니다. 그리고 이 말씀은 믿는 이들 안에 계속해서 역사하고 있습니다.

사랑하는 형제자매 여러분, 여러분은 남도 아닌 동포들에게 핍박을 받고 있습니다. 그렇게 해서 여러분은 그리스도 예수를 믿는다는 이유로 동족인 유대인들에게 고난을 당했던 유대 땅에 세워진 하나님의 교회에 속한 그리스도인들을 닮아 가게 되었습니다.

유대인들은 선지자를 죽이고 어떤 이들은 심지어 주 예수님까지 죽였기 때문입니다. 이제 그들이 우리를 핍박하고 내몹니다. 하나님을 기쁘시게 하지 않는 건 물론이고 비유대인들에게 복음을 전하지 못하게 끊임없이 방해해서 모든 사람들의 적이 되었습니다. 그럼으로써 그들은 스스로의 죄를 계속 쌓아올리는 셈입니다. 하지만 결국 하나님의 진노가 그들에게 이르렀습니다.

사랑하는 형제자매 여러분, 우리가 잠시 여러분과 헤어진 뒤로, 비록 마음은 여전히 함께할지라도 다시 보고 싶은 마음이 너무도 간절해서 정말 열심히 돌아갈 길을 찾았습니다. 우리는 참으로 여러분들에게 돌아가길 원합니다. 나, 바울은 거듭 노력했지만 사탄이 우릴 막았습니다. 결국 무엇이 우리에게 소망과 기쁨을 주며, 무엇이 우리의 자랑스러운 상급이요 면류관이 되겠습니까? 그건 바로 여러분입니다! 그렇습니다. 여러분은 주 예수님이 다시 오시는 날, 그분 앞에 나란히 설 때 우리에게 큰 기쁨을 줄 것입니다. 여러분은 우리의 자랑이자 기쁨이기 때문입니다.

바울은 구술을 멈추고 말했다.

"실라 선생, 데살로니가 식구들에게 내가 그곳에 돌아가서 힘이 되어 주길 열렬히 소망한다는 걸 알려 줄 뿐만 아니라 거길 떠난 뒤로 어떤 일이 있었는지…. 그러니까 디모데 형제를 아테네에서 데살로니가로 돌려보낸 까닭도 설명해야 할 것 같으이. 나로서는 데살로니가교회에 내 마음에 있는 생각을 전해 주고 싶네. 사실, 조금은 개인적인 이야기가 될 수도 있네만, 너무 괘념치 마시게."

🖋 마침내 더 이상 참을 수 없는 지경이 된 우리는 나 혼자만 아테네에 남고 디모데를 여러분에게 보내기로 결정했습니다. 디모데는 하나님을 위해 일하는 동료요 그리스도의 복음을 선포하는 형제입니다. 우리는 디모데를 파송해서 여러분에게 힘을 주고, 믿음을 북돋우며, 온갖 어려움을 헤쳐 나가는 과정에서 불안해하지 않게 하고 싶었습니다. 하지만 여러분도 알다시피 그러한 고난은 그리스도인에게 일어나게 되어 있습니다. 여러분들과 함께 지내던 시절에도 우리는 곧 어려움이 닥치리라고 경고했는데, 우리가 잘 알고 있는 것처럼 실제로 그렇게 되었습니다.

내가 더 견디지 못하고 디모데를 보내 여러분들의 믿음이 여전히 튼튼한지 알아보게 한 까닭이 여기에 있습니다. 혹시라도 유혹하는 자가 뜻을 이루어서 우리의 모든 수고가 헛것이 될까봐 노심초사했던 것입니다.

바울의 눈에 눈물이 고였다.

"그리스도의 제자로 평생을 살았지만, 자네가 내게 들려준 이야기만큼 힘이 되고 용기를 주는 건 다시없을 걸세."

데살로니가교회는 이제 굳게 섰다. 온갖 척박한 환경을 이겨 내고 살아남은 것이다. 바울은 다시 시작하자는 신호를 보냈다.

🖋 이제 디모데가 돌아와서 여러분의 믿음과 사랑이 한결같이 강건하다는 희소식을 전해 주었습니다. 아울러 우리가 찾아갔던 일을 여러분들이 기쁘게 기억하며 우리가 여러분들을 보고 싶어 하는 만큼 여러분들도 우리를 보고 싶어 한다는 사실도 알려 주었습니다. 그러므로 사랑하

는 형제자매 여러분, 더없이 심한 어려움과 고난 가운데서도 우리는 큰 위로를 받았습니다. 여러분이 믿음 안에서 강건하게 지내고 있기 때문입니다. 여러분이 주님 안에 든든히 서 있다는 사실은 우리에게 새로운 생명을 불어넣어 주었습니다.

여러분을 두고 하나님께 어떻게 감사해야 할까요? 여러분 덕에 우리는 하나님의 임재 가운데 큰 기쁨을 얻었습니다. 밤낮으로 여러분들을 위해 열심히 기도합니다. 여러분들을 다시 만나서 혹시라도 아직 남아 있을지 모르는 믿음의 빈 구석을 채워 줄 수 있게 해 주시길 하나님께 구합니다.

바울은 긴 숨을 내쉬며 말했다. "이제 말을 맺어야겠네."

하나님, 우리 아버지와 주 예수님이 여러분에게 속히 갈 수 있게 해 주시길 빕니다. 아울러 여러분의 사랑이 자라나서 우리의 사랑이 여러분을 향해 흘러넘치듯, 서로에게 그리고 다른 모든 이들에게 흘러넘치기를 바랍니다. 그리하여 그리스도가 여러분의 마음을 굳세게 하셔서 주 예수님이 그분께 속한 모든 이들과 더불어 오시는 날, 아버지 하나님 앞에 설 때 흠잡을 데가 없으며 거룩하게 하시길 원합니다.

"이쯤 합시다, 형제들! 적어도 오늘은 여기서 마치세. 덧붙일 말들이 있지만, 지금은 접기로 하자고. 아참, 부활에 대한 질문도 있었지! 거기에 답을 주어야 하는데…. 하지만 일단 푹 자고 내일 다시 시작하기로 하세나."

다음날 이른 아침, 바울은 디모데를 깨워서 데살로니가교회에 보내는 첫 번째 목회서신의 맺음말을 불렀다.

"그리스인들에게 늘 하고 싶던 말을 적어야겠네."

바울은 머릿속으로 내용을 정리해 보면서 빙그레 미소를 지었다.

"유대인들 역시 이 말씀이 필요하긴 하지만 그들은 결코 인정하려 들지 않을 걸세!"

"음, 전 그리스인이자 유대인이니까 괜찮아요." 졸음이 잔뜩 묻은 목소리로 디모데는 말했다.

"자, 부르세요."

마지막으로, 사랑하는 형제자매 여러분, 우리가 가르쳤던 대로, 하나님이 기뻐하시는 방식으로 살아가기를 주 예수님의 이름으로 여러분에게 당부합니다. 여러분은 이미 그렇게 살고 있지만 점점 더 그렇게 되기를 권면합니다. 우리가 주 예수님의 이름으로 가르친 바들을 여러분은 기억하고 있습니다. 하나님은 여러분이 거룩하기를 원하십니다. 그러므로 모든 성적인 죄를 짓지 않도록 조심해야 합니다. 여러분은 하나님과 그분의 뜻을 모르는 이방인들처럼 정욕에 빠질 게 아니라 스스로 몸을 제어하며 거룩하고 영광스럽게 살아야 합니다.

그리스도인 형제를 속이고 그 아내를 취하는 짓을 절대로 해서는 안 됩니다. 예전에 여러분에게 분명히 경고했듯이, 주님은 그런 모든 죄를 되갚으시기 때문입니다. 하나님은 부도덕한 삶을 살지 말고 거룩해지도록 우리를 부르셨습니다. 이러한 원리를 좇아 살기를 거부하는 이들은 인간의 법에 불순종할 뿐만 아니라 성령님을 선물로 주신 하나님을 거역하는 것입니다.

"아, 아직 쓸 게 남았다! 데살로니가교회의 귀한 성도들이 서로를 얼마나 사랑했는지도 이 편지를 읽는 독자들에게 알려야겠어."

✒ 하나님의 백성들 사이에 나타나야 할 그리스도인의 사랑에 관해서는 새삼 여기에 적을 필요가 없습니다. 하나님이 친히 서로 사랑하라고 가르치셨기 때문입니다. 사실, 마케도니아의 모든 그리스도인들을 향한 여러분의 사랑은 이미 강력합니다. 그럼에도 불구하고 형제자매 여러분, 그들을 더욱 더 사랑하길 간곡히 부탁합니다. 우리가 전에 명령한 대로, 조용하게 살고, 스스로의 일에 힘쓰고, 손수 열심히 일하는 게 여러분의 포부가 되어야 합니다. 그리하면 마침내는 그리스도인이 아닌 이들이 여러분이 사는 방식을 존중하기에 이르며, 여러분은 재정적인 필요를 채우기 위해 다른 이들에게 의지할 필요가 없게 될 것입니다.

"바울 선생님! 상기시켜 달라고 하셔서 드리는 말씀인데, 데살로니가 식구들이 보낸 질문에도 답을 주셔야 합니다."
"참, 그렇지! 부활에 대한 질문이 있었지! 뭘 궁금해 하는지 목록을 한번 보여 주게나. 아니, 아니! 읽어 주면 좋겠네." 바울은 디모데가 거듭 읽어 주는 질문 내용을 귀 기울여 들었다. 그러고는 구술을 계속했다.

그리고 형제자매 여러분, 나는 세상을 떠난 그리스도인들에게 어떤 일어나는지 여러분에게 알려 주어서 소망이 없는 이들처럼 깊은 슬픔에 빠지지 않게 하길 원합니다. 우리는 예수님이 돌아가셨다가 다시 살아나셨음을 믿으며, 또한 그분이 다시 오시는 날, 하나님이 이미 숨졌던 그리스도인들도 예수님과 함께 데려오실 줄 믿습니다.

나는 주님으로부터 받은 말씀을 여러분에게 직접 이야기할 수 있습니다. 주님이 다시 오실 때, 아직 살아 있는 이들이라 해도 무덤에 있는 성도들보다 먼저 부활해서 주님을 만나지 못할 것입니다. 주님이 친히 호령과 천사장의 외침, 하나님의 소집 나팔 소리와 함께 오실 것이기 때문입니다. 먼저 이미 세상을 떠난 그리스도인들이 모두 무덤에서 일어날 것입니다. 그런 다음에 그들과 더불어 아직 세상에 남아 살아 있는 우리들이 구름 속으로 이끌려 올라가 공중에서 주님을 만나고 그분과 더불어 영원히 머물 것입니다. 그러므로 서로 이러한 말로 위로하고 격려하십시오.

사랑하는 형제자매 여러분, 진정 이 모든 일이 언제, 어떻게 벌어질지는 여러분에게 쓸 필요가 없을 것입니다. 주님의 날이 오밤중에 도둑이 들듯 아무도 가늠치 못하게 온다는 걸 여러분이 너무도 잘 알기 때문입니다. 사람들이 '다 괜찮아, 모든 게 평온하고 안전해' 라고 말할 그때에 마치 아기가 막 태어나려 할 때 여인에게 일어나는 산통처럼 돌연히 재난이 닥칠 것입니다. 그러므로 아무도 피하지 못합니다.

하지만 사랑하는 형제자매들이여, 여러분은 이런 이들에 관해 어둠 속에 있지 않습니다. 주님의 날이 도적같이 임해도 놀랄 필요가 없습니다. 여러분은 모두 빛의 자녀이며 낮의 자녀이기 때문입니다. 우리는 어둠과 밤에 속해 있지 않습니다. 그러므로 경계심을 늦추지 마십시오. 다른 이들처럼 잠들지 마십시오. 초롱초롱하게 정신을 차리십시오. 밤은 잠자는 이들을 위한 시간이며 사람들이 술에 취하는 시간입니다. 하지만 빛 가운데 사는 우리는 정신을 바짝 차리고 믿음과 사랑의 갑옷을 입고 구원의 확신이라는 투구를 써서 자신을 지킵시다.

하나님은 우리에게 진노를 퍼붓는 게 아니라 주 예수 그리스도를 통하여 구원하시기로 작정하셨습니다. 주님은 우리를 위해 돌아가셔서 세상에 다시 오실 때 죽었든 살았든 그분과 더불어 영원히 살 수 있게 하셨습니다. 그러므로 이미 그렇게 하고 있는 것처럼 서로 격려하고 서로 세워 주십시오.

"해야 할 얘기가 또 있네!" 바울은 큰 소리로 말했다.

"성도들에게 자네의 생활을 챙겨 주라고 당부해야겠어. 너무 노골적이라는 생각이 드나? 자네 모습을 잘 들여다보면 그런 소리가 쏙 들어갈 걸세." 바울은 빙글빙글 웃으며 편지를 계속 이어 나갔다.

사랑하는 형제자매 여러분, 하나님의 일을 하는 여러분의 지도자들을 존중하십시오. 그들은 여러분 가운데서 열심히 일하며 그릇된 일들을 경계하고 조심시킵니다. 지도자들이 하는 일을 생각해서 그들을 깊이 존경하며 온 마음으로 사랑하십시오.

셋은 그 밖에 어떤 내용을 편지에 담을지를 두고 잠시 상의했다. 에클레시아에서 함께 어울리면서 누구나 겪게 되는 익숙한 갈등 상황들에 관한 의견이 많았다. 바울은 그런 점을 염두에 두고 편지를 마무리했다. 일부러 간단한 문장들을 써서 좁은 지면에 최대한 많은 권면을 담았다. 그러고 나서는 축복으로 끝을 맺었다.

서로 평화롭게 살아야 한다는 걸 잊지 마십시오.
형제자매 여러분, 게으른 이들에게 주의를 주기를 부탁합니다. 심약한 이들을 격려해 주십시오. 병약한 이들을 따듯하게 보살펴 주십시오. 누구에게나 오래 참으십시오.
악을 악으로 갚지 말고 늘 서로에게, 그리고 모든 사람들에게 착한 일을 하십시오.
늘 기뻐하십시오. 쉬지 말고 기도하십시오. 무슨 일이 벌어지든지 감사하십시오. 이것이 그리스도 예수님께 속한 여러분들을 향한 하나님의 뜻입니다.
성령을 꺼트리지 마십시오. 예언을 비웃지 마십시오. 다만 그 내용을 검증하십시오. 선한 것들을 단단히 잡으십시오. 어떤 유형의 악이라도 다 멀리하십시오.
평화의 하나님이 모든 면에서 여러분을 거룩하게 하며, 주 예수 그리스도가 다시 오시는 그날까지 여러분의 영과, 혼과, 몸을 흠잡을 데 없이 지켜 주시길 빕니다.
사랑하는 형제자매 여러분, 우리를 위해 기도해 주십시오.
그리스도의 사랑 안에서 모든 형제자매들에게 안부를 전합니다.

"선생님, 부디 이 편지를 모두에게 읽어 주라고 확실하게 말씀해 주시면 좋겠습니다. 사실 글을 읽을 줄 아는 형제자매가 많지 않잖아요. 그냥 보내면 영영 내용을 알지 못하거나 그런 편지가 있는지조차 모르는 이도 있을 것 같아요." 디모데가 말했다.

바울은 엄지손가락을 치켜들며 말했다. "참 좋은 지적일세. 그렇게 하세."

 주님의 이름으로 명령합니다. 이 편지를 모든 형제자매들에게 읽어 주십시오.

"디모데 형제, 편지를 보내기 전에 실라 선생과 내게 한 번만 더 읽어 주게나."

바울은 또박또박 낭독하는 내용을 찬찬히 듣고 나서 젊은이에게 부탁했다.

"여보게, 펜을 좀 주게나."

사도는 무얼 쓰려는 듯 몸을 굽히더니 그대로 멈춰서 움직이지 않았다. 눈에 눈물을 가득 담은 채, 낮고 갈라진 목소리로 웅얼거렸다. "은혜, 은혜, 은혜…."

그리고 마침내 펜을 움직였다.

우리 주 예수 그리스도의 은혜가 여러분 모두와 함께하길 빕니다.

바울은 디모데에게 몇 가지 지시를 내렸다.

"오전 내내 양피지를 말려야 하네. 그 뒤에 단단히 말고 가죽으로 감싸게. 마지막으로 양초로 밀봉하면 끝일세."

바울은 두 번째 목회서신이자 데살로니가에 보내는 첫 번째 편지를 완성했다.

"자, 그럼 이제 자네 차례일세!" 실라가 주의를 돌렸다.

"주님이 여기 고린도에서 어떤 일을 행하셨는지 들려주게나."

27
고린도에서 (7)
: 바울의 보고

"교회 모임이 회당과 딱 붙은 옆집에서 열린다면서요?" 디모데가 물었다. 믿기지 않는다는 듯 눈빛이 흔들렸다.

"그게 전부가 아닐세. 회당장이 그리스도에 푹 빠졌다네. 개인적으로 그리스보를 스데바나 가족과 함께 티브레스 강에 데리고 나가 세례를 주었지."

"그 밖에 또 세례를 받은 이들이 있나?" 실라가 물었다.

"아무도 없네. 그리스보와 스데바나가 전부야. 처음에는 브리스길라와 아굴라의 집에서 모임을 가졌어. 하지만 지금은 유스도의 집에서 모인다네. 회당과 딱 붙어 있는 건 바로 그 친구 집일세. 매일 아침저녁으로 모이지. 물론, 축제일에는 다 함께 하루 종일 붙어 있고."

때마침 브리스길라와 아굴라가 들어왔다. 브리스길라가 상세한 설명을 덧붙였다.

"여러분, 바울 선생님의 하루 일과가 어떤 줄 아세요? 새벽에 말씀을 전하고는 제 남편이랑 시장으로 일하러 가요. 그렇게 열심히 일하고 있으면, 형제자매들이 함께 대화하고 싶어서 일터로 찾아오죠. 열한 시가 되면 남들처럼 한잠 자러 가는 게 아니라 유스도의 집으로 가서 누구든지 원하는 이들과 시간을 보내요."

"빼먹은 게 있어!" 바울이 중동 자르며 끼어들었다.

"정오에는 반드시 밥을 먹는다네. 하늘이 무너져도 변하지 않는 원칙이지!"

브리스길라가 말을 이었다.

"오후 네 시에는 다시 시장으로 돌아가 해가 질 때까지 있어요. 더러는 천막 짓는 일 따위는 다 집어치우고 복음을 전하는 데 열을 올리죠. 땅거미가 깔리고 시장이 문을 닫으면 유스도의 집으로 가서 모임에 참석합니다."

실라가 몹시 이상하다는 듯 물었다.

"교회는 도시마다 다 독특하고 특별하지. 한 사람 한 사람의 성품도 다 다르고. 고린도 에클레시아의 독특한 점은 무얼까?"

바울은 손을 내저으며 말했다.

"말! 질문! 더 많은 질문! 목소리들이 좀 큰 게 아니라네. 귀가 따갑도록 큰 소리로 이야기를 나누지. 그러고는 더 큰 소리로 노래를 불러. 이곳 양반들처럼 목청이 좋은 이들은 일찍이 만나본 적이 없다네. 내 평생 최고로 시끄러운 말쟁이들이라고나 할까?"

자네도 알다시피, 난 누가 내 얘기에 끼어드는 걸 좋아하거든. 기회가 되면 얼마든지 그렇게 하라고 부추기는 편이지. 하지만 여기 고린도에서는 그럴 필요가 없다네. 자네들도 한 번 시내를 한 번 걸어서 지나가 보게나. 이만저만 어지러운 게 아니야. 모든 게 뒤죽박죽 섞인 것 같은 느낌이지. 이곳의 모임도 다소 그런 분위기가 있다네."

"자, 이제 사실대로 말해 보세요, 바울 선생님! 이처럼 소란스러운 모임을 어떻게 생각하세요?" 브리스길라가 짓궂은 표정으로 물었다.

한 번도 염두에 두어 본 적이 없는 일이었지만, 질문을 받는 순간 금방 답이 떠올랐다. 그리고 바울은 이렇게 말했다.

"좋아요! 두말하면 잔소리지! 하지만 모임의 질은 더 높아져야 해요. 그러자면 시간이 좀 걸리리라고 봐요. 하지만 솔직하게 말해서, 소란스럽기 짝이 없는 이곳 식구들이 난 참 좋아요.

여보게, 디모데 형제! 고린도의 형제자매들은 노래를 클 뿐만 아니라 아주 멋지게도 부르지. 고린도 사람들의 심성은 참 밝은 것 같아. 그런 분위기에서는 그리스도의 신비를 소개하는 게 다소 어렵기는 하지만, 고린도교회의 타고난 성향을 어느 한 구석이라도 바꿔 볼 마음은 눈곱만큼도 없다네."

나, 디도는 고린도교회 모임에 참석해 본 적이 있다. 물론, 로마제국의 다른 도시에서 열리는 다른 모임들도 두루 다녀 보았다. 바울은 교회마다 특성이 다 다르다고 했는데, 바로 그 점을 사도는 평생의 기쁨으로 여겼다. 그래서 교회의 다양성을 강조하고 장려했다. 아침마다 어떤 예식이 어떻게 시작돼서 어떻게 끝날지 넉넉히 짐작할 수 있는 회당과 달리 교회의 집회 방식은 그야말로 '예측불가'였다.

"바울 선생님이 루스드라에서 하던 교육을 여기 고린도에서도 시키던가요?" 디모데가 물었다.

"그게 뭐지?" 아굴라가 되물었다.

"형제자매들에게 며칠씩 날을 잡아 모임에 관해 이야기하곤 하셨거든요. 권면하는 방법이라든지 그리스도를 모임의 중심에 모시는 길 따위에 관한 말씀을 하셨어요. 그리고 그렇게 제안해 주신 방식으로 모임을 이끌어 가도록 노력해야 한다고 결론을 내리시고는 했죠."

"맞아. 그러셨지." 브리스길라가 대꾸했다.

"노력은 하는데, 멋지게 성공할 때가 있는가 하면, 아주 죽을 쑬 때도 있다네. 하지만 다들 그걸 좋아해요. 한편으로는 우리가 알아서 하도록 맡겨 둔 부분도 꽤 많다네."

"바울 선생님은 하나님의 백성들을 신뢰하시는 편이지." 브리스길라는 무언가를 골똘히 생각하는 표정으로 말을 이었다.

"그러니 하나님의 백성들도 선생님을 온 마음으로 믿을 수밖에!"

"바울 선생님의 다른 면도 아셔야 해요." 디모데가 은근한 목소리로 운을 뗐다.

"아직 스물다섯도 안 된 젊은이에게 위험천만한 사명을 맡겨서 혹심한 박해를 받아 바람 앞의 등불처럼 위태롭고 도움의 손길을 간절히 필요로 하는 교회로 보내 버리셨다니까요! 그러고는 그 젊은이가 뭐든지 알아서 척척 해 내길 기대하시는 거예요. 젊은이의 입장에서는 마치 늑대 굴에 처넣는 것 같은 느낌이 들 수밖에 없었어요."

바울의 눈꼬리가 치켜 올라갔다.

"디모데 형제, 무슨 소릴 하시는지 통 알아들을 수가 없군. 하지만 이것 하나만은 말해 주지. 커다란 압박을 받아 보지 않는 한, 주님 안에서 성장하거나 능력을 키울 수가 없다네."

그러고는 실라를 돌아보며 말했다.

"오늘밤에 모임이 있는 걸 알고 있지? 다들 자네가 말씀을 전해 주길 기다리고 있다네. 내일 저녁 집회에서는 디모데가 메시지를 맡아 주면 좋겠고."

바울은 잠시 뜸을 들였다가 덧붙였다.

"난 오늘 내일 모임에는 나가지 않고 쉴까 하네."

"왜요?" 짐짓 속내를 모르겠다는 시늉을 하며 아굴라가 물었다.

"디모데처럼 젊은 나이에 설교를 하게 됐는데, 그 자리에 영적 아버지처럼 여기는 어른이 떡하니 앉아 있다면, 나는 아주 신경이 많이 쓰이고 위축될 것 같아요. 그런 점을 감안하면 조금 늦게 가거나 아예 안 가는 게 좋겠다는 생각이 들어요."

그날 밤, 실라와 디모데는 고린도교회 모임의 진면목을 직접 확인하는 특권을 누렸다. 그날 모임은 그 자체로 이야깃거리였다.

28
고린도에서 (8)

: 고린도 에클레시아 (1)

"정말 그렇게 큰 소리로 찬양하는 이들은 난생처음이었어요." 나중에 디모데는 말했다.

"기도 역시 생동감이 넘쳤고요. 차례차례 일어나서 한마디씩 하더군요. 대부분은 예수 그리스도나 그날 자신에게 일어난 일들을 설명했어요. 그 사이사이에 찬양과 기도가 따랐어요. 모임이 끝나가면서 한 명씩 돌아가며 이야기하는 분위기가 두드러졌어요. 바울 선생님이 목회하면서 새겨놓은 흔적이 형제자매들의 일거수일투족에 그대로 배어있더라고요. 다시 말해서, 자신이나 코앞에 닥친 문제, 또는 저마다의 필요를 중심으로 사는 것 같지 않았어요. 그들은 주님 중심으로 생각하고 움직였어요.

평생, 그러니까 여태까지 그처럼 다양한 문화와 민족이 그처럼 다채로운 방식으로 자신을 드러내는 모습은 본 적이 없습니다. 고린도에서는 모국어와 외국어의 개념이 없는 것 같아요. 모임자리에서도 적어도 네 가지 언어가 쓰이더군요. 그럼에도 불구하고 여러 언어를 구사하는 이든 한 가지 말밖에 쓸 줄 모르는 이든, 뒤처지거나 소외되는 법이 없었어요."

모임이 시작되자, 그 자리에 참석한 형제자매들이 모두 디모데를 에워싸고 찬양과 기도로 축복해 주었다. 이윽고 자리에 앉자, 수많은 질문들이 쏟아지면서 분위기가 후끈 달아올랐다.

집회를 마치기 직전, 다음 모임은 값을 치르고 빌린 연회장에서 열린다는 광고가 나갔다. 에클레시아 식구들이 한꺼번에 모여서 첫 날은 실라, 그리고 다음날은 디모데의 메시지를 들으려면 그럴 수밖에 없었다.

바울은 느지막하게 도착했다. 옷이 땀에 푹 절어 있었다. 하루 종일 고된 일을 하느라 몹시 지쳤음에 틀림없었다. 하지만 실라가 질문에 답하는 걸 듣고 성도들이 거기에 보이는 반응을 지켜보는 동안, 어느새 피로는 눈 녹듯 사라진 듯했다.

모임은 그렇게 끝났다. 참석자들은 다 같이 거리로 쏟아져 나왔다. 찬양은 끊이지 않고 이어졌다. 모두가 손을 꼭 잡고 있었다.

브리스길라와 아굴라를 따라 집으로 돌아오는 길에, 디모데는 그날 받은 인상을 나누었다.

"그처럼 각양각색의 문화가 한 공간에 모여 있는 장면은 처음 봐요."

"고린도 시의 독특한 특성 때문일 걸세. 주민들이 사는 지역만 봐도 얼추 이해가 갈 거야."

아굴라는 차근차근 설명했다.

"알다시피, 도시의 서편은 로마인 지구라네. 로마의 통치를 견디지 못하고 이곳으로 옮겨 살게 된 이들이 사는 지역이지. 노예도 마찬가지야. 로마에서 종살이를 하다가 풀려난 해방노예들은 희한하게도 십중팔구 고린도로 넘어온다네. 로마의 어처구니없는 지배 행태에서는 한 발 떨어지면서도 그 문화만큼은 여전히 향유할 수 있기 때문이지. 제국의 수도에서 비교적 가깝다는 이점도 있고."

"반면에 도시의 동쪽은 모든 게 동양적이에요." 브리스길라가 이어받았다.

"옷도, 언어도, 문화도 하나같이 동양에서 왔거든요. 입성도 다르고, 악센트도 다르고, 생김새도 다르고, 행동 방식도 다르고…. 그야말로 똑같은 게 없어요."

"그럼 중앙은 어때요?" 디모데가 물었다.

"중앙에는 그리스 토박이들이 살아. 그들의 생활방식은 도시 동서쪽 주민들과는 또 다르지." 아굴라가 말을 보탰다.

"그런 이들이 한 방에 들어앉으니 총천연색으로 보이는 게 당연하지. 더러 이 문화와 저 문화가 요란하게 충돌하는 경우도 있다네. 한쪽의 눈에는 잘못으로 보이는 일이 또 다른 쪽이 보기에는 옳을 수도 있고 또 그럴 수도 있거든. 하지만 성도들끼리 교제하는 데는 아직 별 문제가 없었지. 서로 사랑하고 보살피는 분위기가 가득하니까."

"디모데 형제, 물어볼 게 있어요." 브리스길라가 아주 진지한 목소리로 말을 꺼냈다.

"주님은 꿈에 바울 선생님에게 이곳에 택하신 백성이 많다고 말씀하셨다고 들었어요. 그런데 정작 선생님은 거의 한 주도 거르지 않고 말씀하시거든요. '제가 여러분과 함께할 날이 길지 않습니다. 떠나야 할 순간이 오고 있습니다. 그러므로 제 삶을 잘 지켜보시고 제가 드리는 말씀에 주의를 기울이십시오. 머잖아 여러분들은 혼자 남게 될 겁니다.' 전 그 까닭을 모르겠어요."

디모데는 대답했다.

"선생님은 오랫동안 머물기를 늘 간절히 바라시죠. 하지만 생활방식은 딴판이죠. 한군데서 복음을 전하고 주님의 백성들을 일으켜 세우고 나면, 금방 그곳을 떠나곤 하셨어요. 성도들은 혼자 남고요. 한 술 더 떠서, 바울 선생님은 그렇게 교회를 남겨 두는 걸 기뻐하세요. 선생님은 한 곳에 멈추지 않아요. 앞으로도 그럴 테고요. 처음 그렇게 하셨을 때는 에클레시아를 이끌 책임을 아무에게도 맡기지 않으셨어요. 식구들이 다 같이 힘을 합쳐 꾸려 가라는 뜻이었죠. 자매들에게도 똑같은 당부를 했어요. 형제자매라는 의식에서 지도력이 나오고 강력한 에클레시아를 만들어 주었어요. 물론, 문제도 있었어요. 아니, 모두가 짐을 똑같이 나눠지지 않았다고 말하는 편이 좋겠네요. 부담을 조금도, 또는 전혀 지지 않는 이가 있는가 하면 큰 몫을 담당하는 이들도 있었죠. 세상일이라는 게 본래 그렇잖아요. 그럼에도 불구하고 온갖 고통과 오해를 받으면서 형제자매들은 하나가 되어 서로 사랑했어요. 그 열매가 얼마나 아름다운지 말로 이루 설명할 수 없을 지경이에요. 생김새가 다 다른 돌멩이들이 이리저리 맞춰지고 합해져서 멋진 탑이 세워진 꼴이죠."

"과연 고린도에서도 그런 역사가 일어날지 궁금하고 또 궁금하군요. 모임을 가질 때마다 적어도 세 갈래의 강렬한 문화가 한 방에 존재하니까요."

브리스길라가 눈을 깜박이며 말했다.

디모데의 설명은 계속됐다.

"바울 선생님은 잘 떠나는 재주가 있는 것 같아요. 항상 가장 극적인 시점에 짐을 싸죠. 더베의 형제자매들은 박해를 당하기는커녕 그게 뭔지도 몰랐지만, 선생님은 주저 없이 떠났어요. 루스드라에서는 적잖은 핍박이 있었지만 거기서도 그랬어요. 하지만 주로 박해를 받는 건 교회라기보다 바울 선생님 자신이었어요.

빌립보에서도 마찬가지였죠. 선생님은 죽도록 얻어맞았지만, 교회는 흔들림이 없이 평온했어요. 그처럼 서로 똘똘 뭉쳐 사랑하는 교회는 다시 보기 어려울 거예요. 바울 선생님이 떠나셨기에 더 그랬던 거죠."

"그랬군요. 형제의 얘기를 들으면서 한 가지만큼은 분명해졌어요."

브리스길라의 목소리에서 기쁨과 감격이 뚝뚝 묻어났다.

"종교 시설 안에 꼼짝 않고 앉아 있을 필요가 없어졌어요. 더 이상 회당에 다니지 않으려고요. 형제자매들 모이는 데 더 힘쓰겠어요. 그들을 안아주고, 기도해 주겠어요. 삶을 나누고 말씀을 전하겠어요. 식구들의 이야기를 듣는 것도 내겐 특권이에요. 바울 선생님이 그리스도를 높이며 소개하는 걸 보면서 얼마나 즐겁고 행복했는지 몰라요. 내 평생의 황금기라고나 할까요? 이제 집을 찾았어요. 예수 그리스도의 에클레시아가 내 집이죠."

브리스길라와 아굴라, 디모데는 오래도록 갖가지 질문과 이야기들을 주고받았다. 디모데는 훗날 위기의 단초 가운데 하나가 되었던 고린도교회만의 독특한 특성에 대해 물었다.

"동양 여성들은 차림새만 봐도 금방 알아보겠더라고요. 로마인들도 단박에 구별할 수 있어요. 그럼 나머지는 그리스인이겠죠. 거리에서든 모임자리에서든 여성들은 옷차림이라든지…. 음, 머리 모양으로 얼마든지 분간이 가능해요."

"정말 뚜렷이 나눠지죠. 그렇지 않아요?" 브리스길라가 맞장구를 쳤다.

"그런데도 아무런 문제가 일어나지 않는 걸 보면 참 놀라워요."

"말이 아주 없는 건 아니지." 아굴라가 끼어들었다.

"동방에서 온 형제들은 어째서 로마 여성들은 머리를 가리지 않느냐며 이상하게 생각한다오. 단순한 호기심을 넘어서 걱정스러워하는 형편이거든."

"디모데 형제, 로마 여자들은 남자들과 자신을 동등하게 생각해요. 다들 강인하죠. 형제는 아직 눈치 채지 못했죠?"

디모데는 수줍게 웃으며 대답했다. "몰랐어요."

브리스길라는 말을 이었다. "개인적으로는 로마 여자들이 머리에 무얼 뒤집어쓰는 건 본 적이 없어요. 부유층 여성들은 날마다, 또는 매주 머리를 다른 모양으로 꾸미죠. 그리스 여성들은 달라요. 결혼하지 않은 아가씨들은 머리카락을 감추지 않아요. 그게 '난 아직 시집을 가지 않았어요' 라는 표시거든요. 뭐라도 머리에 쓰고 있으면 '난 결혼했어'라는 뜻이에요. 혹시 다른 구역에 가면 잘 살펴보세요. 도시의 서쪽 지구에서는 아무도 머리에 무얼 쓰지 않죠. 반면에 동쪽에서는 누구나 뭐라도 뒤집어쓰고 있어요. 한복판에서는 어떠냐고요? 뒤죽박죽이에요. 이게 고린도입니다. 이게 고린도교회고요."

"아무튼 희한한 교회예요." 디모데가 대꾸했다.

"내일은 연회장에서 집회를 갖기로 했잖아요. 에클레시아 식구들이 다 같이 한자리에 모이는 거죠. 총천연색이라는 표현이 어울릴 만큼 다양한 모습을 보게 될 거예요."

"아주 기대가 돼요. 하지만 우선 실라 선생님에게 말씀드려야겠어요. 메시지를 전하기 전에 이런 사실을 알고 계셔야 할 것 같아요."

29
고린도에서 (9)
: 고린도 에클레시아 (2)

　다음날 밤, 실라는 고린도교회 성도들 앞에 섰다. 마치 무지개를 보는 느낌이었다. 동방 여러 나라, 여러 민족 출신들과 그리스, 이탈리아, 심지어 야만족 취급을 받는 게르만, 그리고 이집트 출신처럼 보이는 이들이 방을 가득 채우고 있었다. 실라는 수많은 질문을 받고 또 답했다. 예루살렘교회가 핍박과 고난을 받을 때 경험했던 일들을 간증하고 고린도교회에도 똑같은 일이 일어날 수 있다는 얘기도 했다.
　다음날 밤은 디모데 차례였다. 젊은 설교자답게 갈라디아에서 벌어진 일들을 들려주고 그곳에 있는 네 교회가 그러한 시기를 어떻게 견뎌 냈는지 소개했다. 디모데의 말은 한마디 한마디가 극적이었다. 그리스 사람들이 좋아할 만한 스타일이었다.
　말을 끝내기가 무섭게 여러 형제자매들이 소나기처럼 질문을 쏟아

냈다. 다들 빌립보에서 일어난 사건과 데살로니가에서 벌어진 핍박을 상세히 알고 싶어 했다. 가장 자주 나온 말은 "한 번 가서 두 눈으로 똑똑히 확인해 봅시다!"였다.

사실, 다른 교회의 다른 형제자매들을 만나보고 싶어 하는 분위기는 어느 모임에나 있었다. 특히 그리스 북부에 있는 세 자매 교회들은 너 나없이 가보길 원했다.

다른 에클레시아의 형편과 거기서 벌어진 일들을 들으면서, 고린도교회 그리스도인들의 마음에는 새로운 지평이 열렸다. 예를 들어, 예루살렘교회 형제자매들은 자주 손에 손을 잡고 거리로 나가 찬송을 불렀다는 사실을 알게 됐다. 바로 그날 밤, 고린도교회 교인들은 하나도 빠짐없이 큰길로 몰려 나가 노래를 불렀다. 하지만 완전히 다른 점이 있었다. 고린도교회 형제자매들의 목소리가 훨씬 더 우렁찼다.

예루살렘교회와 열두 사도, 특히 베드로와 관련된 실라의 이야기를 들은, 고린도교회 식구들은 시몬 베드로를 만나보고 싶은 마음이 간절해졌다. 고린도에 유대인들이 물밀 듯 밀려든다는 말은 곧 바울이 개척한 그 어느 교회보다 고린도교회에서 히브리인이 차지하는 비중이 높다는 뜻이기도 했다. 베드로가 예루살렘에서 기적을 일으켰다는 말을 들을 때마다 유대인들의 눈은 자부심으로 빛났다. 나중에는 만나본 적도 없는 베드로를 영웅으로 여기기에 이르렀다. 훗날, 이런 분위기는 고린도교회를 파멸 직전까지 몰아갈 만큼 심각한 고통을 안겼다.

반면에 그리스인들은 패기 넘치는 웅변술로 좌중을 압도하는 디모데를 좋아했다. 사사로운 자리에서는 한없이 조용하고 수줍어하는 디모데였지만, 공개적인 자리에서 입을 열면 사자후를 토해 냈다. 이런 모습이 그리스인들의 마음을 사로잡았다. 바울은 디모데를 일컬어 나이에 걸맞지 않게 아는 게 많고, 지혜로우며, 달변가라고 쉴 새 없이 칭찬했다. 이런 사실도 이 청년의 인기를 높이는 데 크게 한몫했다.

말이 나왔으니 짚고 넘어가자면, 바울은 대단한 연설가가 아니었다. 강력한 권세와 영광이 드러나는 메시지를 전할 때도 있었지만, 늘 그런 건 아니었다. 바울의 손을 통해 고린도에서 수많은 기적이 일어났지만, 베드로의 명성에 미칠 정도는 아니었다. 심지어 디모데보다 말솜씨가 떨어진다는 평가마저 있었다. 이 역시 훗날 고린도교회 공동체에 치명적인 타격을 안기는 요소가 됐다. 고린도에서 시작된 문제의 파장은 결코 작은 게 아니었다.

30
고린도에서 (10)
: 고린도 에클레시아 (3)

　디모데와 실라는 얼마 지나지 않아, 고린도교회가 쑥쑥 크는 걸 두 눈으로 직접 볼 수 있었다. 유스도의 집 거실이 아무리 커도 식구들을 감당할 수는 없었다. 더 많은 이들을 수용하기 위해 방과 방을 가르는 벽을 터서 공간을 넓혔다.
　하나님이 고린도에 베풀어 주시는 사랑에 감격하며 행복한 시간을 보내고 있지만, 바울은 여전히 데살로니가에서 모이는 성도들에 대한 부담을 지고 있었다. 시민들의 박해가 여전했기 때문이다.
　날이 갈수록, 데살로니가의 식구들이 어떻게 지내는지, 편지는 잘 도착했는지 알고 싶어 안달을 했다. 급기야 실라와 디모데 가운데 누군가를 보내기로 마음먹기에 이르렀다. 바울은 다시 디모데를 선택했다. 젊은이로서는 놀라운 일이었다.

"디모데 형제, 모임이 시작된 지 아홉 달이 되었네. 편지를 보낸 지도 몇 주가 지났고. 한번 가서 살펴보고 상황이 어떤지 알려 주게나. 시민들이 쉴 새 없이 드러내고 있는 거부감이 식구들에게 어떤 영향을 미치는지, 그리고 내가 보낸 편지를 어떻게 받아들이고 있는지 알고 싶네."

"실라 선생님이 가 보시는 게 좋지 않을까요?" 디모데의 말은 간곡했다.

하지만 실라는 즉시 바울의 의견에 동의했다.

"디모데 형제, 이건 자네가 더 적임자일세."

"제가요? 정말 그렇게 생각하세요. 겨우 스물네 살짜리 애송이의 얘기에 데살로니가 식구들이 귀를 기울여 줄까요?"

"아니, 그래서 가기 싫다는 겐가?"

실라는 장난기 가득한 몸짓과 목소리로 말했다.

디모데는 눈을 감고 도리질을 치며 물었다.

"바울 선생님, 제가 일을 망치면 어떡하죠?"

"그러니까, 정녕 가기 싫다는 겐가?"

바울은 실라의 말을 짓궂게 흉내 냈다.

디모데는 다시 눈을 감았다. 이번에는 이마에 주름까지 잡혔다. 그러더니 긴 한숨과 탄식을 내뱉었다.

"실라 형제, 대답 좀 해 봐요. 저 친구 말이 가겠다는 거요, 안 가겠다는 거요?"

"모르겠네. 낑낑 소리만 들리니, 통 알아들을 수가 있어야지." 실라가 대답했다.

"으이그, 갑니다, 가요!" 디모데는 마지못해 승낙했다.

"잘 생각했네!"

"하지만 실수하시는 것일 수도 있어요. 결과가 엉망으로 나와도 저는 책임 못 집니다."

실라는 웃음 가득한 얼굴로 사뭇 진지하게 다독였다.

"디모데 형제, 베뢰아와 데살로니가의 성도들은 자네를 높이 평가한다네. 자네가 와 주길 학수고대하고 있어. 형제의 이야기를 잘 들어 줄 걸세. 자네가 이끄는 대로 잘 따라와 줄 거야."

디모데는 다시 한 번 한숨을 내쉬고는 바울 쪽을 돌아보며 말했다.

"선생님이 데살로니가교회에 편지하면서, 주님이 여러분들 위에 세우신 지도자들에게 순종하라고 말씀하시는 걸 듣고 적으면서도 그게 제 얘기가 될 줄은 몰랐어요. 두 분 선생님 얘긴 줄만 알았죠."

"여보게, 데살로니가에 있는 형제자매들은 참 사랑스러운 그리스도인들일세. 실라 형제도 그렇고 나도 마찬가지지만, 단 한 번도 그곳 식구들에게 부정적인 얘기를 하거나 야단을 친 적이 없다네. 아무리 시시한 제안이라도 우리가 내놓는 족족 다 받아들였어. 그들의 마음이 이렇다네. 자네도 똑같이 대접할 걸세."

그날 저녁, 아직도 확신이 서지 않은 채로 디모데는 몇 가지 필요한 물건들을 챙겨 보따리를 쌌다.

"그나마 가벼운 건 이 짐뿐이네."

다음 날 아침, 브리스길라의 집에 모인 형제자매들은 디모데의 머리에 손을 얹고 기도한 뒤에 문간까지 배웅했다. 고린도교회는 이렇게 디모데를 데살로니가교회로 파송했다. 온전한 신뢰와 확신을 가지고 떠나보낸 것이다.

교회가 누군가를 어디에 보내야 한다면, 그렇게 아무런 예약도 없이 보내는 게 유일한 길이었다.

아직 결혼하지 않은 청년 몇은 겐그레아 항구까지 따라갔다. 데살로니가로 가는 배에도 함께 올라 갑판에 쌓인 화물들 틈에 자리를 봐 준 뒤에, 출항하기 전까지 머물면서 함께 찬양하고 기도해 주었다. 디모데는 8킬로미터 남짓을 걷는 내내 짐을 들지 않았다. 다른 총각들에게 보따리를 맡기고 맨몸으로 걸었다. 나중에 까닭을 물었더니 이렇게 대답했다.

"누구나 함께 짐을 지는 특권을 누려야 하니까!"

디모데가 고린도를 떠나기 직전, 바울은 몇 가지 중요한 사실들을 일러 주었다. 젊은이로서는 무슨 소리인지 감을 잡을 수 없는 내용이었다. 바울의 수수께끼 같은 이야기를 알아듣게 된 건 한 해나 지난 뒤였다.

"데살로니가에 머무는 동안 베뢰아로 사람을 보내시게. 소시바더를 데살로니가로 불러서 함께 지내게."

"왜죠? 왜 소시바더를 부르라고 하시는 거죠?"

"까닭은 묻지 말고, 그냥 시키는 대로 하게나. 그리고 기회가 있을 때마다 아리스다고와 세군도를 청해 많은 시간을 함께 보내게. 그 세 식구에게 내 안부를 전해 주게."

바울의 말을 들은 디모데는 혼란스러웠다. 바울의 속셈을 아무도 몰랐다. 연유를 아는 이는 오직 바울뿐이었다.

배가 겐그레아 항구를 떠나는 순간, 홀로 남은 디모데의 마음에는 무슨 생각들이 오갔을까?

"세상에 혼자 버려진 것 같았어요. 두려웠습니다. 너무도 부족한 게 많았어요. 배가 서서히 움직이기 시작할 때 머리에 떠오른 건 바울 선생님이 데살로니가에 보낸 첫 번째 편지 내용이었어요. '주님이 여러분들 위에 세우신 지도자들에게 순종하라' 고 하셨죠. 선생님은 아마 자신이나 실라 형제님을 염두에 두셨을 거예요. 어느 면으로 보든 나를 데살로니가에 있는 형제자매 위에 세우셨다고 하셨을 리가 없으니까요. 그건 깊이 생각하지 않아도 금방 알 수 있는 사실이에요. 데살로니가의 그리스도인들이 정말 내가 하는 얘기에 귀를 기울일 거라고 믿었다면, 그건 두 분의 정신이 이상해졌다고 볼 수밖에 없어요. 더구나 '순종' 이라니요. 정말 신경이 쓰이더군요. 어떤 방식으로든, 어떤 위치에서든, 어떤 형식으로든 지구상에 존재하는 누군가가 내게 순종한다는 건 상상조차 할 수 없는 일이죠. 가서 상황을 잘 살펴보고, 예수 그리스도에 대해 몇 가지 이야기를 들려주고 최대한 빨리 고린도로 돌아오면 소임을 다하는 거라고 속으로 몇 번이나 다짐했는지 몰라요."

바울은 디모데에게 두세 주 정도 데살로니가에 머물다가 즉시 고린도로 복귀하라고 당부했다. 젊은이는 그 기간이 이틀이나 사흘 정도로 줄었으면 좋겠다고 생각했다.

디모데는 자신의 됨됨이와 능력을 정확하게 파악하지 못하고 있었음에 틀림없다. 젊은 시절은 물론이고 중년이 될 때까지도 그랬을 것이다. 그게 바로 디모데가 가진 미덕이었다. 디모데는 열광적인 대접을 받았다. 바울에게나 어울린다고 여겼던 환영이었다. 사랑하는 마음을 품고 쉴 새 없이 다가와서 이루 감당할 수 없을 만큼 많은 이야기들을 들려주는 한편, 한마디 한마디를 놓치지 않고 열심히 들었다. 디모데 역시 권면하고, 위로하고, 제안하고, 가끔은 가르치기까지 했다. 데살로니가의 형제자매들은 얼른 받아들이고 금방 반응을 보였다.

교회에는 반드시 일러 주어야 할 문제점들이 있었다. 아직 드러나지 않았지만, 언젠가는 위기를 불러올 것만 같은 숨은 불씨도 보였다. 디모데는 그 가운데 몇 가지를 다루고 나머지는 바울의 몫으로 남겨 두었다.

세군도와 아리스다고, 그리고 소시바더와 함께 보낸 시간은 정말 근사했다. 서로 깊이 사귀면서 디모데는 차츰 친구들의 마음까지 읽을 줄 알게 되었다. 하나님의 거룩한 역사에 부름을 받았다는 사실을 두렵고 떨리는 마음으로 믿고 있었다. 내색은 하지 않았지만, 디모데는 깜짝 놀랐다.

'과연 바울 선생님은 이러한 사실들을 미리 알고 있었을까?'

모임에 참석하고 성도들의 집을 심방하면서, 디모데는 기가 막힌 사연들을 들었다. 날마다 일자리를 찾아 시장에 나가지만 번번이 퇴짜를 맞는 형제자매가 한둘이 아니었다. 그리스도인 여인에게는 먹을거리를 팔지 않는 가게도 있었다. 아직 실제로 두들겨 맞은 노예는 없지만, 그러겠다는 위협을 받은 경우는 여러 번 있었다. 주인들은 툭하면 불러 세워 놓고 으르렁거렸다.

"당장 그 모임에 나가는 걸 집어치우지 않으면 따끔한 맛을 보여 주겠어!"

어린아이들은 따돌림을 당했다. 어제까지 친구였던 아이들이 '무신론자'라든지 '신앙이 없는 놈' 따위의 욕을 해 대며 놀렸다.

하지만 에클레시아는 그런 봉쇄를 뚫고 살아남는 길을 찾았다. 예수님을 믿는다는 사실이 알려지지 않은 이들이 대신 음식을 사 주었다. 집집마다 돌아가면서 일자리를 얻지 못한 이들을 초대해서 함께 먹고 살았다. 살림이 넉넉한 이들은 굶주리는 이들을 보살피고 시장에서 외면당해 일자리를 얻지 못하는 이들에게 일감을 주었다. 단 한 심령도 믿음을 저버리지 않았다. 조롱과 욕설, 저주에도 불구하고 데살로니가 식구들은 끊임없이 모여서 뼈아픈 고통과 구원을 나누고 더불어 즐거워했다. 식구들이 모이는 자리에는 언제나 기쁨이 흘러넘쳤다.

'돌아가서 보고할 이야기가 많겠어.' 디모데는 생각했다.

'바울 선생님은 물론이고 온 비유대인 교회들에게 알려 주고 싶어. 죽는 날까지 내가 나눠야 할 간증이야. 하지만 문제들도 보이는군. 어느 교회든 언제나 부족한 점이 있는 법이니까.'

아리스다고와 세군도는 그런 문제들 가운데 하나를 토로했다. 몹시 불만스럽고 힘이 빠지는 모양이었다. 디모데는 귀를 쫑긋 세우고 경청했다. 소시바더는 의아해했다.

"베뢰아에서는 그런 일이 전혀 없는데…. 데살로니가교회는 정말 이상해!" 이런 식이었다. 처음에는 별일 아니었던 게 점점 커져서 큰일이

됐구나 싶었다. 반대가 워낙 심한 까닭에 적잖은 데살로니가 형제자매들은 이야말로 주님이 금방 다시 오신다는 확실한 증거라고 믿기에 이르렀다. 일거리를 찾는 건 힘들고, 끼니나 잠자리를 거저 해결할 길은 널렸고, 예수님께서 곧 오실 것 같다 보니 '일자리 찾기를 포기한' 이들이 모임에 수두룩했다. 그런 행태는 교회에서 말하는 '손 대접'의 참뜻을 훼손하고 있었다.

"바울 선생님이라면 몹시 싫어하셨을 걸세." 디모데는 세 친구들에게 말했다.

그렇게 3주가 지났다. 디모데는 애정 어린 인사와 눈물로 데살로니가교회 성도들과 작별하고 고린도로 가는 배에 올랐다. 온갖 감정이 뒤섞여 마음이 복잡했다. 돌아가게 된 건 참 기쁜 일이었다. 이만큼 일을 잘 해 내리라고는 스스로도 예상치 못했다. 하지만 형제들이 일을 하지 않으려 한다든지, 더러 조롱을 받으면 조롱으로 되갚아 준다든지 하는 데살로니가교회의 문제점들을 바울에게 알리는 게 불편하고 두려웠다. 클라우디우스 황제를 비난하는 것 같은 뉘앙스를 가진 말도 섞여 있었다.

디모데는 겐그레아 항에 내리자마자, 바울과 아굴라가 천막을 짓고 있는 시장으로 곧장 달려갔다.

"어떻던가? 어서 말해 보시게!"

젊은이가 다가오는 걸 보자마자 바울은 재촉했다.

"선생님, 어디 조용한 데 가서 말씀을 드렸으면 좋겠습니다." 디모데는 말했다.

바울의 낯빛이 어두워졌다.

"형편이 어려운 모양이구만."

"뭐라 말씀드려야 할지 모르겠습니다. 상황은 나쁘지 않지만 묘하게 돌아가는 구석이 있습니다." 바울의 염려는 궁금증으로 바뀌었다.

몇 분 뒤, 둘은 브리스길라의 집에 있는 디모데의 방에 마주앉았다. 잠시 후, 실라도 달려왔다.

"데살로니가 식구들은 어떻던가?"

"다들 잘 지냅니다. 그리고 편지를 받고 무척 즐거워했습니다. 박해는 여전하지만 썩 잘 헤쳐 나가고 있습니다. 시민들의 태도는 눈곱만큼도 누그러지지 않았지만 형제자매들은 여전히 기뻐하고 행복해합니다. 그런데…."

"그런데 뭔가?"

"음…, 편지를 보내주신 데 대해 무척 감사하고 있습니다."

"뜸 들이지 말고 어서. 뭐가 문제란 말인가?"

하도 재촉을 해 대니 디모데는 걱정보다 짓궂은 생각이 앞섰다.

"음…, 에…, 이미 말씀드린 것처럼 편지는 잘 전달이 됐습니다. 하지만 다른 한편으로는 다소 특이한 반응도 있었습니다."

"특이한 반응이라니?" 실라는 최악의 사태를 상상하면서 다그쳤다.

"블라스티니우스?" 바울이 물었다.

"그건 전혀 아닙니다. 그곳 식구들은 그자의 존재조차 모르고 있으니까요."

"그럼 뭐란 말인가?" 바울의 성화가 불 같았다.

두 사람은 다시 한 번 디모데의 얼굴을 뚫어져라 바라보았다. 젊은 이는 숨을 깊이 들이마시고는 바울을 똑바로 바라보며 입을 열었다.

"선생님, 데살로니가에서 추방당하시기 며칠 전에 클라우디우스 황제에 관해 정확히 뭐라고 말씀하셨어요?"

"그게 무슨 소린가?"

"그러니까 선생님은 황제 이야기를 먼저 꺼내고 이어서 주 예수님이 다시 오시며 그분이 곧 돌아오심을 보여 주는 표적들에 관해 설명하셨다는 얘기죠?" 이번에 디모데 쪽에서 서둘렀다.

"그때 구체적으로 뭐라고 말씀하셨어요?"

바울은 앞에서 했던 말을 웅얼웅얼 되풀이했다.

"주님이 다시 오신다든지 죽음에서 부활했다든지 하는 데 대해 무슨 얘길 했는지는 좀 더 시간을 두고 기억을 되살려 봐야겠네. 그런 주제를 다뤘는지 아닌지 가물가물하거든. 하지만 클라우디우스에 관해서는 한마디도 하지 않은 게 분명하네. 앞으로도 말하지 않는 게 현명할 테고."

"그렇군요." 디모데는 말했다.

"선생님은 편지에서 부활을 선명하게 설명하셨어요. 하지만 고린도에 계시는 동안 주님의 재림에 대해서도 신경을 써 주시면 좋겠어요. 데살로니가교회의 형제자매들은 제대로 아는 게 많지 않아서 아주 혼란을 겪고 있거든요."

실라가 끼어들었다.

"그래, 말해 보게, 바울 형제. 그날 밤, 데살로니가에서 정확히 무슨 말을 했나? 자네가 클라우디우스를 입에 올릴 때 디모데도, 나도 거기에 없었거든."

"별것 아니니 신경 쓰지 말게나." 바울은 예민한 반응을 보였다.

"자, 이제 뭐가 문제인지 말해 보게나."

"음…, 선생님의 편지를 낭독해서 모든 식구들이 잘 들었습니다. 주님이 다시 오신다는 사실에 다들 흥분하고 감격했어요. 마치 사나흘 안에 예수님이 오실 것처럼 받아들이는 분위기였습니다. 몇몇 형제들은 아예 일을 집어치우기도 했어요.

심지어 아침마다 일찌감치 일어나서 데살로니가 교외 언덕에 올라가 주님을 기다리는 이들도 여럿입니다. 남보다 먼저 공중으로 들려 올라가겠다는 거죠."

디모데는 어처구니가 없다는 듯 웃음을 터트렸다.

바울은 웃어야 할지 울어야 할지 모르겠다는 표정이었다. 그러다 고개를 절레절레 흔들며 탄식했다.

"차라리 말을 말아야지. 편지는 무슨 편지를 써."

"그래도 유머러스한 구석이 있으니 그나마 다행이지 않은가? 처음부터 끝까지 다 우스꽝스런 얘기로구먼. 데살로니가교회의 문제 가운데 얼마쯤은 자네가 보낸 편지에서, 또 얼마쯤은 그날 밤에 한 얘기에서 비롯됐다는 뜻인데…. 도대체 클라우디우스를 두고 무슨 소릴 한 건가?"

"교회 전체가 이처럼 극단적인 반응을 보이고 있던가?"

농이 반쯤 섞인 실라의 질문 따위는 깡그리 무시한 채, 바울이 질문을 이어 갔다.

디모데는 손가락을 빗 삼아 연신 머리칼을 쓸어 올리며 익살을 살짝 섞어 가며 대답했다.

"우선, 젊은 형제들의 상황을 좀 더 말씀드리겠습니다. 어떤 친구들은 더 이상 일을 하지 않고 있습니다. 그게 당연하다고 굳게 믿는 터라, 장터로 일감을 얻으러 나갈지 말지 망설이지조차 않습니다. 게다가 저녁마다 밥 때를 족집게처럼 맞춰 남의 집을 찾아가는 재주를 타고 난 것처럼 보입니다. 그것도 교인들 가운데 가장 맛있는 밥을 차리는 집을 골라서요. 물론 백이면 백, 죄다 우연이겠지만 말입니다."

"글세 내가 보기에는 예언의 은사가 있는 친구들인 것 같기도 하고…." 실라도 거들었다.

바울은 두 손으로 얼굴을 감쌌다. 웃어야 할지, 울어야 할지, 분통을 터트려야 할지 도무지 알 수가 없었다.

"내 말을 너무 잘 들은 셈인가?"

"일자리를 얻지 못한 형제들 가운데는 다른 그리스도인들의 집에 일꾼으로 들어간 친구들도 있어요. 처음에는 집 주인들이 아주 반색을 하며 맞았습니다. 하지만 차츰 힘들어하다가 이젠 아주 견디지 못할 지경이 됐어요. 고용된 형제들이 도무지 일을 하려 들지를 않으니까요. 일만 안 하는 게 아니라 아예 손가락 하나 까딱하질 않아요."

"게으름이 일종의 유행이 된 게 아닌가 싶군." 실라는 혀를 찼다.

"다른 형제들의 비슷한 행태를 한 가지만 더 말씀드리자면, 가게 문을 아예 닫아걸고 집에 들어 앉아 주님이 다시 오시길 기다리는 이도 있더라고요."

"아아아, 안돼애애애!" 바울은 결국 비명을 내지르고 말았다.

"제가 그 형제를 아침 일찍 찾아간 적이 있었어요. 문간에서 저를 맞으며 형제가 했던 인사를 잊을 수가 없어요. '디모데 형제, 아마 오늘 일 걸세. 어쩌면 아침 먹기 전에 오실 수도 있어.'"

바울은 망연자실하게 젊은이를 바라보며 물었다.

"뭐, 좀 다른 소식은 없나? 그런 정신 나간 얘기 말고!"

"있고말고요. 온 교회에 믿음이 충만합니다. 주님을 향한 믿음, 복음을 향한 믿음, 교회를 돌보는 선생님의 사역에 관한 믿음, 그리고 다시 오실 예수님을 기다리는 믿음. 지금도 마찬가지일 거예요."

"자네가 거기에 머무는 동안 형제자매들이 잘 따라 주던가?"

디모데의 눈빛이 흔들렸다.

"놀랍게도 그랬어요. 정말이요. 두 분 선생님에게 보이던 존경심을 제게도 보여 주었어요. 바울 선생님, 그런데 풍문이 떠돌더군요. 어디서 나온 얘긴지는 모르겠어요. 어쨌든 선생님이 쓴 또 다른 편지가 있는데, 거기에 부활은 없다고 믿는다는 말이 적혀 있다고들 하더라고요."

바울의 눈에서 불꽃이 튀었다.

"부활이 없다고? 그 편지는 또 뭐야? 내가 썼다고? 난 바리새인이지 사두개인이 아니야! 부활을 믿어, 믿는다고! 부활하신 주님을 만나기까지 했는데, 무슨 소리야!"

"또 다른 쪽에서는 선생님이 그랬다면서 주님이 이미 재림하셨다고 한다더군요."

"이런! 차라리 예수님이 진즉에 재림하셨다면 좋겠네. 그럼 적어도 우리 가운데 한 명은 알아보았을 게 아닌가!" 바울은 냉담하게 말했다.

그러고는 깊은 한숨을 내쉬었다.

"이렇게 많은 소문들이 난무하는 줄 나는 몰랐다네. 정말 몰랐어."

"혹시 블라스티니우스가 퍼트린 게 아닐까?" 실라는 고개를 갸우뚱하며 중얼거렸다.

"모르겠어요." 디모데가 대꾸했다.

"데살로니가에서 들은 건 죄다 출처가 모호한 풍문들뿐이어서요."

젊은이는 바울 쪽으로 몸을 숙이며 낮은 소리로 말했다. "그런데 솔직히 말해서 정말 선생님에게서 듣고 싶은 얘기가 있어요. 선생님이 클라우디우스에 대해, 그리고 주님의 재림에 대해 말씀하셨던 그 수수께끼 같은 날 밤에 무슨 일이 있었는지 알고 싶어요."

"나도 몹시 궁금하네." 실라도 바싹 다가앉았다.

바울은 두 친구의 채근을 들은 척 만 척했다.

"내일은 데살로니가에 두 번째 편지를 써야겠네. 하지만 오늘은 아니고 내일까지 기다렸다가 쓰겠어."

그때만 해도 바울은 다음날이 그토록 운명적인 하루가 되리라고는 생각지 못했다.

31
고린도에서 (11)

: 데살로니가에서 보내온 한 통의 편지

이튿날 아침, 로마군 수비대 병사들이 고린도에 들이닥쳤다. 혹시라도 있을지 모를 로마 주둔군에 대한 불만을 억누르기 위해 제국 전역에서 펼쳐지는 일종의 무력 시위였다. 병사들과 함께 마케도니아와 아가야 각지에서 편지들이 날아들었다. 두 통은 수신인이 바울이었다. 하나는 빌립보에서, 다른 하나는 데살로니가에서 최근에 적어 보낸 서신이었다. 편지들은 로마군이 도착한 지 얼마 안 돼서 바울의 손에 들어왔다.

둘 다 비슷한 소식을 담고 있었지만, 데살로니가교회의 편지 쪽이 더 중량감이 있었다. 데살로니가 유대인들에게 새로운 편지가 도달한 듯했다. 바울을 겨냥한 인신공격으로 가득했다. 갈라디아 회당에서 원본을 복제해 뿌린 서신들이었다. 물론 최초 발신지는 예루살렘이었다.

회당 지도자들뿐만 아니라 이방인 행정관들에게도 무차별로 발송한 모양이었다.

바울은 편지를 한쪽으로 밀쳐놓으며 중얼거렸다.

"블라스티니우스! 또 자네로군! 이번에도 블라스티니우스야!"

잠시 무언가를 골똘히 생각하던 바울은 실라와 디모데를 불러 놓고 말했다.

"방금 데살로니가 형제자매들이 보낸 글을 읽었네. 그곳 식구들이 새로운 박해에 직면하고 있는 것 같으이. 직접들 읽어 보시게나."

디모데는 큰 소리로 편지 두 통을 다 읽었다. 언제부터인가 목소리가 떨리고 있었다. 낯빛도 어두워졌다. 실라는 처음부터 끝까지 눈을 꼭 감고 있었지만, 글이 끝을 향해 달려갈 즈음부터 두 눈에서 뜨거운 눈물이 흘러내리기 시작했다.

디모데가 먼저 운을 뗐다.

"선생님이 도대체 어디서 힘을 얻어 이 자의 수작을 견뎌 내실지, 답답하기만 합니다."

실라의 말에는 날이 서 있었다.

"블라스티니우스라는 자에게는 마음도, 양심도 없는가 보네. 사탄의 앞잡이 같으니라고!"

한동안 침묵이 흘렀다. 마침내 바울도 완전히 허물어졌다. 일곱 달 전, 빌립보에서 데살로니가로 향하는 드라마틱한 여행을 하는 도중에 목격했던 그 고뇌에 찬 흐느낌이 재연되고 있었다.

"디모데 형제, 우리는 나가세. 지금은 바울 선생에게 혼자 있을 시간을 주는 게 좋겠네. 주님과 해결 봐야 할 부분이 있을 게야."

참으로 지혜로운 판단이었다. 둘이 방을 나가자마자 바울은 얼굴을 묻고 하나님께 울며 부르짖었다. 우선, 언젠가도 그랬던 것처럼 블라스티니우스를 몰아내 주시길 구했다. 하지만 예전과 마찬가지로 바울은 영혼 깊은 곳에서 울려나는 주님의 음성을 들었다.

"바울아, 너는 아는 게 참 많은 사람이다. 머리에 계시가 가득해. 너는 자부심이 몹시 강한 사람이기도 해. 어디 가나 빛이 나지. 그 빛이 없으면 넌 못 살 거야. 그리고 넌 너무 세단다. 블라스티니우스는 그런 너를 한없이 연약하게 하고 세상에서 성공하고자 하는 소원을 깨끗이 없애려고 내가 친히 빚은 도구란다. 그래서 그 친구를 네 삶에서 없애지 않을 거야. 그를 통해 너를 연약하게, 지극히 무력하게 만들고자 하는 게 내 뜻이란다. 너, 바울은 오로지 내 은혜에 기대어 살고, 움직이고, 힘을 얻게 될 거야."

데살로니가로 가는 길에서 일어났던 것과 똑같은 일이 그날 아침, 고린도에서도 벌어지고 있었다. 바울은 주님의 뜻에 순종하며 하나님이 옆구리에 들이대시는 영적인 단검 앞에 두 손을 번쩍 들고 항복했다.

바울이 자신의 삶에서 블라스티니우스를 몰아내 주시길 간청한 게 이번이 두 번째였다. 그자와 얽힌 문제를 두고 바울은 한 번 더 하나님과 만나게 되지만, 그때도 이전과 다름없이 주님이 이기셨다.

오래도록 눈물을 쏟고 난 바울은, 그날 오후 실라와 디모데를 다시 방으로 불렀다. 데살로니가교회에 두 번째 목회서신을 쓸 참이었다.

편지를 읽어 보면 알겠지만, 바울은 처음 몇 문장에 걸쳐 인사말을 한 뒤에 곧바로 데살로니가교회의 사랑스러운 식구들과 온갖 박해에도 꿋꿋이 신앙을 지키는 그들의 신실함에 대해 하나님께 감사를 드린다. 그렇게 서두를 시작하고 나서 블라스티니우스와 그자의 손에 붙들려 파괴의 도구가 된 무리에 대한 소회를 단 두 문장으로 편지에 적었다.

바울이 갈라디아교회에 쓴 첫 번째 목회서신의 경우는 블라스티니우스와 그 패거리가 갈라디아에서 일으킨 문제를 처리하는 데, 상당한 분량을 할애하고 있다. 그런데 세 번째 목회서신이자 데살로니가교회 형제자매들에게 보낸 두 번째 편지는 데살로니가에 있는 교회와 자신을 파멸시키려고 발버둥치는 자들에 대한 감정을 고작 두세 문장에 걸쳐 드러낼 따름이다. 하나님은 고난을 통해 바울을 변화시키셨던 것이다.

"디모데 형제, 두루마리와 펜을 좀 챙겨 주겠나?"

32

고린도에서 (12)

: 데살로니가교회에 두 번째 편지를 쓰다

오랜 침묵 끝에 마침내 바울은 입을 열었다.

"다른 교회들이 데살로니가교회를 보면서 기뻐하고 그들로 말미암아 믿음이 더 탄탄해진다는 이야기가 끊임없이 들리는군. 그곳의 형제자매들이 사는 모습을 두 눈으로 지켜보면서 그 어느 때보다 교회가 강건해진다는 얘기지. 데살로니가교회 식구들에게 그 얘길 전해 줘야겠어."

바울과 실라, 디모데가 씁니다.

하나님 아버지와 주 예수 그리스도께 속한 데살로니가교회에 편지합니다.

하나님 아버지와 주 예수 그리스도께서 은혜와 평강을 주시기를 바랍니다.

사랑하는 형제자매 여러분, 당연한 일이지만 우리는 여러분들로 인해 늘 하나님께 감사합니다. 여러분의 믿음이 날로 풍성해지고 전심으로 서로 사랑하는 일에 성장하기 때문입니다. 여러분이 온갖 박해를 받고 어려움을 받으면서도 인내하고 믿음을 잃지 않는 것을 여러 하나님의 교회들에 자랑하고 있습니다. 그러한 하나님은 이러한 박해를 사용하여 그분의 정의로움을 보이실 것입니다. 하나님은 그분의 나라에 합당한 사람이 되게 하시려고 허락하신 것입니다. 그를 위해 고난을 당하고 있는 것입니다.

하나님은 공의로우시므로 여러분을 핍박하는 이들에게 벌을 내리십니다. 그리고 박해를 받은 여러분에게 안식을 주시고 주 예수님이 하늘에서 나타나실 때 우리에게도 그리하실 것입니다. 주님은 막강한 천사들과 더불어 불꽃 가운데 오셔서 하나님을 알지 못하는 이들과 주 예수님에 대한 복음에 순종하기를 거부하는 이들을 심판하십니다. 그들은 영원히 멸망하는 징벌을 받게 됩니다. 주님이 거룩한 백성의 영광과 찬양을 받으러 오실 때, 주님과 영원히 분리되는 영구적으로 멸망하는 징벌을 받게 되어 있습니다. 그날 여러분들도 그분을 찬양하는 무리 가운데 있을 것입니다. 우리가 그분에 관해 증언하는 바를 믿었기 때문입니다.

그러므로 우리는 늘 하나님이 여러분을 부르신 생명에 합당한 사람으로 만들어 주시기를 기도합니다. 아울러 하나님이 그분의 권능으로 여러분의 선한 의도와 신실한 행동들을 완성시켜 주시길 간구합니다. 그렇게 되면 모두가 여러분들로 인해 우리 주 예수님의 이름을 높이게 될 것이며 여러분도 그분과 더불어 영광을 받게 될 것입니다. 이 모두가 하나님과 우리 주 예수 그리스도의 과분한 사랑 덕에 가능한 일입니다.

바울은 손으로 얼굴을 가렸다.

"첫 번째 편지에서는 주님의 부활이라는 어려운 주제를 다뤘으니, 이번 편지에서는 오해를 분명히 바로잡는 데 신경을 써야겠어."

형제자매 여러분, 이제 주 예수 그리스도가 다시 오시는 문제와 그분을 만나기 위해 함께 모이는 일에 관해 이야기하려고 합니다. 주님의 날이 이미 왔다고 말하는 이들에 넘어가 쉽게 흔들리거나 어려움을 겪지 마십시오. 설령 그들이 환상을 봤다거나, 계시를 들었다거나, 우리가 보낸 편지를 받았다고 주장해도 믿지 마십시오.

바울은 지난날 에클레시아 식구들에게 당대에 벌어진 몇 가지 사건들이 주님의 재림을 암시하는 상징이 될 수 있음을 이야기하면서 클라우디우스 황제를 비롯해 몇 가지 일들을 두고 했던 말을 되새겼다. 바울이 편지에 적은 내용은 지난날 그들과 함께 지내면서 했던 이야기 그대로였다. 상당 부분은 황제와 관련된 내용이었다. 하지만 바울이 무슨 소리를 하는지 제대로 알아듣지 못하는 이들이 대다수였다. 바울은 혹시라도 편지의 사본이 로마 당국자의 손에 들어갈까 염려해서 위의 구절을 대단히 모호한 언어로 기록했다.

가령, 본문에서 바울은 적어도 둘, 또는 세 사람을 염두에 두고 있다. 하지만 종종 '그'라든지 '그들' 같은 표현을 사용하는 까닭에 구체적으로 누굴 가리키는지 콕 집어 말하기 어렵다. 또 속뜻을 정확히 헤아리기 어려운 단어들을 동원해서 오로지 데살로니가의 그리스도인들만 편지의 의도를 또렷이 분변할 수 있게 했다.

> 그들이 하는 말에 속아 넘어가지 마십시오. 하나님께 크게 반역하는 사건이 일어나고 파멸을 불러오는 무법한 인간이 나타나기 전까지는 그날이 오지 않을 것이기 때문입니다.
> 그자는 자신을 높이고 모든 신에게 저항하며 온갖 찬송과 경배의 대상들을 파괴할 것입니다. 스스로 하나님이라 주장하면서 거룩한 전에 자리를 잡을 것입니다. 제가 여러분과 함께 있을 때, 이런 일들에 관해 이야기했던 걸 기억하지 못합니까? 여러분도 알다시피, 그자가 지금은 눌려 있지만 그의 때가 오면 드러날 것입니다.
> 불법은 이미 은밀하게 작동되고 있습니다. 억누르는 분이 손을 떼고 물러설 때까지 비밀은 그대로 남아 있을 겁니다. 그러면 무법자가 드러날 텐데, 주 예수님은 입김으로 소멸시키고 주님이 오시는 광채로 그를 멸망시키십니다. 이 악랄한 인간은 거짓 권세와 표적, 기적으로 사탄의 역사를 행할 것입니다. 온갖 사악한 속임수를 써서 파멸로 가는 이들을 속입니다. 그들이 자신을 구원할 진리를 믿으려 하지 않기 때문입니다. 그래서 하나님은 그들이 깜빡 속아 넘어가게 하셔서 그 모든 거짓을 믿게 하십니다. 마침내 그들은 진리를 믿지 않고 그들이 행하는 악한 일들을 즐긴 탓에 심판을 받게 될 것입니다.

바울은 데살로니가교회에 보내는 몇 마디 당부로 편지를 맺었다. 하지만 다음날 아침, 사도는 적잖은 내용을 덧붙였다.

주님의 사랑을 받는 사랑하는 형제자매 여러분들을 두고 우리는 늘 하나님께 고마워합니다. 하나님이 여러분을 선택하셔서 거룩하게 하시는 성령님을 통하여 진리를 믿는 믿음으로 말미암아 구원을 경험하는 첫 무리들 가운데 포함시켜 주신 데 대해 감사를 드립니다.

우리가 복음을 전할 때 하나님은 여러분을 구원으로 초대하셨습니다. 이제 여러분은 우리 주 예수 그리스도의 영광을 나누어 가졌습니다.

사랑하는 형제자매 여러분, 이러한 사실을 마음에 품고 견고하게 서서, 우리가 직접, 또는 편지로 가르친 모든 것들을 단단히 지키십시오.

우리를 사랑하시며 각별히 아끼셔서 영원한 위안과 선한 소망을 주신 우리 주 예수 그리스도와 아버지 하나님께서 여러분의 마음을 편케 하며 여러분이 착한 일과 말을 할 때마다 힘을 주시길 빕니다.

다음날 아침, 바울은 디모데와 실라를 방으로 불렀다.

"일하지 않는 이들은 어떻게 하지? 아직도 그런 문제가 남아 있으리라고 보는데…. 주님이 다시 오신다는 점은 이번 편지에서도 분명히 이야기했네. 그 때문에 데살로니가교회 식구들 가운데 일을 집어치우고 뻔질나게 산꼭대기를 오르내리는 이들이 더 늘어날까 봐 걱정스럽네."

바울은 한 쪽 눈을 찡긋해 보이며 디모데에게 말했다. "자, 몇 자 더 보태 보세나!"

 마지막으로, 사랑하는 형제자매 여러분, 우리를 위해 기도해 주시길 부탁드립니다. 우선, 주님의 메시지가 급속하게 퍼져 나가며 여러분에게 그랬던 것처럼 가는 곳마다 주의 말씀이 높임을 받게 해 주시길 구해 주십시오. 또한 아직 세상 모두가 주님을 믿는 게 아니므로, 사악하고 악랄한 자들의 손에서 우리를 구해 주시길 간구해 주십시오. 하지만 주님은 신실하십니다. 그분은 여러분을 강하게 하시고 악독한 자에게서 지켜 주십니다. 우리가 명령한 것들을 여러분이 그대로 따르고 있으며 앞으로도 늘 그럴 것임을 주님 안에서 굳게 믿습니다. 주님이 여러분들에게 하나님의 사랑에 대한 한결 깊은 이해와 그리스도로부터 오는 인내를 베푸시길 바랍니다.

이제, 사랑하는 형제자매 여러분에게 우리 주 예수 그리스도의 권위를 힘입어 명령합니다. 게으르게 살며 우리가 여러분에게 전해 준 열심히 일하는 전통에 따르지 않는 그리스도인들을 멀리하십시오. 알다시피, 여러분은 우리의 본을 따라야 합니다.

여러분과 함께 지내는 동안 우리는 단 한 번도 게으름을 피우지 않았습니다. 값을 치르지 않고는 누구에게든 음식을 얻어먹지 않았습니다. 밤낮없이 열심히 일해서 아무에게도 부담을 주지 않았습니다. 끼니를 해결해 주길 청할 권리가 없어서가 아니라 여러분에게 마땅히 따라야 할 모범을 보이기 위해서였습니다. 여러분과 함께 있을 때, '일하지 않는 자는 먹지도 말라'는 원칙까지 세워 주었습니다.

하지만 듣자 하니, 여러분 가운데 어떤 이들은 게으르게 살며, 일하기를 거부하고, 남의 일에 간섭이나 하면서 시간을 낭비한다고 합니다. 주 예수 그리스도의 이름으로 그런 이들에게 호소합니다. 아니 명령합니다. 마음을 가라앉히고 나가서 일하십시오. 자기 밥벌이를 하십시오. 나머지 형제자매들에게 당부합니다. 선한 일을 하다가 지치지 마십시오.

우리가 이 편지에 담은 가르침에 순종하기를 거부하는 이들을 주의하십시오. 그런 이들을 멀리해서 스스로 부끄러워하게 하십시오. 원수로 여기지는 말되, 경고를 받아야 할 그리스도인으로 생각하십시오.

평화의 주님이 무슨 일이 있든지 여러분들에게 늘 평안을 주시길 빕니다. 여러분 모두와 주님이 함께하시길 바랍니다.

말을 마친 바울은 디모데에게 부탁했다.

"편지 내용을 다시 한 번 살펴보게 해 주게. 아참! 서명을 빼먹었군. 편지의 내용을 위조하는 건 막아야지. 자, 그럼 문제가 생기지 않도록 미리 손을 좀 써 둘까?"

디모데는 바울에게 펜을 건네주었다. 바울은 눈을 가늘게 뜨고 잠시 생각하더니 눈이 시원찮은 바울 자신도 읽을 수 있을 만큼 큼지막하게 몇 마디를 더 써 넣었다.

이제 인사를 전하면서 내 손으로 직접 '바울' 이라고 적습니다. 참으로 내가 쓴 편지임을 보증하는 걸로 이 편지를 마무리하기 위해서입니다.

우리 주 예수 그리스도의 은혜가 여러분 모두와 함께하길 빕니다.

바울은 펜을 디모데에게 돌려주었다. 젊은이는 그걸 천으로 잘 쌌다. 그러고는 파라핀으로 편지를 봉인하고 가죽 케이스에 담았다.

바로 다음날, 편지는 데살로니가교회로 보내졌다.

나, 디도는 그로부터 6년이 지나서야 다음 목회서신을 썼다는 점을 알려 두고 싶다. 아이러니하게도 고린도교회 식구들에게 보내는 글이었다. 데살로니가교회에 두 통의 서신을 보낸 바로 그 도시의 형제자매들에게 편지를 썼던 것이다.

바울은 블라스티니우스가 몰고 온 두 차례 위기를 잘 이겨 냈다. 하지만 폭동이라는 다음 세 번째 위기가 다가오고 있었다.

33
고린도에서 (13)

: 고린도 재판정

"고린도라고? 바울이 고린도에 있단 말이야? 그자가 그렇게 멀리까지 갈 줄은 몰랐네! 바울이 빌립보와 데살로니가까지 진출했다는 사실도 도무지 믿어지지 않았는데, 이젠 고린도라고? 바울 선생, 당신은 모르겠지만 조만간 손님의 방문을 받게 될 게요!"

바울의 행방. 블라스티니우스는 바로 그걸 알고 싶었다. 바울이 그리스에서 이어 가는 성공담을 차단할 수만 있다면, 가진 능력을 총동원해서 뭐든지 다 할 수 있었다. 이제 며칠 뒤면 무얼 어찌해야 할지가 또렷해질 터였다.

기억하겠지만, 고린도에는 블라스티니우스의 존재를 아는 이가 아무도 없었다. 따라서 그자가 덮친다 하더라도 뒤이어 벌어진 엄청난 소요의 이면에 누가 버티고 있는지 짐작조차 못할 터였다. 그만큼 고린도 시는 그자의 영향력 앞에 활짝 열려 있었다.

블라스티니우스가 처음 취한 조처는 고린도 회당에 편지를 내는 일이었다. 편지는 대단히 구체적이었다. 자신의 구미에 맞게 온갖 일들을 왜곡해서 바울이 극악무도한 인물로 보일 만한 이야기들을 적었다. 예루살렘에서 히브리인들을 어떻게 핍박했고, 구브로 회당에서 어떻게 매질을 당했는지 설명했다. 부당한 불법행위로 비시디아에서 채찍질을 당했으며 이고니온에서 내쫓겼다고 적었다. 루스드라에서는 정의감에 불타는 시민들이 돌팔매질을 했다고도 했다. 몹시 혐오스러운 짓을 해서 선량한 이들로부터 따돌림과 미움을 받는 존재인 것처럼 바울을 묘사했다. 미치광이나 다름없는 인물로 몰아간 것이다.

이어서 빌립보에서 채찍질을 당하고 감옥에 갇혔으며 데살로니가에서 추방당했다는 사실도 적었다. 억울하게 당한 일이지만, 블라스티니우스는 그 전말에 관해서는 한마디도 하지 않았다.

교묘하게 조작된 편지는 바울이야말로 유대인을 미워하며, 모세와 613조에 달하는 율법을 모독하고, 황제에게 반역하는 무법자임을 은근히 내비치고 있었다. 글을 읽는 이로서는 섬뜩할 수밖에 없는 내용이었다.

블라스티니우스는 고린도에 있는 유대인 장로들에게 수단과 방법을 가리지 말고 바울을 몰아내야 한다고 부추겼다. 그뿐이 아니었다. 어떻게 하면 바울을 제거할 수 있는지 장로들에게 구체적인 방법까지 제시했다. 고린도의 관리들에게 가서 바울의 실상을 폭로하라고 권유했다.

"이스라엘과 로마제국을 뒤엎으려는 반역자라고 말씀하세요."

블라스티니우스가 이렇게 날뛰는 상황에서, 클라우디우스 황제는 갈리오를 그리스 남부의 총독으로 임명했다. 그는 유명한 철학자이자 청년 네로의 개인교수이기도 했던 안나이우스 세네카와 형제지간이다.

고린도에 부임해 그리스 남부를 다스리기 시작할 무렵, 갈리오는 반듯하고 성품 좋기로 명성이 자자했다. 로마에서부터 이미 큰 사랑과 존경을 받아서 「데 이라」(De Ira)와 「행복론」(Vita Veata)이라는 두 권의 책을 헌정받기까지 했다.

바울이 얼마나 위협적인 존재인지 의식하게 된 회당 유대인들은 갈리오의 부임을 남다른 눈으로 바라보았다. 블라스티니우스의 편지를 빌미로 바울을 공격하기에 더없이 좋은 기회로 파악한 것이다. 유대인들은 시 행정관들에게 가서 자신들의 입장을 전할 대변인으로 소스데네라는 인물을 선택했다.

갈리오를 만나게 해 달라는 요청은 금방 수락됐다. 총독 앞에 선 회당의 유대인 지도자들은 몹시 분노하고 겁에 질린 시민의 모습을 보이려 안간힘을 썼다. 일행은 시시콜콜 자신들의 사정을 갈리오에게 전달했다.

"끔찍한 인간이 고린도에 살고 있습니다."

그러나 장로들은 몰랐지만, 바울은 이미 시의 지도층 인사들과 적잖은 교분을 쌓은 상태였다. 이처럼 우호적인 상황이 조성된 건 한편으로는 병자가 낫고, 다른 한편으로는 도시를 움직이는 지도자들 가운데 일부가 직접 에클레시아를 찾으면서 좋은 평판이 생긴 덕이었다. 그러니 믿음이 없는 유대인들이 갖은 노력을 다했고, 다른 곳에서는 그런 접근 방식으로 상당히 재미를 보았음에도 불구하고 고린도에서는 실패를 거듭할 수밖에 없었다.

갈리오는 잠시 이야기를 들어 주다가 말허리를 자르고 나섰다.

"히브리인들이여, 내 이야기를 들어 보시오. 누가 다쳤다든지, 말 그대로 범죄 행위가 일어났다든지 하는 사안이라면 여러분 말씀을 끝까지 들어 드리는 게 타당하겠지요. 하지만 그대들의 신앙이라든지 종교법과 관련된 문제라면 더 이상 듣고 싶지 않소이다. 그러니 이제 나가서 여러분들이 알아서 처리하세요. 난 개입하기 싫습니다. 여기에 대해서는 판결을 내리지 않겠습니다."

행정관과 도시 장로들은 고린도에 갓 부임한 신임 총독이 이 사안에 어떤 처분을 내리는지 귀를 쫑긋 세우고 들었다. 그리고 그 과감함과 통찰력에 깜짝 놀랐다. 갈리오가 내린 결론뿐만 아니라 됨됨이 자체를 무척 반기고 즐거워했기 때문이다.

총독의 판결이 떨어지자, 도시의 행정관들은 히브리인들에게 법정 밖으로 나가라는 명령을 내렸다. 이들이 법정을 나서자마자, 일단의 구경꾼들이 달려들어 멱살을 잡고 주먹질을 해 댔다. 소스데네가 가장 심하게 얻어맞았다. 법정에서 행정관들이 실제로 벌어지고 있는 사안에 대해 확고한 입장을 보였음에도 불구하고 맥없이 돌아 나왔다는 이유로 치도곤을 안긴 것이다.

바울의 평생을 통틀어 세상의 정부가 고발을 받고도 억울한 처벌을 내리지 않은 첫 번째 사례였다. 아울러 회당이 법정 다툼에서 패한 첫 번째 사건이기도 했다.

그렇지만 바울은 고린도에 머물 시간이 그리 길지 않음을 직감했다. 사도는 제 손으로 세운 에클레시아를 떠날 준비를 시작했다.

어느 날 밤, 바울은 온 교회를 한자리에 불러 모았다. 디모데를 비롯한 형제자매들은 바울의 말투에 긴박감이 섞여 있음을 감지했다. "이곳을 떠날 때, 반드시 떠나야 하는데, 실라와 디모데, 두 형제도 함께 가겠습니다. 이제 여러분 스스로 교회를 꾸려 가야 합니다. 이곳에 있는 에클레시아는 여러분, 곧 고린도에서 함께 모이는 형제자매들의 손에 넘기고 갈 것입니다."

그때까지 바울은 고린도를 떠나겠다는 계획을 철저히 비밀에 붙이고 아무에게도 이야기하지 않았다. 하지만 이제는 여러 해 동안 혼자서만 간직해 왔던 일을 실행에 옮기기 시작할 때가 됐다.

나, 디도는 이것 하나만큼은 분명히 말해두고 싶다. 바울의 계획은 내 삶에, 그리고 디모데의 삶에 일어났던 온갖 일들 가운데 가장 흥미진진한 사건이었다.

궁금증이 모락모락 피어오르기 시작했다.

"바울은 도대체 무얼 어떡하려는 것일까?"

34
고린도를 떠나다

"때가 됐습니다. 이제 고린도를 떠나야 합니다."

바울은 고린도교회 식구들에게 말했다.

"도중에 몇 군데를 들러 돌아보긴 하겠지만, 일단 예루살렘으로 갈 작정입니다. 거기서 다시 고향이 있는 북쪽으로 방향을 잡아 안디옥으로 갈 겁니다. 그 다음에 어떻게 할지는 아직 일정을 완전히 잡지 못해 여러분과 나누지 못합니다."

브리스길라와 아굴라, 디모데와 실라, 그리고 그리스보와 스데바나도 바울의 이야기를 들었다. 가이오는 마음이 아팠다. 사도는 계속해서 말했다.

"지금부터 머리칼을 기르기 시작하려고 합니다. 다 자랄 때쯤 고린도를 떠날 겁니다. 오늘 난 옛 유대인의 서약을 했습니다. 이제 예루살렘에 가서 오순절을 지킨 다음에 거기서 머리를 깨끗이 밀어 버릴 생각입니다. 그 역시 서약 의식의 일부입니다."

방 안에 모인 이들은 바울의 말을 도통 알아듣기 어려워했지만, 그 가운데서도 바로 이 대목이 압권이었다.

실라는 앞으로 3년 뒤에 고국 예루살렘으로 돌아가겠는 뜻으로 받아들였다. 디모데는 루스드라로 가리라고 믿었다. 브리스길라와 아굴라는 바울이 떠난 뒤에, 어떻게 교회가 앞길을 잘 헤쳐 갈 수 있을지 가늠할 수 없었다. 하지만 입이 딱 벌어질 만큼 놀랐다는 점만큼은 똑같았다.

"일단 안디옥에 도착하면 거기서 한동안 쉴 계획입니다. 그러고 나서 세 번째 여행에 나서겠습니다. 이번에는 어디로 갈지 정확하게 알고 떠나는 길입니다."

"어디로 가실 건데요?" 디모데가 뭘 묻고 있는지도 의식하지 못한 채 반사적으로 물었다.

"로마로 갈 수는 없겠지. 그건 분명해. 그래서 세상에서 가장 영향력이 큰 도시 가운데 하나로 가려 하네."

바울은 숨을 깊이 들이마셨다.

"이스라엘은 복음을 들었고 온 나라에 교회가 세워졌네. 시리아 역시 복음을 들었고 곳곳에 교회가 일어났지. 갈라디아에도 복음이 들어갔고 교회가 생겼어. 그리스 남북부에도 그리스도의 증인들이 속속 나타나고 모임이 꾸려졌네.

예루살렘과 안디옥, 고린도는 제국을 통틀어 가장 큰 도시들일세.

아직 그리스도의 증인들과 교회가 없는 채로 남아 있는 곳은 알렉산드리아와 로마, 에베소 정도가 전부야. 예루살렘으로 가면 베드로를 만나서 그 세 군데 가운데 알렉산드리아를 맡아 줄 수 있는지 상의해 볼 걸세.

시몬 베드로에 관한 소식을 꾸준히 들어 왔네. 목숨이 위태로운 상황이라더군. 유대 땅에서는 해가 갈수록 셀롯파의 활동이 과감해지고 위험해진다는 소문이야. 그 밖에도 몇몇 비밀단체들이 힘을 키워 가고 있다고도 하고…. 그만큼 수상하고 불안하다는 뜻이겠지. 베드로도 언젠가는 블랙리스트에 올라가게 될 거야.

그런 점에서는 베드로와 내가 비슷한 어려움을 안고 있는 셈이지. 내 악명도 점점 높아지고 있으니 하는 말일세. 이렇게 멀리 떨어진 고린도까지 날 비방하는 편지가 날아들고 그게 어떤 파장을 일으키는지 자네도 보지 않았던가. 셀롯 당원들의 칼날이 나를 향하게 하려고 안간힘을 쓰는 이들이 이스라엘에는 수두룩할 걸세. 만약에 시몬 베드로가 알렉산드리아로 가면 대도시로는 로마와 에베소만 남지. 거기가 바로 내 세 번째 여행 목적지가 될 걸세."

바울은 우물쭈물했다. 무언가 더 말할 게 있는 눈치였다. 디모데는 기대와 흥분을 잔뜩 담은 눈으로 주목했지만 불확실한 모습 말고는 아무 것도 보이지 않았다. 자신이 하려고 하는 일이 세상에서 가장 하고 싶은 일임을 알게 된 이가 보일 법한 반응이었다. 바울은 마음에 담은 말이 거대하고 의미심장한 영향을 누구보다 잘 알았다. 우리로선 알 수 없는 일이었다.

"에베소라고? 에베소로 간단 말씀이신가?" 실라는 바울의 의도를 정확히 알아보려고 거듭 물었다.

"그렇다네. 하지만 내 마음은 언제나처럼 로마에 가 있어. 자네, 그런 얘길 들어 봤나? 로마에서는 시저가 죽으면 원로원에서 즉시 그 황제를 신으로 선포한다네." 눈동자를 반짝이며 바울은 말했다.

"그날이 빨리 왔으면 좋겠네. 클라우디우스의 최후의 날 말일세."

모두의 입가에 미소가 떠올랐다. 다들 한 마음이었기 때문이다.

"자, 다시 에베소로 돌아가서…." 바울은 숨을 몰아쉬었다.

"에베소에 가는 게 내 마지막 과업이 될 걸세. 거기서 이루고 싶은 세 가지 일이 있어. 둘은 자네들도 이미 알고 있을 거야. 하나는 유대인들과 이방인들에게 복음을 전하는 일이고, 두 번째는 가는 곳마다 예수 그리스도의 교회를 세우는 일일세."

바울은 이 대목에서 또 한 번 주저했다. 한동안 뜸을 들이다 결국은 입을 열었다.

"브리스길라와 아굴라, 두 분께 어려운 청이 있습니다. 혹시 고린도를 떠나 에베소에 새로 정착해 줄 수 있겠습니까? 먼저 가서 내가 사역할 준비를 갖춰 달라는 말씀이올시다.

에베소에 들어가면 회당에 나가면서 힘닿는 데까지 많은 친구들을 사귀어 놓으면 좋겠습니다. 유대인 동족뿐만 아니라 하나님을 두려워하는 이방인들과도 돈독한 교분을 쌓아 준다면, 더 바랄 게 없겠습니다.

물론, 부탁하고 싶은 일은 또 있습니다. 아굴라 형제님은 천막 짓는 기술자이시니, 최대한 빨리 에베소에 가게를 내주세요. 그곳에 가는 대로 나도 합류하고 싶습니다."

바울은 한숨을 내쉬었다. 이제 처음으로 속에 품었던 계획을 내비칠 참이었다.

"생활비뿐만 아니라 몇몇 다른 식구들도 부양해야 하거든요."

브리스길라가 말했다.

"이곳에 있는 집을 팔고 에베소로 가라는 말씀인가요? 거기서 집을 사고 선생님 오시길 기다리는 뜻이죠?"

아굴라는 손을 뻗어 아내의 손을 꼭 잡았다. 그러고는 몸을 돌려 브리스길라를 꼭 안았다.

바울이 대답했다. "그렇습니다. 주님 앞에서 두 분이 기꺼이 그 일을 맡아주시겠습니까?"

"내일 아침까지 답을 드리겠습니다. 중요한 질문일수록 적어도 하룻밤은 시간을 두었다가 답을 하는 편이 현명하다는 걸 배웠거든요." 아굴라가 말했다.

디모데는 가만히 있을 수가 없었다.

"바울 선생님, 달리 하실 말씀은 없나요? 이게 전부입니까?"

"지금은 여기까지일세. 아굴라 형제님이 먼저 에베소로 가서 천막 짓고 고치는 가게를 내는 게 대단히 중요하네. 거기 도착하는 대로 생활비뿐만 아니라 다른 이들의 생계대책도 마련해야 하니까."

"그게 도대체 무슨 말씀이세요?" 다그치는 디모데의 목소리에는 안달이 배어 있었다.

"젊은 친구, 너무 서두르지 말게. 예루살렘에, 아니 안디옥에 도착한 뒤에 내 일러 줌세."

디모데는 펄쩍 뛰었다. "저요? 저도 예루살렘으로 간다고요?"

브리스길라는 손뼉을 치며 반색을 했다.

"멋지군요!"

실라는 자리에서 일어나 디모데를 끌어안았다.

"아주 근사한 생각일세, 바울 형제! 이 젊은 친구에게도 하나님의 도성을 보여 주는 게 좋지, 좋고말고! 아마 예루살렘에 머물면서 유대인으로 살지 이방인으로 살지 결정을 내리게 될 걸세."

"제가 예루살렘에 간단 말이죠? 내가 예루살렘엘 가다니!"

"뭔가, 그 반응은? 가고 싶지 않을 수도 있다는 뜻인가?"

브리스길라가 짐짓 의심스럽다는 듯 물었다.

디모데는 얼른 여인을 돌아보며 대꾸했다.

"가고 싶다마다요. 그것만큼은 분명해요. 그래요, 예루살렘에 가 있는 동안 유대인이 되겠어요."

잠시 숨을 고른 뒤, 디모데가 말을 이어갔다.

"그럼 루스드라로 돌아갈 수 없다는 뜻인가요?"

젊은이는 눈을 가늘게 뜨고 거듭 물었다.

"예루살렘에 갔다가 안디옥… 안디옥에도 함께 가야 한다는…"

바울은 얼굴 가득 만족스러운 빛을 머금은 채 몸을 뒤로 젖히며 말했다.

"그렇지! 음, 그 다음에 아주 재미있는 일이 있을 거라서…."

34 고린도를 떠나다

"그게 뭐죠? 어서 말씀해 보세요." 브리스길라가 재촉했다.

"그건 다음에!"

"기다리다 늙어 죽겠어요!" 디모데도 고개를 끄덕이며 웃었다.

이튿날 아침, 브리스길라와 아굴라는 바울에게 답을 주었다.

"기꺼이, 그리고 즐거이 순종하겠습니다. 에베소로 가서 선생님이 도착하시는 대로 뜻을 활짝 펼 수 있는 만반의 준비를 갖춰 놓겠습니다."

신실한 이 부부는 바울의 사역이 풍성한 열매를 맺도록 고린도에서 했던 일을 그대로 에베소에서도 되풀이하기로 결정한 것이다.

"에베소에서는 오래도록 머물면 좋겠는데…." 바울이 느릿느릿 말했다.

"얼마나 오래 계시면 속이 후련하시겠어요?" 디모데가 물었다.

바울은 이상하다는 듯 젊은이를 쳐다보았다.

"그건 자네에게 수수께끼로 남기겠네. 나로서는 예수님이 세상에 계시면서 열두 제자를 키우셨던 만큼만 에베소에 머물 수 있기를 바랄 따름이지."

디모데는 무슨 얘길 하는지 도통 알아들을 수가 없었다. 바울은 더 이상 속에 품은 계획을 내비치지 않았다. 이제는 기다리면서 자신의 결정을 검증해 볼 생각이었다. 일생일대의 시험이었다. 일주일 뒤, 사도는 고린도의 모든 그리스도인들을 또 다시 한자리에 불러 모았다. 이번에는 큰 홀까지 빌렸다. 모임은 해 뜨기 두 시간 전에 열렸다.

자리를 함께한 이들의 눈에 무언가 감격스러운 일이 벌어질 거라는 기대감이 가득했다.

마침내 바울이 자리에서 일어났다.

"여러분과 모임을 시작한 뒤로 수없이 되풀이해 말한 것처럼, 저는 이곳을 떠날 것입니다. 형제자매들은 그리스도에 관해 모든 걸 알고 있습니다. 어떻게 주님을 경험하는지도 다 압니다. 교회에 관해서도 모르는 게 없습니다. 이미 다 알아서 더는 해 줄 이야기가 없을 정도입니다. 이제 떠날 때가 된 겁니다."

바울은 잠시 머뭇거리다 말을 이었다.

"이제 곧 여러분과 작별할 순간이 올 겁니다. 바울과 실라도 마찬가지입니다. 셋이 함께 예루살렘으로 갔다가 저와 디모데만 안디옥으로 갈 예정입니다."

뒤편에 앉았던 젊은 형제 하나가 벌떡 일어서며 장난기 가득한 목소리로 물었다.

"디모데 형제, 우리 함께 갈까요?"

디모데는 한 치의 망설임도 없이 대꾸했다.

"두말하면 잔소리죠! 대신 내 여비는 형제님 부담입니다. 짐도 다 형제가 져야 하고요!"

왁자지껄 한바탕 웃음이 휩쓸고 지나간 뒤에 바울이 말을 이었다.

"브리스길라와 아굴라 부부도 떠날 겁니다." 실내가 소란스러워졌다가 고요해졌다.

"어디로 간다는 거지?" 모두가 묻고 싶은 질문이었다.

"양해해 주세요. 지금은 두 분이 어디로 가는지는 말씀드리지 않는 게 좋겠습니다. 마지막 순간까지 기다렸다가 공개하겠습니다. 세상에 나와 관련된 소문이 꼬리에 꼬리를 물고 있으니까요. 우리가 떠나기 직전까지는 입을 다무는 편이 지혜로울 거라는 생각이 듭니다."

모두가 고개를 끄덕였다. 그러고도 한참동안은 질문이 끊이지 않았다. 그러고는 찬양이 시작됐다. 눈물바람이 일었다. 마침내 모두가 무릎을 꿇고 저마다 가진 소망과 두려움을 주께 아뢰었다.

디모데의 말에 따르면, 고린도교회 역사상 가장 풍성하지만 불안한 순간이었다.

조만간 멀리 떠날 형제자매들을 둘러싸고 너나없이 사랑과 안타까움을 전했다. 하지만 그 시각 바울이 직접 일군 여러 교회들에 은밀히 보내는 편지를 쓰고 있다는 사실은 아무도 모르고 있었다. 바울의 계획은 차츰 구체화되어 가고 있었다.

고린도 시내로 몰려드는 인구가 워낙 많아서 집을 구하기가 몹시 힘든 형편이라 브리스길라는 며칠 만에 집을 처분할 수 있었다. 집값도 살 때보다 훨씬 후하게 쳐서 받았다.

다른 지역 여성들과 달리, 로마시민인 브리스길라는 재산을 마음대로 사고 팔 수 있었다. 시민권 소지자는 일련의 범죄를 저지르지 않는 한, 체포되지 않을 특권도 누렸다. 개인적으로 황제에게 직접 호소할 수 있는 권리도 있었다. 설령 처형할 일이 생긴다 해도 칼만 쓸 수 있었다. 십자가에 매달 수 없다는 뜻이다. 무엇보다 로마시민에게는 태형을 가할 수 없었다. 바나바와 바울, 그리고 실라는 그만큼 예외적인 경우였다.

고린도를 떠날 날을 코앞에 두고서야, 바울은 약속한 대로 브리스길라와 아굴라의 행선지를 밝혔다. 바울과 실라, 디모데는 예루살렘으로 가는 길에 먼저 그 둘과 함께 에베소에 들러 도시의 상황을 대충 점검하기로 했다. 거기서 일행은 부부와 헤어져 예루살렘으로 가서 명절을 지킬 것이다.

이번 여정에서 두 번째 파선을 경험하게 되지만, 바울로서는 알 길이 없었다.

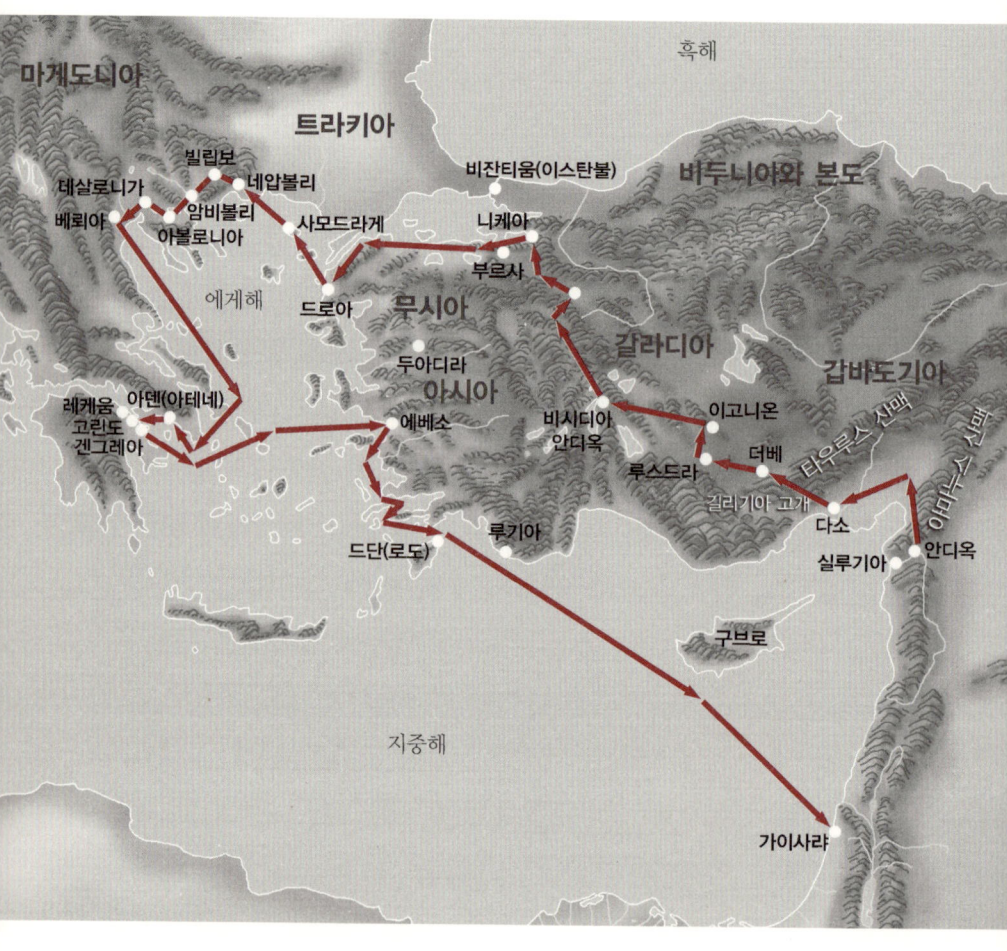

35
에베소를 거쳐 가이사랴로 가는 길

동이 트려면 아직 세 시간이나 남았지만, 브리스길라의 집 앞에는 고린도교회 성도들이 빠짐없이 늘어섰다. 몇몇은 횃불을 들고 있었다. 불꽃이 아름답게 타올랐다.

드디어 바울이 거리로 나섰다. 젊은 형제들이 달려가서 짐을 받아 들었다. 이어서 디모데와 실라가 모습을 드러냈다. 누군가 낮은 목소리로 찬양을 부르기 시작했다. 아굴라와 브리스길라가 뒤이어 나타났다. 여인의 눈에는 눈물이 그렁그렁했다.

"이게 아마 마지막으로 보는 걸 거예요. 여기서 참 행복하게 살았는데…."

잠시 후, 다섯 명의 나그네는 온 에클레시아 식구들과 함께 시내를 빠져나가 겐그레아로 향했다. 항구를 저만치 앞두고 일행은 벌판에 둘러앉아 함께 빵을 떼었다. 성찬식을 겸한 아침식사였다. 이윽고 눈물 어린 작별인사가 이어졌다. 모두가 바울과 실라, 디모데와 헤어지는 걸 아쉬워했다. 브리스길라와 아굴라 부부와 헤어지는 걸 더 안타까워했다.

바울이 마지막 메시지를 전했다.

"에베소에 자리를 잡으면, 일 년에 한두 차례는 여러분을 찾아보도록 최선을 다하겠습니다. 여러분은 이미 수많은 격려와 책망, 권고를 받았습니다. 이제는 여러분들끼리 서로 그러해야 합니다. 입을 열어 주 예수 그리스도를 밝히 드러내십시오.

에클레시아는 오로지 그리스도의 소유이며 그리스도 역시 에클레시아에 속해 있음을 절대로 잊지 마십시오. 여태까지는 내가 여러분을 훈련해 서로 세우게 했습니다. 이제는 여러분들끼리 서로 세워야 합니다. 찬양하고 경배하며 권면하고 나눌 때마다 그리하십시오. 모임 안에서든 밖에서든 한결같이 그래야 합니다. 무엇보다 지난 18개월 동안 주님이 여러분의 마음에 살아계신다는 사실을 알게 되었습니다. 그분에 힘입어 사십시오."

말씀이 끝나자 대다수 그리스도인들은 고린도의 일터로 돌아가고 몇몇만 남아 항구까지 동행했다.

나, 디도는 겐그레아야말로 세상에서 가장 더럽고 시끄러운 동네라고 믿는다. 배들이 밤낮없이 들어와 닻을 내렸다. 어디서나 거래와 다툼이 끊이지 않았다. 거기에 빗댈 만큼 참담한 도시는 로마뿐이었다. 하지만 로마에서도 소떼의 도로 통행은 밤에만 허용됐다. 겐그레아에서는 공간이 워낙 좁은 까닭에 소떼가 밤이고 낮이고 길을 가로질렀다. 고린도 이즈미아 대회라도 열릴라 치면 이곳의 혼란은 상상을 초월했다. 세계 각지에서 수많은 배가 항구로 몰려들고 대회에 참석자들을 뭍에다 쏟아놓았다. 혹시라도 거기 일이 있다면 숙소를 잡지 말고 내쳐 고린도까지 가기를 권하고 싶다. 겐그레아에서는 도무지 잠을 잘 수 없을 테니까 말이다.

바울이 계획한 대로 일행은 안식일에 항구에 도착했다. 늘 그러하듯 바울은 회당을 찾았다. 브리스길라는 따라가지 않았다. 모임이 끝나고 나서, 바울은 머리를 깎았다. 잘라낸 머리카락은 조그만 주머니에 담아 예루살렘까지 가지고 갔다. 성전 제단에 버릴 생각이었다.

그날 오후, 다섯 명은 에베소로 가는 배에 올랐다. 그리고 더없이 놀라운 얘기를 꺼내놓았다.

"고린도 에클레시아에 당부해 놓았어요. 언젠가 고린도 형제자매들이 이곳에 와서 복음을 전해 달라고요. 겐그레아에 주님의 공동체가 세워질 때까지 계속 그래 달라고요."

"우린 그래 본 적이 없어요." 고린도부터 따라온 형제 하나가 말했다.

"그렇지. 하지만 반드시 그래야 하네. 나는 그리스 남부에 복음을 전했어. 이제 자네 차례일세. 복음을 들고 이 지역 구석구석까지 가게나. 먼저 여기서 시작하게. 매주 집회에 참석하기 위해 고린도까지 걸어오는 겐그레아 형제자매들이 있다네. 뵈뵈 자매가 가장 먼저 두 곳을 오가기 시작했지. 숫자는 금방 대여섯 명으로 늘어났어. 형제자매들이 이곳에 와서 주님의 몸을 세우기에 이보다 더 적절한 때가 있다고 보시는가?"

한 형제가 지혜롭게 정리했다.

"바울 선생님이 우리에게 맡기신 일 가운데 이것이 으뜸일 성 싶습니다. 그렇지 않으면 아마 꿈도 꾸지 못했을 거예요. 최선을 다해 보겠습니다."

바울은 따듯한 미소를 지으며 고개를 끄덕였다.

일행이 그날 탄 배는 지중해를 오가는 가장 큰 선박 가운데 하나였다. 바울은 적이 안심이 됐다.

'배가 이렇게 크니 에테시안(Etesian, 에게 해 일대에 6월부터 서너 달 동안 몰아치는 거센 북풍-역주)을 염려할 필요는 없겠어.' 바울은 생각했다.

배에 올라 탄 지 몇 분 뒤, 부두 노예들이 장대를 가지고 와서 배를 에게 해 쪽으로 밀어냈다. 뱃머리가 서서히 키클라데스 제도(Cyclades Islands)를 향했다. 바울은 선미로 자리를 옮겼다. 고린도 위로 우뚝 솟은 아프로디테 신전이 뚜렷하게 보였다. 겐그레아 항 건너편으로는 아스클레피오스와 이시스 신전이 있었다. 아프로디테 신전 뒤편으로는 청동으로 만든 포세이돈 신상이 서 있었다. 바울의 얼굴로 뜨거운 눈물이 흘러내렸다.

"이별은 언제나 쉽지가 않네."

디모데는 고개를 북쪽으로 돌리고 까치발을 해 가며 어렴풋이나마 아테네의 아테나 신상이 보이는지 찾았다. 눈에 보이지 않는 지협 반대편에서 다른 배들이 레카에움(Lechaeum) 서항에 빠져나와 로마를 향하고 있었다.

"여기서 동쪽으로 가는 배도 있고, 서쪽으로 가는 배도 있군. 남쪽으로 가는 배도 보이고. 아예 동방을 향한 배도 있는 걸? 우린 이 고린도라는 도시를 절대로 포기해서는 안 될 걸세."

"에베소까지 얼마나 걸릴까요?" 디모데가 물었다.

"바람만 좋으면 이틀이나 사흘이면 닿을 걸세. 그렇지 않으면 닷새가 될지 일주일이 될지 알 수 없고." 아굴라가 대꾸했다.

바람은 좋았다. 날씨는 비할 데 없이 쾌청했다. 사흘 만에 에베소 항만이 아득하게 보이는 지점에 도착했다. 일행은 자리를 옮겨 뱃머리가 진흙가루를 잔뜩 머금은 물결을 가르는 걸 지켜보았다.

"에베소 항에서는 해마다 쌓인 토사를 퍼내야 한대요." 브리스길라가 말했다.

"퍼내다, 퍼내다 지치면 더 이상 항구 구실을 못 하게 되는 거죠."

에베소 항에 수많은 선박들이 촘촘히 들어찬 게 보였다. 도시 자체가 초승달 모양의 대지 위에 올라앉은 형국이었다. 왼쪽은 언덕이었고 오른쪽은 고레스(Coressus) 산이었다. 이처럼 아름다운 항구 한복판에 세상에서 가장 아름다운 도시 가운데 하나가 터를 잡고 있었다. 에베소는 비교가 불가능했다. 어디 비할 데가 없기 때문이었다.

항구의 풍경은 숨이 막히도록 아름다웠다. 대다수 건물은 석회암으로 지었다. 물론 정부청사는 달랐다. 온통 반짝거리는 대리석으로 덮여 있었다.

"저길 좀 보게! 원형극장이야." 바울이 말했다.

"2만 4천 명을 수용할 수 있는 시설이라네. 노예들을 동원해 피론

(Pyron) 산 한 귀퉁이에 돌을 잘라다 만들었지."

이런 말을 하면서도 바울은 훗날, 자신이 빌미가 되어 2만 4천 명이나 되는 시민들이 이 계단식 원형극장에 모여 폭동을 일으키게 될 줄은 꿈에도 몰랐다.

곧이어 일행의 시선이 일제히 피론 산 북쪽 높다란 언덕으로 쏠렸다. 장대한 아르테미스 신전이 광채를 뿜고 있었다. 온 세상을 다 뒤져도 그만큼 아름다운 건물은 보기 드물 것이다.

"이토록 굉장한 풍경은 본 적이 없어요." 디모데가 중얼거렸다.

"처음 세운 건물이 완전히 무너지고 나서 다시 세운 신전이라네. 자넨 몰랐을 걸?" 실라가 말했다.

"세상에서 가장 아름다운 도시라는 게 헛말은 아닌 듯해요." 브리스길라도 거들었다.

"적어도 루스드라보다 멋지다는 건 분명하네요." 눈앞에 펼쳐진 장관에 넋이 반쯤 나간 디모데가 웅얼거렸다.

"에베소의 역사는 천 년도 넘었어요." 뱃사람 하나가 끼어들었다.

"크로이소스(Chroesus)라는 왕이 이곳을 정복하고 아르테미스 신전을 지었죠. 아르테미스 여신의 라틴어 이름은 디아나(Diana)라고 해요. 저기 항구로 흘러드는 강이 보이시죠? 그게 케이스터 강이에요. 430년 전에 델로스동맹국들의 공격을 받고 그리스 땅이 되었어요."

"델로스 동맹이 뭐죠?" 아굴라가 물었다.

"도시국가들끼리 맺은 연합체예요. 그로부터 얼마 뒤에 알렉산더 대왕이 이 일대를 통일했죠. 요즘은 그 지역을 한데 아울러 소아시아라고 해요."

"그 후에는 어떻게 되었나요?"

"지금으로부터 180년 전쯤, 로마군이 포위 공격으로 늙은 왕 아탈루스(Attalus)에게서 이 도시를 빼앗았어요. 우리로서는 더할 나위 없이 잘된 일이죠." 선원은 자부심 넘치는 목소리로 대답했다.

"소아시아는 이제 제국에서 가장 부유한 지역 가운데 하나가 되었어요. 에베소 역시 더없이 부유한 도시가 되었고요. 동방의 어느 지역보다 많은 거래가 여기서 이루어지죠. 돈을 벌고 싶으면 에베소만한 데가 없다고 보시면 됩니다.

소아시아 지역에서는 어디를 가든지 몇 킬로미터마다 하나씩 이정표가 있어요. 현재 위치가 에베소에서 얼마나 떨어져 있는지 정확하게 알려 주죠. 디아나를 모시는 이 도시가 소아시아의 중심축이라는 것을 여실히 보여 주는 증표죠."

"난 안디옥에서 왔소이다. 우리 고향에는 대략 2만 5천 명 정도가 살고 있어요. 에베소는 어떤가요?" 바울이 물었다.

뱃사람은 머릿속으로 헤아리다 이내 그만두었다. "정확하진 않지만, 대충 그 비슷한 걸로 들었어요."

배는 정박할 곳을 찾아 부두로 접근했다. 잠시 후, 뭍에 내린 일행은 가까운 곳에 여관을 잡았다. 방을 잡자마자 브리스길라는 어딜 다녀오겠노라고 했다.

"두 시간 안에 돌아올게요."

다들 놀라고 한편으론 궁금증이 일었다.

바울은 아굴라에게 말했다. "누가 함께 가야 하는 게 아닐까요?"

"아내가 로마 여인이라는 걸 벌써 잊으셨어요?" 아굴라는 무심히 대꾸했다.

바울은 어깨를 으쓱해 보였다.

"어디를 가시는 걸까요?" 디모데가 물었다.

"여기 사는 지인에게 편지를 해놓았어요. 아마 집을 흥정하러 갔을 거예요. 하지만 오늘 계약을 할 줄은 저도 몰랐어요."

뒤에 남은 네 사람은 기가 막혀 말이 나오지 않았지만, 잠자코 기다리는 것 말고는 달리 도리가 없었다.

"흥미롭지 않아요?" 한참을 나갔다 돌아온 여인은 일행의 호기심을 돋우려는 듯 말했다.

"원형극장 바로 근처에 집이 있어요. 어서 갑시다. 제가 보여 드릴게요."

네 남자는 순순히 따라갔다. 여태 본 것들 가운데 가장 큼직한 시장을 가로질렀다.

"에베소에는 시장이 두 군데 있어요." 브리스길라가 설명했다.

그러고는 곧 길 한쪽으로 돌아들어갔다. 눈앞에 두 번째 시장이 나타났다. 도시 남동쪽에 자리 잡고 있는 이른바 시영시장이었다.

"저게 프리타네이엄(Prytaneum)이에요. 시청이라고나 할까요?" 여인은 이 도시에서 오래 산 토박이처럼 말했다.

"어떻게 한 시간도 안 되는 시간에 그 많은 정보를 얻었을까요?" 디모데는 나직하게 속삭였다.

"남자들은 일주일 걸려도 못할 일이지." 아굴라는 자랑스럽게 대답했다.

조그만 광장을 지나자마자 브리길라는 집 한 채를 가리키며 말했다.

"저기예요, 바울 선생님! 에베소에 돌아오시면 저기가 선생님의 집이 될 거예요. 거실이 널찍해서 쉰 명 정도는 넉넉히 앉을 수 있어요."

바울은 고개를 절레절레 흔들며 손을 내저었다.

"됐어요, 됐어! 브리스길라 자매님, 내가 할 수 있는 말은 '주님을 찬양합니다!' 뿐이에요."

"언제 이사할 생각이요? 언제 들어가느냔 말이지?" 아굴라가 물었다.

"내일이요." 브리스길라는 아무렇지도 않다는 듯 말했다.

"오늘 밤만 여관에서 자고 내일부터는 집으로 들어간다? 이거 원, 보고도 믿을 수가 없네그려." 실라가 말했다.

이튿날부터 이틀 동안, 네 남자는 브리스길라의 지휘를 받아 가며 이사를 도왔다. 내 집을 구해 들어가는 이들은 다 그렇겠지만 참으로 즐거운 시간이었다. 누가 지시를 내리고 받느냐 따위는 아무도 묻지 않았다.

바울이 일부러 에베소에서 미적미적 시간을 보낸 데는 회당에서 안식일을 보내고자 하는 속셈이 깔려 있었다. 드디어 안식일이 되자, 바울은 실라와 디모데에게 그저 이곳을 거쳐 가는 손님의 처지임을 잊지 말자고 주의를 주었다. 브리스길라와 아굴라가 이곳에 안착할 때까지는 아무런 분란도 일으키고 싶지 않았던 것이다.

"다시 돌아올 때는 조용히 들어오고 싶으이." 바울은 숨을 깊이 들

35 에베소를 거쳐 가이사랴로 가는 길

이마셨다.

"디모데 형제, 자네는 회당 뒤편에 앉아 주겠나?"

"왜요?" 아굴라가 물었다.

실라와 바울은 껄껄 웃었다.

브리스길라는 회당 계단 앞에 서서 연신 한숨을 내쉬었다.

"맙소사! 꼭 나까지 들어가야 하는 거예요? 저 뜨끈뜨끈한 발코니 자리에 앉아야 하느냐고요! 과일 조금하고 수놓을 거리라도 가지고 왔으니 망정이지!"

아굴라도 벽돌로 지은 회당 건물을 올려다보며 오만상을 찌푸렸다.

"내 심정도 마찬가지요. 지루하고 지겹기 짝이 없는 저길 꼭 들어가야 하는지, 원! 고린도교회의 멋진 모임이 벌써부터 그리워지는구려."

세상 어딜 가나 회당은 정말 건조하기 짝이 없는 공간이었다. 길고 긴 예식이 시작됐다. 실내는 금방 달아오르고 공기도 탁해졌다. 하나님을 경배하는 이방인들과 함께 뒷자리에 앉은 디모데는 바울을 따라 다녀본 여느 곳과는 분위기가 판이하게 다르다는 걸 감지했다. 에베소는 예루살렘에서 아주 멀리 떨어진 도시였다. 다행스럽게도 '다소의 바울'이라는 인물에 관해 아는 이도 없어 보였다.

지루한 예식이 마무리되자, 늘 그렇듯 여기서도 바울은 한 말씀 해 달라는 부탁을 받았다. 몸에 걸친 바리새인의 복식이 신뢰감을 주는 모양이었다. 이번에도 사도는 메시아 강림에 관해 이야기했다. 하지만 끊어야 할 자리에서 정확하게 말을 멈췄다. 모임이 끝나자마자 회당장과 장로들을 비롯해서 의식을 함께한 이들이 사도의 주위로 몰려들었다.

바울의 말에 감동을 받은 이들은 다투어 손을 내밀어 악수를 청했다. 이런저런 질문이 나왔지만 부정적인 느낌은 없었다. 모두들 무언가 더 해줄 이야기가 없느냐는 낯빛으로 둘러서서 사도를 바라볼 따름이었다.

"여기 오래 머무실 계획이시면, 다음 안식일에도 회당에 와 주시면 좋겠습니다."

회당장의 초청에 장로들도 고개를 끄덕여 동의했다.

바울은 품위를 잃지 않았다. 겸손하게 고맙다는 뜻을 밝히고 자신이 서원한 게 있어서 예루살렘에 가서 유월절을 보내고자 한다고 설명했다. 바울이 머리를 밀고 있어서 그 말이 거짓이 아님을 금방 알 수 있었다. 대단히 심각한 서약이어서 절대로 깨트릴 수 없음을 다들 금방 이해했다. 바울은 언젠가 에베소를 다시 찾게 된다면, 그때는 기꺼이 초대에 응하겠다는 말을 잊지 않았다.

다음날 아침, 세 사내는 브리스길라와 아굴라에게 작별인사를 전하고 이스라엘 가이사랴로 가는 배에 올랐다. 조그만 배임에도 불구하고 수많은 승객들이 타고 있었다. 예루살렘으로 순례를 떠나는 히브리인들로 발 디딜 틈이 없었다.

"몇 군데를 더 거쳐 갈 겁니다." 선장이 승객들에게 알렸.

"밀레도를 지나 고스에 정박할 겁니다. 다음에는 로도에 잠깐 머물 계획이고요. 거기서 곧장 시돈으로 갔다가 두로와 돌레마이를 거쳐 최종목적지 가이사랴에 도착하게 됩니다."

그러고는 기상 상황을 설명했다.

"지금 강력한 서풍이 불고 있어요. 계속 그래 준다면 아주 신나는 항해가 될 겁니다. 각 항구에 하루 이상 묶이지 않았으면 좋겠다는 게 제 바람입니다."

디모데는 바울을 돌아보며 말했다. "강력한 서풍이라면, 에테시안을 말하는 건가요?"

"아니지. 에테시안은 동풍을 가리킨다네."

배는 미끄러지듯 에베소 항을 빠져나갔다. 브리스길라와 아굴라는 부두에 서서 오래도록 손을 흔들었다. 항해는 순조로웠다. 배는 빠른 속도로 물살을 헤치며 전진했다. 고스까지 하룻밤이 걸렸고 2-3일 뒤에는 로도에 닿았다. 실라로서는 첫 대면이었다. 과연 그는 언젠가 그 섬으로 이주하게 되리라는 사실을 짐작이나 했을까? 거기서 그리스도의 증인으로 죽음을 맞게 되리라고 상상이라도 해 보았을까?

로도를 출발한 배는 구브로 섬에 있는 바보 시 남쪽을 지나 탁 트인 대해로 나갔다. 두로로 다가가기 전까지, 여정은 순탄하기만 했다. 그런데 항구를 불과 몇 킬로미터 남겨 둔 시점에 폭풍우가 몰아치기 시작했다. 승객들은 남김없이 선실로 내려갔다. 하지만 바람은 갈수록 거세어져 선원들로서도 배를 어찌해 볼 수 없는 지경에 이르렀다.

"신들이 보살펴 주시지 않으면, 배가 암초에 부딪힐 겁니다." 선장이 소리쳤다.

화물들은 단단히 묶여 있어 승객들을 덮칠 염려는 없었다. 하지만 바울은 머잖아 배가 가라앉을 것만 같은 예감이 들었다. 사도는 자신의 짐 보따리를 굽어보았다. 누구도 제 짐을 뭍으로 가져갈 수 없을 것이다. 누구든 부질없이 매달리지 않게 하려면 보따리를 눈에 띄지 않게 해야 했다.

"디모데, 딴 건 말고 두루마리만 챙기게. 음식이고 옷이고 다 버리게. 오로지 두루마리만 신경 쓰게."

"결국 침몰하게 될까요?" 젊은이가 물었다.

채 무어라 답하기도 전에 뱃머리가 바위와 정면으로 부딪혔다. 바닷물이 밀려들자 승객들은 허둥지둥 뱃전으로 몰려나왔다.

"자네, 헤엄칠 줄 아나?" 바울은 실라를 바라보았다.

"그런 질문을 받기에 적절한 상황처럼 보이진 않지만, 아무튼 할 줄 아네."

"여기서 바닷가까지는 1킬로미터가 채 안 된다네." 바울이 다급하게 말했다.

"갈 수 있겠지?"

"그러는 자네는?" 실라가 거꾸로 물었다.

"할 수 있고말고! 지중해에 둥둥 떠서 긴긴 밤을 보내는 법도 익혔다네."

"디모데 형제는 어때?"

"수영이요? 루스드라는 물이 많지 않은 곳이죠. 하지만 할 수 있을 것 같아요!"

예루살렘으로 가는 순례자와 뱃사람들은 너나없이 물로 뛰어들었다. 헤엄칠 줄 모르는 이들도 있었지만, 물에 떠다니는 통나무가 많아서 그걸 붙들고 선원들과 다른 승객들이 바닷가로 밀어주길 기다릴 수 있었다. 워낙 긴박한 상황이라 웬만해서는 모두 금방 헤엄치는 법을 배우는 듯했다.

다행스럽게도 해안은 아주 가깝고 물도 깊지 않았다. 가장 먼저 해안에 닿은 실라는 곧바로 몸을 돌려 다른 이들을 안전하게 끌어내리려 물속으로 들어갔다. 디모데는 어떻게든 두루마리를 지키려 안간힘을 쓰다가 짜디짠 바닷물을 잔뜩 들이마셨다. 바울은 머리카락이 든 조그만 주머니 하나만 달랑 쥐고 있었다(서원을 지키려는 순례자다웠다).

아무도 목숨을 잃지는 않았지만 끔찍한 경험이었다. 바울로서는 배가 난파되는 바람에 바나바, 그리고 요한 마가와 더불어 밤빌리아 해안에서 멀리 떨어진 바다 속으로 빨려들어 가던 기억이 떠올랐다.

'파선을 당한 것이 세 번이요, 밤낮 꼬박 하루를 망망한 바다를 떠다녔습니다.'

저녁 무렵, 모두가 두로 시에 도착했다. 하지만 어디에도 묵을 만한 데가 없었다. 시내는 이미 예루살렘에서 유월절을 보내러 가는 유대인들로 북새통을 이루고 있었다. 하지만 두로에도 그리스도인들이 있었다. 그날 밤, 셋은 하나님의 백성들이 사는 집으로 초대를 받았다. 이튿날에는 음식과 옷을 비롯한 소지품들을 구입할 수 있었다.

그러고는 곧바로 가이사랴로 가는 또 다른 배편을 구했다. 이번에도 만원이었다. 며칠 전에 그처럼 무시무시한 일을 겪었음에도 불구하고 한 사람만큼은 흥분을 감추지 못했다. 디모데였다. 하나님의 거룩한 도성, 예루살렘을 보게 된다는 생각에 젊은이는 잠시도 가만히 앉아 있을 수가 없었다.

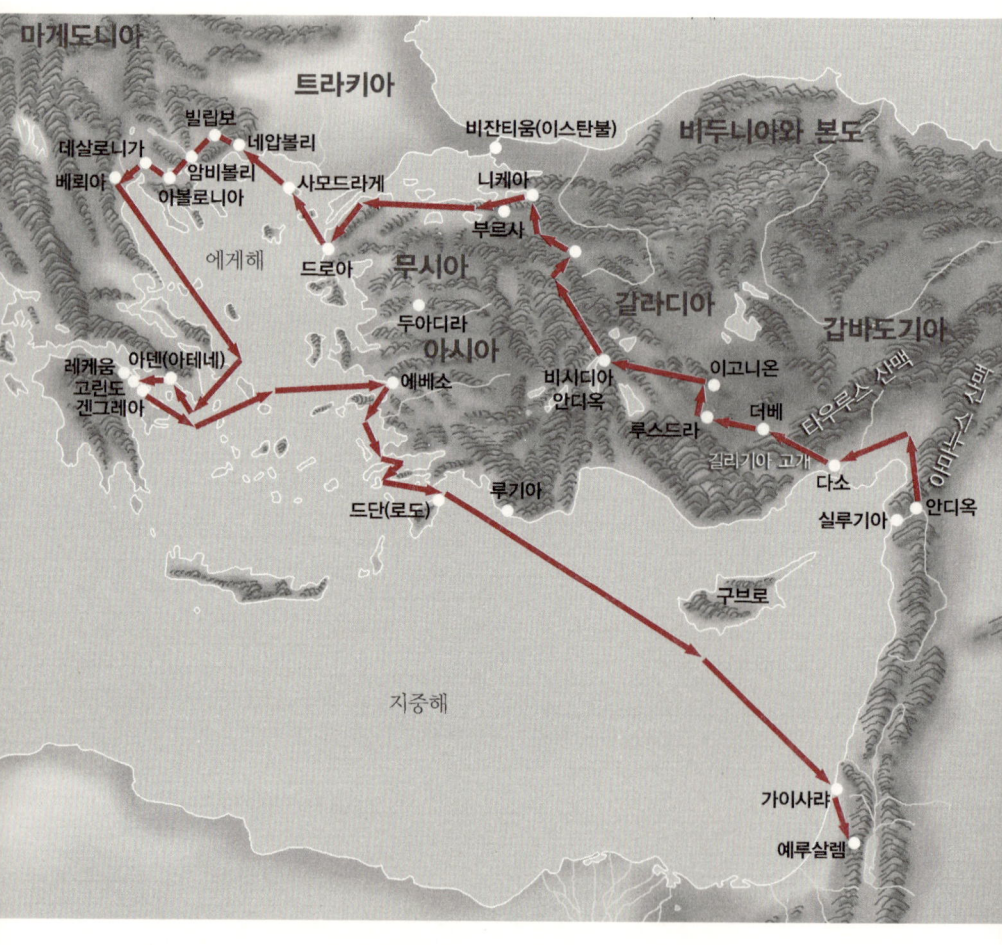

36
예루살렘으로 올라가는 길

"바람이 유독 유대인들에게만 친절한 것 같구려."
뱃사람 하나가 뱃전에 바글거리는 히브리인들을 바라보며 말했다.
"곧 도착합니다!"
"로마제국 곳곳에 흩어져 있는 수많은 가이사랴와 구분하기 위해 여기는 바닷가의 가이사랴라고 부르기도 한다네." 실라는 디모데에게 자상하게 일러 주었다.
"안디옥이 비시디아, 시리아 등 여러 지역에 있는 것과 같은 원리야. 예를 들어, 시리아의 안디옥을 비롯해 같은 이름을 가진 15개 도시들과 구별하기 위해 오론테스 강가의 안디옥(Antioch on the Orontes)이라고 부르는 식이야. 곧 알게 되겠지만 가이사랴는 아주 분주한 항구라네. 여기에 기항하는 선박들은 대부분 그리스 배들이야. 가이사랴는 두로

와 이집트를 연결하는 배편의 중간 기착지거든."

"가이사랴에서 예루살렘까지는 육로로 얼마나 될까요?"

"80킬로미터 남짓일세. 사나흘 가야 하는 길이지. 도로는 아주 붐빈다네. 여관도 대개 만원일 테고. 수천을 헤아리는 동포들과 함께 길가에서 노숙을 하는 수밖에 없을 게야. 하지만 오늘밤은 다를 걸세. 가이사랴 모임에 나오는 형제자매 집에 머물 예정이거든. 유대인들의 모임인데 이젠 아주 전설적인 인물이 된 고넬료를 포함해서 몇몇 이방인들도 있지."

"그분을 만날 기회가 있을까요?" 디모데는 부쩍 관심을 보이며 물었다.

"아마 그럴 걸세." 바울이 대답했다.

"베드로 선생님이 어떻게 복음을 전했고, 이방인들이 어떻게 성령님을 받았는지 직접 듣고 싶어서요."

일행이 탄 배는 로마가 지은 방파제와 부두 사이의 좁은 수로로 들어섰다.

"가이사랴가 유대인의 도시라는 게 도무지 익숙해지질 않아. 이스라엘에 있는 로마의 수도는 예루살렘이 아니라 가이사랴라는 말씀이지. 오랜 역사를 간직한 거룩한 성 예루살렘은 가이사랴의 지배를 받고 있어. 다윗 왕이 그 점을 생각했을지 의문일세."

실라는 디모데를 돌아보며 말했다.

"헤롯 왕이 지어서 아우구스투스 황제에게 헌정한 가이사랴의 이방 신전 곁으로 히브리인들이 걸어 다닌다는 게 우리에게는 참 낯설다는 얘기지."

"가이사랴가 이렇게 큰 도시인 줄은 정말 몰랐어요." 젊은이는 인파로 붐비는 거리를 바라보며 말했다.

"늘 예루살렘이 이스라엘에서 가장 큰 도시일 거라고 생각했거든요."

그날 밤, 세 형제는 편안한 숙소를 찾았다. 여관이 아니라 가이사랴에 있는 어느 그리스도인의 집이었다.

이튿날, 디모데는 원하던 대로 고넬료를 만나 감동적인 이야기들을 들었다. 하지만 그날은 바울과 고넬료를 비롯한 여러 인사들로부터 이스라엘의 사회 불안이 심각한 지경에 이르렀다는 이야기를 듣느라 하루를 다 보내다시피 했다. 젊은이는 경외감을 느꼈다. 이전과는 완전히 다른 신세계가 열리는 기분이었다. 겉으로 내색은 하지 않았지만, 바울은 유대인 세계 한복판에 들어와 유대인의 생활 방식과 생각, 문화를 온몸으로 배우는 디모데의 모습을 흐뭇하게 지켜보았다.

"난 로마인이올시다. 하지만 마음으로는 늘 이스라엘 편을 들게 된다고 고백할 수밖에 없어요." 고넬료가 말했다.

"갈등이 점점 심해지고 있습니다. 요즘 사람들은 한 번도 경험해 본 적이 없을 만큼 팽팽한 긴장감이 흐르고 있어요. 최근 로마가 벌인 일들은 그야말로 미친 짓이에요. 게다가 정부에서 이스라엘에 더 많은 병사들을 보낼 거라는 소문도 들려요."

실라는 안타깝다는 듯 고개를 가로저었다.

"그건 로마가 둘 수 있는 가장 끔찍한 악수가 될 겁니다."

"로마가 과연 다른 길을 선택할 지 의문입니다." 바울의 낯빛도 어두웠다.

"하지만 더 많은 군대가 주둔한다면, 이스라엘은 언젠가 반드시 들고 일어설 겁니다." 고넬료는 단호한 표정으로 돌아갔다.

"더구나 클라우디우스 황제는 지혜로운 인물이 못 됩니다. 로마에서 유대인들을 강제로 몰아낼 정도니 더 말해 무엇 하겠습니까. 이글이글 타오르는 이스라엘 백성의 증오심에 기름을 끼얹은 꼴이죠. 무엇보다 로마에서 쫓겨나는 이들의 심정은 얼마나 비통하겠습니까?"

"그렇게 쫓겨난 유대인들 가운데 상당수가 고린도로 밀려들고 있어요." 실라가 말했다.

고넬료는 바울을 돌아보며 다른 얘길 꺼냈다.

"우리 비유대인 그리스도인들이 개인적으로 형제에게 얼마나 감사하고 있는지 모를 겁니다. 어떻게 하면 그 은혜에 보답할 수 있을까요? 형제님과 바나바 선생이 예루살렘에서 열두 제자를 만나 담판을 지은 뒤로, 할례를 요구하는 목소리가 완연하게 누그러졌어요. 훨씬 견딜 만해진 거죠. 유대인 모임들이 우릴 거의 받아들였다는 느낌까지 들어요. 그리스도인들의 모임에서는 아무도, 말 그대로 아무도 할례를 강요하지 않습니다."

"그럼 한두 푼 가지고는 안 되겠는데요?" 실라가 우스갯소리를 했다.

바울은 빙그레 웃으며 디모데 쪽으로 얼굴을 돌리며 말했다.

"하지만 아직도 비유대인 그리스도인들을 곱게 보지 않는 이들이 있는 게 현실이죠. 그렇지 않은가요?"

"옳습니다. 하지만 2천 년이나 된 전통을 하루아침에 깨부수기가 그들도 쉽지는 않겠죠." 고넬료는 너그럽게 응수했다.

"혹시 알고 계세요? 형제님이 갈라디아 지역의 이방인 교회 네 군데에 보낸 편지가 수없이 복제되고 또 복사돼서 이젠 들어가지 않은 교회가 없을 정도가 됐어요. 글을 읽을 줄 아는 형제자매라면 아마 다 읽어 보지 않았을까 싶어요. 어떤 이들은 아주 유머러스하게 받아들이고 또 어떤 이들은 기겁을 하죠. 개중에는 몹시 분개하는 축도 있고요. 여기 이스라엘에도 그런 친구가 하나 있어요. 정확히 어디에 사는지는 모르겠는데 예루살렘이 고향인 것 같아요. 이름이 뭐라더라. 블라스. 아, 맞다! 블라스티니우스!"

"우리도 알고 있답니다. 블라스티니우스 드라크라크마!" 바울은 한숨을 쉬었다.

"그렇군요. 이스라엘에서 그자만큼 비유대인 그리스도인들, 그리고 형제님을 힘들게 한 자도 없을 겁니다. 지금은 수많은 추종자들까지 거느리고 있어요. 율법을 지키려 열심인 친구들이죠. 듣자하니 바울 형제를 조심하라는 편지를 써서 수많은 회당에 뿌렸다더군요."

"그리스 북부 지역까지 날아들었을 정도니까요." 디모데는 혀를 찼다.

"바울 형제, 서원한 바가 있어서 이곳에 오신 것 같은데, 참 잘하셨습니다. 예루살렘으로 가서 유월절을 지키기로 한 것도 좋은 결정이었어요. 갈라디아교회에 보낸 편지를 읽어 보니까, 형제가 모세의 가르침을 비방한다고 손가락질하는 이들이 좀처럼 사라지지 않는 까닭을 알겠더군요."

바울은 건성으로 듣는 듯했다. 마치 넋 나간 사람처럼 중얼거렸다.

"베드로 선생을 꼭 만나야겠는데…."

"하룻밤만 더 머물러 주세요. 이곳 가이사랴에 모임이 있는데, 형제님이 오셔서 그리스를 두루 다니며 선교했던 이야기를 해 주세요."

"잘됐군요!" 바울은 말했다.

"이스라엘에 있는 그리스도인들과 더 많은 시간을 보내고 더 많은 모임에 참석할 수 있으면 좋겠어요."

"예루살렘에 얼마나 머물 예정이시죠?"

"유월절만 지키고 곧장 고향으로 돌아갈 작정입니다. 안디옥으로 아주 중요한 서신이 오게 되어 있어서요."

디모데의 눈썹이 꿈틀 하고 움직였다.

바울은 말을 이었다.

"블라스티니우스는 내 행적을 바짝 뒤쫓고 있어요. 날 기다리는 편지를 읽는 것도 중요하지만, 그 친구한테 내 거취를 알리려는 뜻도 있어요. 내가 안디옥으로 가는 걸 보면 그자는 십중팔구 고향으로 돌아가 사역을 끝내려는 의도로 해석할 거예요."

"그자가 이스라엘에 있다면 그렇게 생각하겠지. 하지만 자네를 찾으러 사방팔방 돌아다니고 있을 걸?" 실라는 껄껄 웃었다.

이튿날 밤, 바울은 가이사랴에서 백 명이 넘는 그리스도인들을 앞에 두고 두 시간 넘게 선교보고를 했다. 수많은 질문들이 이어졌다. 하나같이 따뜻한 마음이 담긴 물음들이었다. 바울의 선교보고에 더해 실라와 디모데에게도 저마다의 경험을 들려 달라고 주문했다.

다음날 아침, 일행은 그곳을 떠나 예루살렘을 향했다. 그로부터 5년 뒤, 바울은 죄수의 신분으로 가이사랴 감옥에 갇히지만, 당시로서는 가늠치 못할 일이었다.

예루살렘으로 가는 내내 바울은 디모데의 수많은 질문에 답하고 이스라엘의 장구한 역사를 들려주었다. 밤이 되자 셋은 길가에 적절히 자리를 잡고 잠을 청했다. 잠자리는 불편했지만 밥은 잘 먹었다. 가이사랴의 그리스도인들은 따로 인편을 구해 한 자루 가득 먹을거리를 들려 보내주었다. 그밖에 더 필요한 게 있으면 길가에 줄줄이 늘어서 갖가지 음식을 팔고 있는 행상인들에게서 얼마든지 구할 수 있었다.

저녁마다 바울의 강의는 계속됐다. 예루살렘에 대해, 앞으로 마주하게 될 의식의 의미와 상징에 대해 디모데에게 온갖 이야기를 들려주었다. 실라마저도 귀를 쫑긋 세우고 들었다. 몇 년 뒤, 당시를 회상하며 실라는 말했다.

"80킬로미터 길을 걷는 사이에, 예루살렘과 새 예루살렘에 관해서 그동안 생각했던 것보다 훨씬 많은 가르침을 얻었다네."

길을 나선 지 이틀째 되는 날 저녁, 갑자기 폭풍이 일었다. 일행은 두로에서 산 가죽 외투를 꺼내 입고 길가에서 하룻밤을 지새울 준비를 했다. 그때 누군가가 사람들이 빼곡하게 들어찬 천막 안으로 일행을 불러들였다.

누구도 잠을 이룰 만한 형편이 아니었다. 바울은 자신이 회심한 사연이며, 구브로에서 요한 마가와 함께 벌인 이야기, 그날 밤을 포함해

칼바람을 피할 데가 없어 온몸이 꽁꽁 얼다시피 했던 경험담 따위로 사람들을 즐겁게 해 주었다. 이야기를 마칠 때쯤에는 하늘이 부옇게 밝아오고 있었다.

몸은 좀 피곤했지만, 마음 가득 기대를 품고 일행은 다시 여정을 시작했다.

"예루살렘에 머무는 동안, 자네는 꼭 마가를 만나게. 물론, 그 친구가 예루살렘에 있다면 말일세. 구브로에서 바나바와 함께 일하고 있을지도 모른다는 생각이 들기는 하지만, 그래도 가족들이 모두 예루살렘에 있으니까 가능성이 아예 없는 건 아닐 걸세. 요한 마가는 주님의 부활을 두 눈으로 목격한 증인이야. 그래서 자네가 그 친구를 만나 교제하는 게 중요하달밖에. 그리고 자네 이야기도 들려주게. 구브로를 누비던 때로부터 벌써 6년이라는 세월이 흘렀군. 지중해를 함께 건너다 난파당하는 경험을 하고 난 뒤부터 부쩍 성숙해졌다고 하더군. 언젠가는 하나님의 사역에 맞춤한 그릇으로 거듭날 거야."

셋째 날 정오쯤, 멀리 예루살렘이 눈에 들어왔다. 길이 얼마나 붐비던지 들판을 가로질러 걷는 이들도 수백 명은 족히 돼 보였다. 발걸음이 점점 느려졌다.

하나님의 도성이 보이자 너나할 것 없이 노래를 부르기 시작했다. 디모데는 어찌할 바를 몰랐다. 순례자들이 부르는 옛 노래는 '성전으로 올라가는 시편' 이었다. 그렇게 찬송을 부르고 또 부르다 보니 어느덧 성문 앞에 이르렀다.

"오늘처럼 유대인이 되었다는 느낌이 절실했던 적이 없었던 것 같아요." 디모데가 말했다.

"잊지 말게! 생김새는 여전히 영락없는 그리스 사람이라는 걸." 실라가 장난기 가득한 표정으로 말했다.

성문을 통과하는 순간, 시편 찬송은 끊어지고 호산나와 할렐루야를 외치는 함성이 그 자리를 대신했다. 디모데도 눈물을 흘리며 연신 소리를 질렀다. 드디어 하나님의 거룩한 도성에 발을 들여놓은 것이다.

사도들과 디모데가 다윗 성에 들어가는 걸로 나, 디도는 바울의 두 번째 전도 여행기를 맺으려 한다. 첫 번째 전도 여행은 갈라디아 지역을 두루 다니는 여정이었다. 실라는 그 이야기도 들려주었다. 두 번째는 그리스 지역을 목적지로 삼았다. 앞에 적은 것처럼, 그리스를 방방곡곡 돌아다닌 뒤에, 에베소에 잠깐 들렀다가 배편으로 디모데와 함께 가이사랴와 예루살렘에 입성했다. 이제부터는 디모데가 바통을 이어받는 게 좋겠다. 어느 모로 보든, 바울의 세 번째 전도 여행이 시작되는 지점이 바로 이 대목이기 때문이다.

디모데는 난생처음 예루살렘을 방문하고 거기서 바울과 동행해 안디옥으로 가는 과정을 들려줄 것이다.

안디옥에 도착한 디모데는 그곳 교회가 한데 모인 자리에서 이야기를 해 달라는 부탁을 받았다. 얼마나 강력한 메시지를 선포했던지 다들 깜짝 놀랐다. 나, 디도에게도 단연 으뜸이었다. 며칠 전에는 예루살렘교회에서도 청중을 압도하는 설교를 했다고 들었다. 심지어 열두 사도들 가운데 몇 분마저도 일찍이 접한 메시지 가운데 그만큼 주님을 멋지게 전한 사례가 없었다는 평가를 내렸다고 한다. 결코 지워지지 않을 찬란한 칭찬이었다.

그날 밤, 안디옥에서 우리는 친구가 됐다. 펜을 내려놓는 지금까지도 디모데는 나, 디도의 가장 사랑스럽고 가까운 친구다.

자, 이제 디모데에게 펜을 넘기고 바울의 소아시아 모험담을 들어볼 차례다.

시시콜콜 자세하게 이야기해 주게, 디모데 형제! 그 3년은 자네에게나 내게 더없이 값진 세월이었으니 말일세.

— 디도로부터

에필로그

　방금 독자들이 읽은 기록은 사랑하는 친구 디도가 노년에 쓴 글이다. 바울과 바나바가 세상을 떠난 뒤, 오랜 세월에 걸쳐 이 문서를 작성했다. 바울의 그리스 전도 여행기를 쓸 무렵에는 실라마저 죽임을 당했다. 여기서 서글픈 소식 하나를 전하고자 한다. 이 엄청난 글을 마무리한 지 얼마 안 돼서, 디도는 그레데 섬에서 하나님의 백성들을 돌보던 중에 체포되었고 믿음을 지키다 처형되었다.

　약속대로 나, 디모데는 디도가 펜을 놓은 자리부터 바울의 세 번째 선교 여행기를 이어 가려 한다. 소아시아 지역을 구석구석 찾아가고 에베소에 3년 간 머물렀던 이야기가 핵심이 될 것이다. 에베소야말로 바울이 건강하고 튼튼한 교회를 세웠을 뿐만 아니라 자신의 사역을 이어받을 여덟 명의 제자를 길러낸 곳이기도 하다.

　디도는 바울과 실라 선생님을 모시고 내가 예루살렘에 들어오는 데까지 적었다. 이제 거기서부터 내 이야기를 시작하려 한다.

– 디모데로부터

사명선언문

너희가 흠이 없고 순전하여……세상에서 그들 가운데 빛들로
나타내며 생명의 말씀을 밝혀 _ 빌 2:15-16

1. 생명을 담겠습니다
만드는 책에 주님 주신 생명을 담겠습니다.
그 책으로 복음을 선포하겠습니다.

2. 말씀을 밝히겠습니다
생명의 근본은 말씀입니다.
말씀을 밝혀 성도와 교회의 성장을 돕겠습니다.

3. 빛이 되겠습니다
시대와 영혼의 어두움을 밝혀 주님 앞으로 이끄는
빛이 되는 책을 만들겠습니다.

4. 순전히 행하겠습니다
책을 만들고 전하는 일과 경영하는 일에 부끄러움이 없는
정직함으로 행하겠습니다.

5. 끝까지 전파하겠습니다
모든 사람에게, 땅 끝까지, 주님 오시는 그날까지
복음을 전하는 사명을 다하겠습니다.

서점 안내

광화문점	서울시 종로구 새문안로 69 구세군회관 1층 02)737-2288 / 02)737-4623(F)
강남점	서울시 서초구 신반포로 177 반포쇼핑타운 3동 2층 02)595-1211 / 02)595-3549(F)
구로점	서울시 동작구 시흥대로 602, 3층 302호 02)858-8744 / 02)838-0653(F)
노원점	서울시 노원구 동일로 1366 삼봉빌딩 지하 1층 02)938-7979 / 02)3391-6169(F)
일산점	경기도 고양시 일산서구 중앙로 1391 레이크타운 지하 1층 031)916-8787 / 031)916-8788(F)
의정부점	경기도 의정부시 청사로47번길 12 성산타워 3층 031)845-0600 / 031)852-6930(F)
인터넷서점	www.lifebook.co.kr